Benoit Gaüzère

Méthodes à noyaux sur graphes pour la chémoinformatique

Benoit Gaüzère

Méthodes à noyaux sur graphes pour la chémoinformatique

Étude et définition de noyaux sur graphes pour la prédiction de propriétés moléculaires

Presses Académiques Francophones

Impressum / Mentions légales
Bibliografische Information der Deutschen Nationalbibliothek: Die Deutsche Nationalbibliothek verzeichnet diese Publikation in der Deutschen Nationalbibliografie; detaillierte bibliografische Daten sind im Internet über http://dnb.d-nb.de abrufbar.

Information bibliographique publiée par la Deutsche Nationalbibliothek: La Deutsche Nationalbibliothek inscrit cette publication à la Deutsche Nationalbibliografie; des données bibliographiques détaillées sont disponibles sur internet à l'adresse http://dnb.d-nb.de.

Coverbild / Photo de couverture: www.ingimage.com

Verlag / Editeur:
Presses Académiques Francophones
ist ein Imprint der / est une marque déposée de
OmniScriptum GmbH & Co. KG
Heinrich-Böcking-Str. 6-8, 66121 Saarbrücken, Deutschland / Allemagne
Email: info@presses-academiques.com

Herstellung: siehe letzte Seite /
Impression: voir la dernière page
ISBN: 978-3-8381-7614-7

Remerciements

En tout premier lieu, je tiens à remercier vivement mes deux directeurs de thèse, Luc Brun et Didier Villemin, pour leur encadrement irréprochable, leur soutien, leur patience ainsi que pour ces trois années de travail riches d'échanges scientifiques.

Je tiens également à remercier mes deux rapporteurs Jean-Philippe Vert et Stéphane Canu pour avoir pris le temps de lire et d'émettre des remarques pertinentes qui permettront de compléter ces travaux. Merci également à Antoine Tabbone et Philippe Vismara d'avoir accepté de faire partie de ce jury de thèse. Je tiens aussi à remercier l'ensemble du jury, dont les travaux ont été une grande source d'inspiration tout au long de ces trois années.

Merci à l'ensemble de mes collègues caennais qui ont su égayer avec brio ces trois années en Normandie. Sans la prétention d'être exhaustif, merci à Romain pour les soirées guitare, Moncef, Vincent, Olivier pour l'initiation au tennis, Maher et Saleh pour on ne sait plus trop quoi, Xavier et Sébastien B. pour le VTT, Sébastien F. pour le vol, David pour l'animation du midi, Matthieu pour les soirées mécaniques, Régis pour les débats passionnés, François pour ses histoires rocambolesques ainsi que P.-A., Maxime, Youssef, Pierre, Philippe, Julien, Loïc, Jaume, Lamine, et tous ceux que malheureusement j'oublie, pour leur bonne humeur générale.

Plus à l'écart de mes travaux de thèse mais non moins importants, un grand merci à ceux qui m'ont accompagné durant ces trois années. Je tiens à remercier tout particulièrement mes parents pour m'avoir toujours soutenu et permis de faire de longues études passionnantes, mes amis de longue date ainsi que mon frère pour tant de choses partagées et enfin Lucile pour avoir relu mon manuscrit ainsi que pour avoir eu la patience de partager la dernière année de cette thèse.

Table des matières

Introduction générale

La prédiction des propriétés des molécules constitue un problème ouvert en chimie et une étape importante de la conception de médicaments. La virtualisation de cette étape de prédiction permet de réduire le temps et les moyens nécessaires à la conception de médicaments. Deux grandes familles de méthodes ont été proposées afin de concevoir des modèles de prédiction des propriétés de molécules. La première famille est basée sur des représentations vectorielles des molécules tandis que la seconde est basée sur la théorie des graphes. L'utilisation de représentations vectorielles permet d'utiliser de nombreuses méthodes statistiques définies sur des espaces vectoriels. Toutefois, la représentation des molécules par des vecteurs de taille fixe induit généralement une perte d'informations. La deuxième approche, basée sur une représentation naturelle des molécules, permet de limiter la perte d'informations mais est restreinte à un ensemble limité d'outils mathématiques.

Le cadre des noyaux sur graphes permet de définir une connexion naturelle entre les deux approches en permettant l'utilisation de méthodes définies sur des espaces vectoriels tout en limitant la perte d'informations induite par les représentations des molécules. Par conséquent, l'application des méthodes à noyaux sur graphes pour la prédiction des propriétés des molécules est une approche intéressante afin de répondre aux différents objectifs de la virtualisation de l'étape de prédiction.

Après avoir introduit le domaine de la chémoinformatique, nous présentons les objectifs de cette thèse ainsi que l'organisation de ce manuscrit.

La chémoinformatique

La déclaration d'Obernai, préface des actes du congrès *Workshop Chemoinformatics in Europe : Research and Teaching*, définit en 2006 la chémoinformatique par les termes suivants :

> « *La chémoinformatique est une discipline scientifique qui évolue depuis 40 ans à la frontière entre chimie et informatique. La*

communauté s'est rendue compte que dans beaucoup de domaines chimiques, l'immense volume de données et d'informations produit par la recherche en chimie peut être uniquement traitée et analysée par des méthodes informatiques. De plus, beaucoup de problèmes rencontrés en chimie sont si complexes que les nouvelles approches doivent utiliser des solutions informatiques. Par conséquent, des méthodes ont été développées pour construire des bases de composés chimiques et de réactions pour la prédiction de propriétés physiques, chimiques ou biologiques des composés et des matériaux, pour la conception de médicaments, la détermination structurelle des molécules, la prédiction de réaction chimique et pour la conception de synthèses organiques. La recherche et développement en chémoinformatique est essentielle - pour améliorer notre compréhension des phénomènes chimiques - pour l'industrie afin de rester compétitive dans l'économie globale. Les méthodes issues de la chémoinformatique peuvent être utilisées dans n'importe quel domaine de la chimie, depuis la chimie analytique jusqu'à la chimie organique. Elle est d'une particulière importance dans la conception et le développement de médicaments. »

La chémoinformatique englobe donc l'ensemble des disciplines à l'interface de l'informatique et de la chimie. L'utilisation d'outils et de moyens informatiques permet de résoudre *in silico* un grand nombre de problèmes chimiques impliquant de gros volumes de données tout en économisant les coûts économiques et temporels induits par la conception d'un nouveau composé.

La chémoinformatique consiste à retranscrire des problématiques rencontrées en chimie dans un cadre informatique, afin d'être capable d'utiliser des méthodes informatiques pour résoudre les problématiques initiales. Les problèmes traités par la chémoinformatique peuvent être divers :

- représentation de molécules, stockage et gestion de bases de données moléculaires ;
- prédiction de propriétés physiques ou biologiques de molécules ;
- conception de médicaments ;
- résolution de structures moléculaires ;
- prédiction de réactions chimiques.

Conception d'un nouveau composé

Cette section vise à définir et à déterminer les différentes étapes nécessaires à la conception d'un nouveau composé par les méthodes usuellement utilisées en chimie et en pharmacie. Partant d'une problématique initiale telle qu'une maladie particulière ou un problème de captage de CO_2, le but de ces différentes étapes de conception est de déterminer un composé chimique (une molécule) permettant de résoudre la problématique initiale.

Cibles biologique et physique La première étape de la conception d'un nouveau composé consiste à définir les caractéristiques physiques et biologiques que le composé doit réunir afin de répondre à la problématique initiale. Ces caractéristiques correspondent à un ensemble de propriétés nécessaires pour que le composé soit considéré comme efficace. Dans le cas de la conception d'un nouveau médicament, on s'attardera à trouver une molécule bloquant un mécanisme particulier entraînant la maladie, tout en s'assurant que cette molécule ne soit pas nocive pour la personne malade. Ces propriétés correspondent à des propriétés biologiques de la molécule. Dans le cas de la recherche d'un composé pour le captage du CO_2, le composé recherché devra satisfaire différentes propriétés physiques, telles que la tension de vapeur, la capacité d'absorption de CO_2 ou encore la capacité de régénération.

Recherche de composé Une fois l'ensemble des propriétés recherchées définies, l'étape suivante consiste à trouver un nombre restreint de molécules répondant aux critères fixés. Considérant un ensemble de molécules potentielles, cette étape de recherche de composé consiste à itérer une suite d'étapes :

— définition d'un sous-ensemble de molécules candidates parmi l'ensemble de molécules potentielles ;
— synthèse et test de cet ensemble (criblage) ;
— analyse des résultats de criblage ;
— définition d'un nouvel ensemble de candidats parmi les molécules potentielles non testées.

La succession de ces quatre étapes permet de raffiner l'ensemble des candidats jusqu'à converger vers un ensemble restreint de molécules qui satisfassent les propriétés définies au préalable. Cependant, ces trois étapes sont extrêmement coûteuses en temps et en argent puisque l'étape de criblage requiert la synthèse des molécules ainsi que leur test *in vivo* sur des animaux dans le cas de test d'une propriété biologique. Le criblage à haut débit permet de réduire le temps nécessaire à cet étape en parallélisant les différents tests à effectuer au moyen d'automates.

Validation Dans le cadre de la conception d'un médicament, il est obligatoire de tester les composés choisis afin de s'assurer de leurs bons fonctionnements avant la commercialisation ou l'utilisation du médicament à grande échelle. Ces tests cliniques s'articulent autour de trois phases [DiMasi et al. 03] :

— la première phase, Phase I, consiste à tester le composé sur un ensemble de sujets sains et volontaires afin de détecter d'éventuels effets indésirables ;
— la Phase II consiste à tester le médicament potentiel sur un ensemble de sujets malades afin de déterminer la dose adéquate à administrer ;
— enfin la Phase III consiste à évaluer l'efficacité du médicament. Le médicament est comparé à un placebo et/ou à un traitement de référence sur un ensemble important (plusieurs milliers) de sujets.

Une fois ces trois étapes validées, un médicament peut recevoir une habilitation à être commercialisé et utilisé comme un médicament par la FDA (Food Drug Administration) aux États-Unis ou par l'Agence européenne des médicaments en Europe. Cette étape est également extrêmement coûteuse en temps puisque, d'après [DiMasi et al. 03], il faut 90 mois entre le début de la validation clinique et la mise sur le marché du médicament.

La conception d'un médicament requiert donc différentes étapes afin d'assurer une certaine qualité du produit créé. Sur 68 médicaments, [DiMasi et al. 03] a évalué un temps moyen de 15 années ainsi qu'un coût moyen d'environ 700 millions d'€ pour la conception d'un médicament allant de l'identification de la cible à la commercialisation du médicament. Ces différentes étapes induisent donc un coût temporel et financier extrêmement important.

Un des principaux apports de la chémoinformatique est la virtualisation d'une partie de l'étape de criblage. Le criblage virtuel consiste à prédire les propriétés recherchées lors de la conception d'un nouveau composé à l'aide de solutions informatiques. Cette virtualisation permet de focaliser la synthèse et le test *in vivo* ou *in vitro* sur les composés les plus prometteurs et donc limite les différents coûts associés à l'étape de criblage. Afin de pouvoir effectuer cette étape de criblage virtuel, il faut donc définir et encoder les informations permettant de modéliser le problème chimique à résoudre. Il est de plus en plus nécessaire de concevoir et valider des algorithmes permettant de prédire les propriétés recherchées à partir de ces informations.

Relation quantitative de structure à activité/propriété

Dans ce manuscrit, nous nous intéressons plus particulièrement à la prédiction des propriétés physiques, chimiques et des activités biologiques des molécules. Ces tâches de prédiction représentent un sous-domaine important de la chémoinformatique. Ces domaines, appelés *QSAR* (Quantitative Structure-Activity Relationships) et *QSPR* (Quantitative Structure-Property Relationships), consistent à définir une relation entre la structure d'une molécule et une propriété qualitative ou quantitative.

L'utilisation de méthodes *QSAR* et *QSPR* permet de concevoir, à partir de bases de molécules d'apprentissage, des modèles capables de prédire les propriétés de molécules ne faisant pas partie de la base d'apprentissage. Ces méthodes sont ensuite utilisées lors de l'étape de criblage virtuel, afin de restreindre les tests *in vivo* et *in vitro* onéreux aux molécules les plus prometteuses.

Les méthodes *QSAR* et *QSPR* sont basées sur *le principe de similarité*, tel que défini par [Johnson et Maggiora 90] :

« Des molécules similaires ont des propriétés similaires. »

En considérant cette hypothèse, la prédiction d'une propriété associée à une molécule peut être effectuée à partir d'un ensemble de molécules similaires pour lesquelles cette propriété est connue.

Par conséquent, afin d'être capable de prédire une propriété à partir d'un ensemble d'apprentissage constitué de molécules et des propriétés moléculaires associées, il est nécessaire de définir quelles molécules parmi l'ensemble d'apprentissage seront similaires à la molécule à prédire. Ceci revient donc à définir une mesure de similarité entre les molécules. Une fois cette mesure de similarité définie, une méthode *QSAR/QSPR* correspond à l'utilisation d'un algorithme d'apprentissage automatique basé sur cette mesure de similarité.

Objectifs de la thèse

Le principal objectif de cette thèse consiste à étudier l'intérêt de l'utilisation des noyaux sur graphes en chémoinformatique, et plus particulièrement dans le cadre de la prédiction des propriétés moléculaires. Étant donné que le cadre des noyaux fournit une connexion naturelle entre les représentations originelles des données et les méthodes statistiques, l'utilisation de noyaux sur graphes doit permettre d'apporter un gain lors de l'étape de prédiction de propriétés moléculaires, tant au niveau calculatoire qu'au niveau de la précision des prédictions.

Notre objectif est donc double : premièrement, l'objectif de ces travaux est de définir des noyaux sur graphes correspondant à des mesures de similarité entre graphes moléculaires. Ces mesures de similarité doivent inclure des caractéristiques chimiquement pertinentes, sans pour autant être restreintes à une problématique particulière en chémoinformatique. De même, la complexité associée au calcul des mesures de similarité est un aspect à ne pas négliger afin d'apporter un gain temporel lors de l'étape de criblage virtuel. Deuxièmement, notre objectif consiste à combiner les noyaux définis précédemment avec des méthodes statistiques afin d'obtenir des prédictions précises des propriétés moléculaires et affiner nos mesures de similarité entre molécules.

Afin de mener cette étude, nous nous restreignons volontairement à la prise en compte de l'information 2D des molécules encodée par les graphes moléculaires. Notre étude porte sur la prédiction de propriétés moléculaires. Par conséquent, nous n'aborderons pas dans ce manuscrit les problèmes d'alignement de séquences génétiques, de relations protéine à protéine et autres problématiques en chémoinformatique où l'utilisation de noyaux sur graphes peut être également pertinente.

Organisation du document

Ce document est divisé en six chapitres. Le chapitre 1 permet d'introduire différentes notions relatives à la théorie des graphes qu'il nous sera nécessaire d'utiliser dans la suite de ce manuscrit. Ce chapitre introduit également le graphe moléculaire utilisé pour représenter les molécules ainsi que les différents jeux de données testés dans l'ensemble du manuscrit. Enfin, nous étudions dans ce chapitre diverses approches de comparaison moléculaires soit basées sur une représentation vectorielle des graphes moléculaires, soit directement basées sur la théorie des graphes.

Le chapitre 2 introduit la théorie des noyaux et présente l'intérêt de l'utilisation de noyaux sur graphes pour la prédiction des propriétés des molécules. La suite de ce chapitre présente un état de l'art des noyaux sur graphes définis en chémoinformatique. Plus particulièrement, nous nous focaliserons dans la deuxième partie de cet état de l'art sur les noyaux sur graphes basés sur des sacs de sous-structures.

Le chapitre 3 présente différentes méthodes de pondération de variables et leur adaptation aux noyaux basés sur des sacs de sous-structures. Ce chapitre introduit également des méthodes d'apprentissage à noyaux multiples permettant de pondérer de manière optimale un ensemble de noyaux.

En reprenant les conclusions faites au chapitre 2, nous présentons dans le chapitre 4 le noyau de treelets. Ce nouveau noyau sur graphes est défini comme un noyau basé sur un sac de sous-strucutres composé d'un ensemble limité de sous-arbres étiquetés. Nous définissons dans ce chapitre un algorithme efficace pour calculer ce noyau ainsi que la combinaison du noyau de treelets avec des méthodes de pondération de variables introduites dans le chapitre 3.

Étant donné que le noyau de treelets défini dans le chapitre 4 ne permet pas de prendre en compte la similarité cyclique des molécules, nous définissons dans le chapitre 5 deux nouveaux noyaux sur graphes incluant différents niveaux d'information cyclique. Ces noyaux sont basés sur deux représentations moléculaires définies par le graphe de cycles pertinents et l'hypergraphe de cycles pertinents.

Enfin, le chapitre 6 présente des travaux visant à établir un lien entre la distance d'édition et les noyaux sur graphes. Premièrement, nous proposons de définir un noyau défini positif basé sur la distance d'édition. Contrairement au noyau de treelets, ce noyau définit une mesure de similarité basée une transformation globale des graphes moléculaires. La deuxième partie de ce chapitre définit une extension du noyau de treelets, appelée noyau inter-treelets, permettant de prendre en compte la similarité de sous-structures légèrement dissimilaires. Nous proposons également dans ce chapitre un travail exploratoire visant à combiner les méthodes d'apprentissage à noyaux multiples et le noyau inter-treelets.

Chapitre 1

Préliminaires et définitions

Sommaire

Dans ce premier chapitre, nous introduisons les différentes définitions, notations et concepts utilisés dans la suite de ce manuscrit portant à la fois sur la théorie des graphes et la chémoinformatique. La section 1.1 introduit des définitions relatives aux graphes et aux hypergraphes. La section 1.2 définit la représentation des molécules utilisée ainsi qu'un ensemble de jeux de données utilisés dans ce manuscrit. Enfin, la section 1.3 introduit quelques méthodes communément utilisées en chémoinformatique pour comparer des graphes moléculaires.

1.1 Définitions relatives aux graphes

La chémoinformatique peut s'appuyer sur une représentation des molécules sous forme de graphes. Naturellement, de nombreux outils et méthodes ont

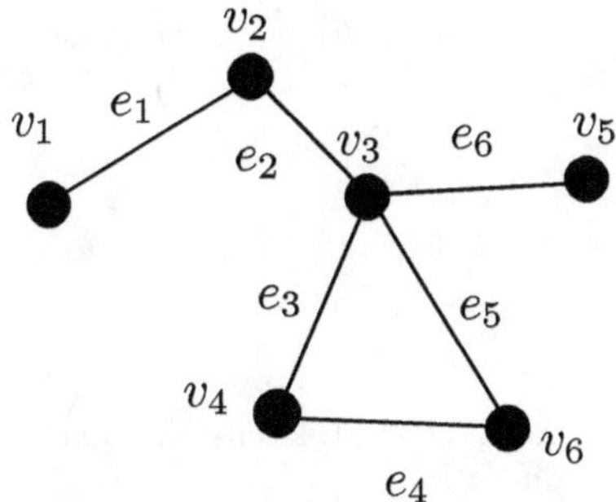

FIG. 1.1 – Exemple de graphe $G = (V, E)$ avec $V = \{v_1, v_2, v_3, v_4, v_5, v_6\}$ et $E = \{e_1, e_2, e_3, e_4, e_5, e_6\}$.

été développés autour de la théorie des graphes. Nous introduisons dans cette section plusieurs définitions relatives à la théorie des graphes nécessaires pour définir les outils et méthodes présentés dans ce manuscrit. Ces définitions sont en grande partie issues de [Roy 69, Roy 70, Tutte 84].

Le concept de *graphe* (figure 1.1) est utilisé depuis Euler pour formaliser divers problèmes impliquant des relations entre différents points. Parmi les nombreuses définitions formelles existantes pour les graphes, nous utiliserons celle fournie par [Tutte 84].

Définition 1 (Graphe). *Un graphe est une paire $G = (V, E)$ tel que V désigne l'ensemble des sommets du graphe G et $E \subset V \times V$ désigne l'ensemble des arêtes connectant les sommets. La taille d'un graphe est définie par le cardinal de l'ensemble V.*

Définition 2 (Incidence d'arête). *Une arête $e \in E$ est incidente à un sommet v s'il existe $u \in V$ tel que $e = (u, v)$ ou $e = (v, u)$.*

Définition 3 (Adjacence de sommet). *Un sommet $v \in V$ est adjacent à un sommet $u \in V$ si et seulement si (u, v) ou $(v, u) \in E$.*

Les graphes utilisés dans ce document sont non orientés, les liaisons covalentes d'une molécule n'ayant pas d'orientation définie d'un point de vue chimique.

Définition 4 (Graphe non orienté). *Si les paires de sommets $(u, v) \in E$ codant les arêtes sont non ordonnées, c.-à-d. (u, v) est confondu avec (v, u), alors le graphe est un graphe non orienté.*

Définition 5 (Voisinage). *La relation de voisinage est encodée par la fonction* $\Gamma : V \to \mathcal{P}(V)$, $\Gamma(v) = \{u \in V \mid (u, v) \in E\}$. $\mathcal{P}(V)$ *désigne l'ensemble des parties de* V.

Définition 6 (Degré). *Le degré d'un sommet* $v \in V$ *est défini comme le cardinal de* $\Gamma(v)$.

Sauf mention contraire, les graphes considérés dans ce document sont des graphes non orientés simples.

Définition 7 (Graphe simple). *Un graphe est dit simple s'il ne comporte pas de boucles (sommets reliés à eux-mêmes par une arête) ni de couples de sommets connectés par plusieurs arêtes distinctes.*

L'ajout d'un étiquetage sur les sommets et les arêtes d'un graphe permet d'ajouter une information et donc de différencier les éléments du graphe.

Définition 8 (Graphe étiqueté). *Un graphe étiqueté* $G = (V, E, \mu, \nu, L_V, L_E)$ *est un graphe défini par un ensemble de sommets* V, *un ensemble d'arêtes* E, *deux fonctions d'étiquetages* μ *et* ν *et deux ensembles d'étiquettes* L_V *et* L_E. *Chaque fonction d'étiquetage associe une étiquette à chaque sommet et arête du graphe :*

- $\mu : V \to L_V$ *est une fonction associant une étiquette appartenant à* L_V *à chaque sommet du graphe ;*
- $\nu : E \to L_E$ *est une fonction associant une étiquette appartenant à* L_E *à chaque arête du graphe.*

Dans la suite du manuscrit, on parlera de graphe pour désigner un graphe étiqueté et de graphe non étiqueté pour désigner un graphe dépourvu de fonctions d'étiquetage sur les sommets et les arêtes.

Deux graphes sont considérés comme parfaitement similaires s'ils sont isomorphes, c.-à-d. s'il existe une application bijective entre les sommets des deux graphes respectant les relations d'adjacence.

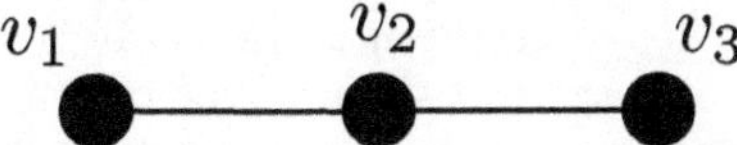

FIG. 1.2 – Chemin composé de 3 sommets.

Définition 9 (Isomorphisme de graphe). *Deux graphes $G = (V, E, \mu, \nu)$ et $G' = (V', E', \mu', \nu')$ sont dits structurellement isomorphes, noté $G \simeq_s G'$, si et seulement s'il existe une bijection :*

$$f : V \to V',$$

telle que :

$$(u, v) \in E \Leftrightarrow (f(u), f(v)) \in E'.$$

Un isomorphisme structurel sur graphes est un isomorphisme de graphes, noté $G \simeq G'$, si :

$$\mu(v) = \mu'(f(v))\ \forall v \in V \text{ et}$$
$$\nu(u, v) = \nu'(f(u), f(v))\ \forall (u, v) \in E.$$

Un graphe peut être caractérisé par les sous-structures le composant. La suite de cette section introduit plusieurs types de sous-structures.

Définition 10 (Sous-graphe). *Un graphe $G' = (V', E')$ est un sous-graphe de $G = (V, E)$, noté $G' \sqsubseteq G$, si $V' \subseteq V$ et $E' \subseteq E$.*

Définition 11 (Chemin). *Un chemin c est une séquence alternée de sommets et d'arêtes, commençant et finissant par un sommet et telle que chaque arête soit incidente aux deux sommets qui la précède et qui la suive immédiatement. La longueur d'un chemin est définie par son nombre de sommets.*

Définition 12 (Chemin simple). *Un chemin simple est un chemin dont les arêtes sont distinctes.*

Définition 13 (Chemin élémentaire). *Un chemin élémentaire est un chemin dont tous les sommets sont distincts.*

Un chemin élémentaire est donc un chemin simple.

Définition 14 (Distance entre deux sommets). *La distance $d_G(u, v)$ entre deux sommets $u, v \in V^2$ d'un graphe $G = (V, E)$ est définie par la longueur du plus court chemin entre u et v dans G.*

Définition 15 (Cycle). *Un cycle est un chemin où le premier et le dernier sommet sont égaux. Un cycle est simple s'il ne comporte pas plus d'une fois la même arête et élémentaire si le cycle ne passe pas deux fois par le même sommet.*

Définition 16 (Graphe connexe). *Un graphe est dit connexe s'il existe un chemin entre tout couple de sommets distincts.*

Définition 17 (Arbre). *Un arbre est un graphe connexe sans cycle.*

Définition 18 (Pont). *Un pont d'un graphe correspond à une arête dont la suppression déconnecte le graphe. L'ensemble des ponts d'un graphe G est noté $\mathcal{B}(G)$.*

L'isomorphisme de graphe permet de définir une relation d'équivalence entre graphes. De la même manière, l'isomorphisme de sous-graphe et l'isomorphisme partiel permettent de définir une relation de similarité entre un graphe et l'une de ses sous-structures.

Définition 19 (Isomorphisme de sous-graphe partiel). *Soit deux graphes $G = (V, E, \mu, \nu)$ et $G' = (V', E', \mu', \nu')$ tels que $|V| \leq |V'|$. Il existe un isomorphisme structurel de sous-graphe partiel si et seulement s'il existe une injection :*

$$f : V \to V',$$

telle que :

$$(u, v) \in E \Rightarrow (f(u), f(v)) \in E'.$$

Un isomorphisme structurel de sous-graphe partiel est un isomorphisme de sous-graphe partiel, noté $G \subseteqq_p G'$, si :

$$\mu(v) = \mu'(f(v)) \; \forall v \in V \text{ et}$$
$$\nu(u, v) = \nu'(f(u), f(v)) \; \forall (u, v) \in E.$$

Définition 20 (Isomorphisme de sous-graphe). *Soit deux graphes $G = (V, E, \mu, \nu)$ et $G' = (V', E', \mu', \nu')$ tels que $|V| \leq |V'|$. Il existe un isomorphisme structurel de sous-graphe s'il existe un isomorphisme de sous-graphe partiel entre G et G' encodé par l'injection f et que :*

$$\forall (u, v) \in V^2, (u, v) \in E \Leftrightarrow (f(u), f(v)) \in E'.$$

Un isomorphisme structurel de sous-graphe est un isomorphisme de sous-graphe noté $G \subseteqq G'$, si :

$$\mu(v) = \mu'(f(v)) \; \forall v \in V \text{ et}$$
$$\nu(u, v) = \nu'(f(u), f(v)) \; \forall (u, v) \in E.$$

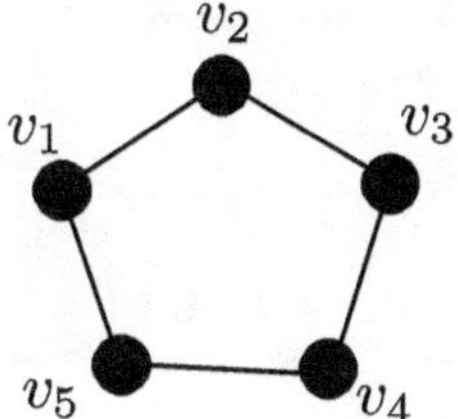

FIG. 1.3 – Cycle composé de 5 sommets.

Les hypergraphes définissent une extension de la notion de graphes en autorisant les arêtes à avoir un nombre de nœuds incidents différent de 2. Cette notion a été introduite par Claude Berge [Berge 76].

Définition 21 (Hypergraphe). *Un hypergraphe $H = (V, E)$ est une paire d'ensembles V représentant les sommets de l'hypergraphe et $E = (e_i)_{i \in I} \subseteq \mathcal{P}(V)$ représentant les hyperarêtes :*

— $\forall i \in \{1, \ldots, |E|\}, e_i \neq \emptyset$,

— $\cup_{i \in I} e_i = V$.

La notion d'hypergraphe généralise la notion de graphe en définissant des hyperarêtes connectant un nombre arbitraire de nœuds. Cette représentation permet de modéliser de nouveaux problèmes. De la même manière que pour les graphes, la *taille* d'un hypergraphe est définie par le cardinal de V et deux nœuds u et v sont adjacents s'il existe $e \in E$ tel que $\{u, v\} \subset e$.

On définit la notion d'hypergraphe orienté [Ducournau 12] (ou dirhypergraphe) comme un hypergraphe où les hyperarêtes relient non plus un ensemble de sommets, mais deux ensembles de sommets (figure 1.4).

Définition 22 (Hypergraphe orienté). *Un hypergraphe orienté $H = (V, \vec{E})$ est une paire d'ensembles V représentant les sommets de l'hypergraphe et $\vec{E} = (e_i)_{i \in I} \subseteq \mathcal{P}(V) \times \mathcal{P}(V)$ représentant les hyperarêtes orientées. Une hyperarête orientée $e = (s_u, s_v) \in \vec{E}$ avec $s_u = \{u_1, \ldots, u_i\} \subset \mathcal{P}(V)$ et $s_v = \{v_1, \ldots, v_j\} \subset \mathcal{P}(V)$ définit une relation d'adjacence entre les ensembles de sommets s_u et s_v (figure 1.4).*

Dans la suite du manuscrit, nous assumons le fait que s'il existe $e = (s_1, s_2) \in E$ alors il existe $e' = (s_2, s_1) \in E$ et e et e' sont considérées comme une seule et unique hyperarête.

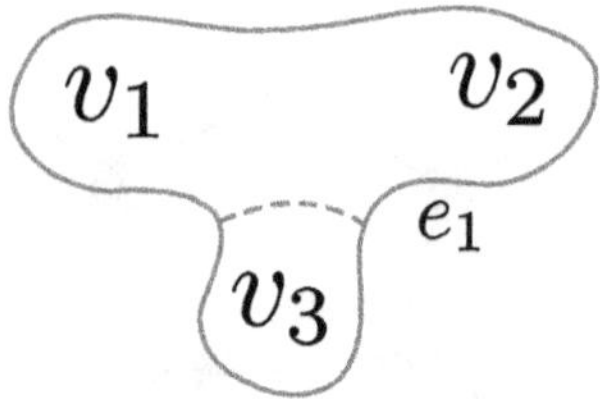

FIG. 1.4 – Hypergraphe orienté avec une hyperarête orientée $e_1 = (\{v_1, v_2\}, \{v_3\})$.

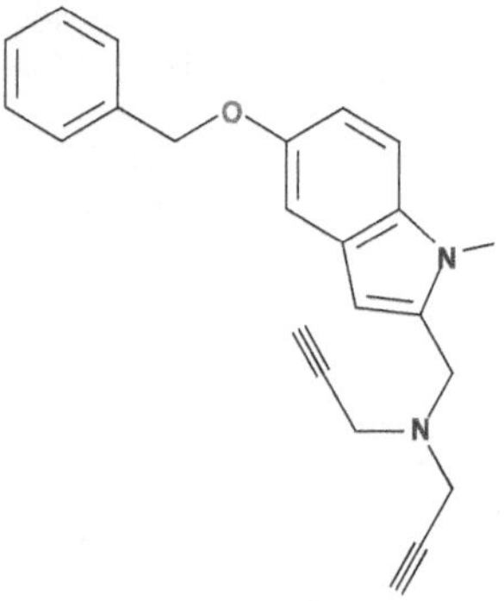

FIG. 1.5 – Exemple de graphe moléculaire.

1.2 Chémoinformatique

1.2.1 Graphe moléculaire

Une représentation usuelle des molécules est définie par le graphe moléculaire [Gasteiger 03, Todeschini et Consonni 09] (figure 1.5). Le graphe moléculaire est un graphe simple étiqueté et non orienté représentant la structure d'une molécule. L'ensemble des sommets encode les atomes et l'ensemble des arêtes représente les liaisons covalentes entre les atomes. Chaque sommet est étiqueté par l'élément chimique de l'atome correspondant et les arêtes par le type de liaison covalente (simple, double, triple ou aromatique).

Les graphes moléculaires sont représentés graphiquement en utilisant plusieurs conventions (figure 1.5) :

— les atomes d'hydrogène ne sont pas explicitement représentés dans le graphe moléculaire. Leur présence est implicitement encodée par le degré des autres atomes ;
— L'élément chimique carbone (C) n'est pas explicitement représenté dans la représentation graphique du graphe moléculaire ;
— L'étiquette d'une arête d'un graphe moléculaire est graphiquement représentée par une liaison composée par un nombre de traits encodant le type de liaison (1 trait pour une liaison simple, 2 et 3 traits pour les liaisons doubles et triples et une alternance de traits simples et doubles pour les liaisons aromatiques d'un cycle).

Le graphe moléculaire encode les relations d'adjacence entre les atomes d'une molécule mais pas leurs positions géométriques. En effet, il n'encode pas la distance euclidienne entre les atomes ou la stéréochimie (placement des atomes dans l'espace) de la molécule. Une convention utilisée en chémoinformatique consiste à représenter l'information 3D par la conformation la plus stable parmi les conformations possibles de la molécule. Le placement des atomes est alors encodé par des représentations plus complexes et complètes de la molécule, telles que la représentation de Cram [Brecher 06], qui sortent du cadre de ce manuscrit.

1.2.2 Jeux de données utilisés

Afin de valider et d'observer les capacités de prédiction des modèles QSAR/QSPR, nous avons choisi d'utiliser plusieurs jeux de données, chacun comprenant un ensemble de structures moléculaires et une ou plusieurs propriétés associées. Tous les jeux données présentés ici sont disponibles via cette URL : `http://iapr-tc15.greyc.fr/links.html#Benchmarking%20and%20data%20sets`.

Les caractéristiques de chaque jeu de données sont synthétisées dans le tableau 1.1. Ce tableau décrit différentes caractéristiques de chaque jeu de données telles que le nombre de molécules (Nb. Molécules), le nombre de sommets moyens (Taille moyenne) des graphes moléculaires représentant les molécules, leurs degré moyen ainsi que les extrêmes (Taille min. et Taille max.) des tailles des graphes moléculaires.

Classification

Le premier ensemble de jeux de données est composé de problèmes de classification. Un problème de classification consiste à prédire la classe

TAB. 1.1 – Synthèse des caractéristiques des jeux de données utilisés.

Jeux de données	#	Degré moyen	Taille moyenne	min.	max.	Type de problème
MAO	68	2.1	18.4	11	27	Classif.
PTC	416	2.1	14.4	2	64	Classif.
AIDS	2 000	2.1	15.7	2	95	Classif.
Mutagenicity	4 337	2	30.3	4	417	Classif.
Alcane	150	1.8	8.9	1	10	Régress.
Acyclique	185	1.8	8.2	3	11	Régress.

d'une molécule. Cette classification peut être binaire, c.-à-d. que chaque molécule peut appartenir à la classe positive ou négative ou multi-classe. Une classification multi-classe généralise la classification binaire en définissant plusieurs classes distinctes.

Inhibiteurs de MonoAmine Oxydase (MAO) Le jeu de données MAO est un problème de classification défini sur la prédiction du caractère inhibiteur des molécules sur la monoamine oxidase (MAO). Le jeu de données est composé de 68 molécules divisées en deux classes : 38 molécules inhibent la monoamine oxidase (caractéristique d'un médicament antidépresseur) et 30 ne l'inhibent pas. Ces molécules sont composées de différents éléments chimiques hors carbone et hydrogène et comportent des cycles. Ces molécules sont donc représentées par des graphes cycliques et étiquetés. Toutefois, on peut noter que les ensembles de cycles de chaque molécule ne diffèrent pas beaucoup d'une molécule à l'autre.

***Predictive Toxicity Challenge* (PTC)** Ce jeu de données est tiré du *Predictive Toxicity Challenge* [Toivonen et al. 03] et propose un problème de classification : prédire la carcinogènécité de 416 molécules réparties sur quatre classes d'animaux : rats femelles (FR, 351 molécules), rats mâles (MR, 344 molécules), souris femelles (FM, 349 molécules) et souris mâles (MM, 336 molécules). Chaque classe d'animal est décomposée en dix jeux de données d'apprentissage et de test afin de prédire chacune des molécules. Chaque molécule est composée à la fois d'hétéroatomes et de cycles et est donc représentée par des graphes moléculaires cycliques et étiquetés.

AIDS Cet autre jeu de données est issu de [Riesen et Bunke 08] et est conçu à partir de l'*AIDS Antiviral Screen Database of Active Compounds.* Il est composé de 2 000 composés chimiques très divers, certains d'entre eux étant constitués de molécules déconnectées. Ces composés chimiques ont été classifiés comme actif ou inactif contre le VIH et sont découpés en trois ensembles distincts :

— un ensemble d'apprentissage composé de 250 composés ;
— un ensemble de validation composé lui aussi de 250 composés ;
— un ensemble de test composé des 1 500 composés restants.

Mutagenicity Le jeu de données *Mutagenicity* est également issu de [Riesen et Bunke 08] et est composé de 4 337 molécules, chaque molécule étant classifiée comme mutagène (2 401 molécules) ou non mutagène (1 936 molécules). Le caractère mutagène (mutagénicité) d'une molécule est l'une des nombreuses propriétés qui peuvent interdire la commercialisation d'un médicament. Les 4 337 molécules du jeu de données sont découpées de la manière suivante :

— 1 500 molécules pour le jeu d'apprentissage ;
— 500 molécules pour la validation ;
— et les 2 337 restantes pour le jeu de test.

Régression

Le deuxième ensemble de jeux de données est composé de problèmes de régression. Un problème de régression consiste à prédire non plus la classe d'un composé chimique mais une propriété, généralement physique, pouvant prendre des valeurs réelles.

Prédiction de la température d'ébullition d'alcanes Le premier jeu de données défini comme un problème de régression est issu de [Cherqaoui et Villemin 94]. Ce jeu de données est composé de 150 alcanes et consiste à prédire la température d'ébullition, située entre -164 °C et $174,1$ °C, de chaque molécule. Un alcane est une molécule acyclique composée seulement de carbones et d'hydrogènes, ce qui permet de la représenter par un graphe acyclique et non étiqueté, les atomes d'hydrogène étant implicitement encodés par le graphe moléculaire (section 1.2.1). Nous pouvons noter que dû à la configuration électronique du carbone, cet élément chimique ne peut avoir au maximum que quatre liaisons. Le degré maximum des graphes moléculaires des alcanes est donc inférieur ou égal à 4.

Prédiction de la température de molécules acycliques Le second jeu de données proposant un problème de régression est issu de [Cherqaoui et al. 4a]. Ce jeu de données est constitué de molécules acycliques et, à la différence du premier jeu de données, inclut des hétéroatomes (atomes ayant un élément chimique différent du carbone). Le problème de régression consiste à prédire la température d'ébullition de 185 molécules représentées par des graphes moléculaires étiquetés. Les températures d'ébullition sont comprises entre $-23,7$ °C et 250 °C.

1.3 Comparaison de graphes moléculaires

La plupart des méthodes QSPR/QSAR se basent sur le principe de similarité (voir Introduction, page 4) et sur la représentation des molécules par un graphe moléculaire (voir Introduction, page 15). De telles méthodes nécessitent donc la définition d'une mesure de similarité entre graphes moléculaires afin d'être en mesure de prédire les propriétés recherchées.

1.3.1 Descripteurs moléculaires

L'approche la plus utilisée en chémoinformatique consiste à représenter la molécule par un ensemble de descripteurs. La similarité entre les molécules, et donc entre les graphes moléculaires, est ensuite calculée à partir de la similarité des ensembles de descripteurs choisis. Le choix de l'ensemble des descripteurs peut se faire parmi les nombreux descripteurs existants en chimie. L'ouvrage [Todeschini et Consonni 09] recense une grande variété de descripteurs moléculaires. Les descripteurs disponibles pouvant être dérivés de nombreux domaines inhérents à la chimie ou à la théorie des graphes, nous nous focaliserons ici sur les descripteurs calculés à partir des sous-structures présentes dans les graphes moléculaires. Le lecteur pourra se référer à [Todeschini et Consonni 09] pour une étude approfondie des descripteurs moléculaires disponibles dans la littérature.

Les descripteurs dérivés des sous-structures présentes dans les graphes moléculaires permettent de coder la présence/absence (descripteur binaire) ou le nombre d'occurrences d'une caractéristique structurelle dans un graphe moléculaire. Cette description de la molécule suit le même raisonnement que celle d'un chimiste, qui sélectionne des parties de la molécule selon leur influence potentielle sur une propriété particulière de la molécule.

Les descripteurs de sous-structures peuvent être dissociés en deux classes. La première classe regroupe les descripteurs 2D basés sur l'information topologique du graphe moléculaire. Ces descripteurs permettent de coder les connexions entre les différents atomes composant une molécule. Cette information topologique peut être codée par des sous-structures linéaires, définies par des chemins dans le graphe moléculaire. L'information topologique peut aussi être représentée par les atomes augmentés. Ces sous-structures sont composées d'un atome central et de ses atomes adjacents, i.e. reliés par une liaison covalente. On peut définir la notion d'atomes augmentés du point de vue de la théorie des graphes par l'ensemble des atomes à une distance topologique inférieure ou égale à 1. Cette définition peut être étendue en considérant tous les atomes à une distance topologique inférieure ou égale à r. Ces sous-structures sont appelées sous-structures circulaires, r correspondant au rayon de la structure circulaire. D'autres descripteurs 2D encodent la distance entre différents atomes dans le graphe moléculaire. Ces descripteurs, appelés paires topologiques d'atomes, permettent d'avoir une description plus globale que les sous-structures circulaires, qui encodent seulement une information locale selon le rayon r.

La seconde classe de descripteurs regroupe les descripteurs 3D. Ces descripteurs prennent en compte les relations spatiales entre les atomes plutôt que leurs relations topologiques. Le placement des atomes dans l'espace dépend de la conformation choisie pour représenter la molécule (section 1.2.1). Par conséquent, la conformation choisie influe sur les relations spatiales des atomes. Pour une conformation choisie, le pendant 3D des paires d'atomes topologiques est défini par les paires d'atomes géométriques où la distance entre les atomes est définie par leur distance euclidienne dans l'espace. De la même manière, les descripteurs triangulaires codent les distances euclidiennes dans l'espace entre trois atomes.

Les méthodes utilisant ces descripteurs de sous-structures peuvent utiliser deux approches différentes. La première approche utilise un dictionnaire de sous-structures connues tandis que la seconde consiste à découvrir les sous-structures au sein d'une molécule donnée, sans *a priori* sur les sous-structures cherchées. La première méthode, appelée clés structurelles, repose sur un dictionnaire de sous-structures à rechercher et code leur présence ou absence par un vecteur binaire. Les dictionnaires disponibles regroupent des sous-structures connues pour leur activité chimique [Durant et al. 02, Ihlenfeldt et al. 94, Voigt et al. 01]. Chaque sous-structure est donc associée à une place fixe dans le vecteur représentant la clé structurelle. Bien que cette approche soit basée sur un ensemble de sous-structures connues pour leur influence sur une propriété ou une activité de la molécule, la définition *a priori* des sous-structures définissant la clé structurelle ne permet pas d'identifier une influence inconnue d'une nouvelle sous-structure pour une propriété donnée.

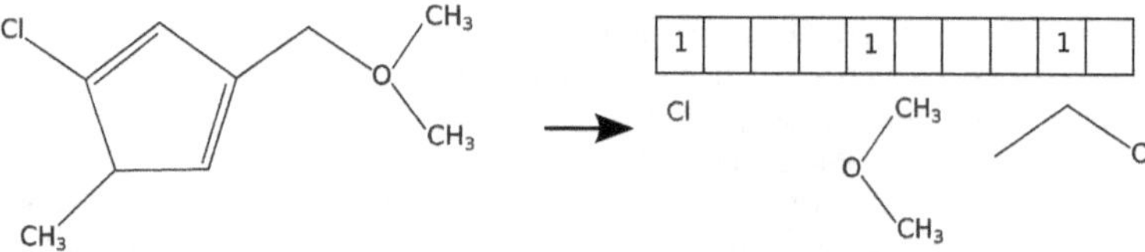

FIG. 1.6 – Procédure de construction des empreintes moléculaires. Chaque élément du vecteur encode la présence ou absence d'une structure particulière dans le graphe moléculaire.

La deuxième approche consiste à énumérer un ensemble de sous-structures incluses dans le graphe moléculaire afin de construire l'empreinte digitale de la molécule. A l'inverse des clés structurelles, les empreintes digitales de molécules ne reposent pas sur des dictionnaires de sous-structures, mais sur des types de sous-structures à énumérer, chaque motif étant ensuite caractérisé par les types d'atomes et de liaisons le composant. L'ensemble des sous-structures codées par les descripteurs ne dépend donc plus d'un choix limité de sous-structures. De plus, le nombre de sous-structures énumérées est généralement plus élevé que le nombre de sous-structures référencées par les dictionnaires. Les empreintes digitales sont codées par un vecteur binaire ou plus rarement par un vecteur de valeur entière codant la fréquence d'apparition d'une sous-structure dans une molécule.

Afin de réduire la taille de ce vecteur, potentiellement grand si le nombre de sous-structures différentes est élevé, les méthodes basées sur les empreintes digitales utilisent des vecteurs de taille fixe égale à L. Chaque sous-structure est ensuite indexée en lui associant une position entre 1 et L dans le vecteur grâce à une fonction de hachage (figure 1.6). Ainsi, à la différence des clés structurelles, on ne peut pas définir une bijection entre les positions dans le vecteur et les sous-structures énumérées. Par conséquent, certaines sous-structures seront affectées à une même position dans le vecteur (phénomène appelé *clash* ou collision). Ces collisions entraînent donc une perte d'information puisqu'il est impossible de retrouver une correspondance directe entre un élément du vecteur et la présence d'une sous-structure particulière. Ce phénomène est inévitable si le nombre de sous-structures est supérieur à L. Les principaux types d'empreintes digitales sont :

— les empreintes digitales « Daylight » [James et al. 04] codent les atomes, les atomes augmentés et tous les chemins ayant une longueur entre 2 et 7 atomes dans un vecteur binaire de taille $L = 1\,024$, encodant donc uniquement la présence d'une sous-structure ;

— les empreintes digitales « Unity », implémentées au sein du logiciel *SYBIL*, codent les chemins composés jusqu'à 6 atomes et incluent quelques clés structurelles. La présence des sous-structures est codée par un vecteur binaire de taille $L = 988$;
— les hologrammes moléculaires [Lowis 97], également implémentés dans *SYBIL*, énumèrent toutes les structures ayant une taille bornée entre un nombre minimum et un nombre maximum d'atomes, ces bornes étant paramétrées par l'utilisateur. À la différence des empreintes digitales précédentes, les hologrammes moléculaires encodent le nombre d'occurrences des sous-structures, et non plus seulement leur présence. La longueur du vecteur est égale à $L = 401$ entraînant des collisions dans la représentation vectorielle de la molécule ;
— les descripteurs « signature » [Faulon et al. 03] ou les empreintes digitales à connectivité étendue [Rogers et Hahn 10] (*ECFP* en anglais) comptent le nombre d'occurrences de structures circulaires ayant un rayon maximal inférieur ou égal à r dans une molécule.

D'autres empreintes digitales existent et le lecteur pourra se référer à [Todeschini et Consonni 09] pour une liste plus complète.

1.3.2 Plongement explicite

Les méthodes de plongement explicite de graphe consistent à définir un espace vectoriel visant à représenter l'espace des graphes. Ainsi, ces méthodes encodent chaque graphe par un ensemble de coordonnées explicites dans un espace vectoriel. La représentation vectorielle de chaque graphe est appelée un plongement. Les méthodes basées sur les empreintes digitales et les clés structurelles (section 1.3.1) consistent à définir un plongement encodant un ensemble de caractéristiques définies *a priori*. D'autres méthodes, décrites dans cette section, sont basées sur des approches plus génériques.

Approches locales Ce plongement peut être défini de plusieurs manières. Une première famille d'approches encode de manière explicite un ensemble d'informations visant à décrire la topologie et l'étiquetage des graphes. La méthode définie par [Gibert et al. 12], appelée *Attribute Statistics based Embedding*, définit le plongement par une représentation vectorielle où chaque élément du vecteur encode soit le nombre d'occurrences d'une étiquette d'un nœud, soit le nombre d'occurrences de chaque arête. Pour un alphabet d'étiquette de cardinal $|L_v|$ pour les nœuds et $|L_e|$ pour les arêtes, la taille du vecteur créé est donc égale à $\frac{1}{2}|L_e||L_v|(|L_v| + 1)$ dans le cas de graphes non orientés. La taille du vecteur représentant le graphe est une limite empêchant d'encoder le nombre d'occurrences de structures plus grandes. En effet, inclure les chemins de taille 3 implique d'augmenter de manière conséquente la taille du vecteur afin de pouvoir encoder toutes les possibilités d'étiquetage de chemins de taille 3.

Afin de pouvoir encoder plus d'informations structurelles, le plongement topologique, proposé par [Sidere et al. 09], est basé sur l'ensemble des graphes structurellement isomorphes ayant au plus n sommets. Considérant cet ensemble de structures, le plongement topologique encode le nombre d'occurrences de chaque structure dans un graphe. L'information d'étiquetage est incluse dans la représentation matricielle par un ensemble d'histogrammes. Pour chaque structure, un histogramme encode la distribution des étiquettes de nœuds et d'arêtes dans l'ensemble des sous-graphes étiquetés correspondant à la structure associée. Cette approche permet de considérer des structures plus représentatives de l'information structurelle du graphe que [Gibert et al. 12]. Toutefois, cet ajout d'information structurelle est fait au détriment de l'information d'étiquetage. Cette information n'est que partiellement encodée puisque le plongement ne permet pas de déterminer s'il existe une arête connectant deux nœuds ayant deux étiquettes particulières. Ce compromis est induit par la limite de la taille du vecteur.

Approches globales Au lieu d'utiliser des approches locales, certaines méthodes visent à définir un plongement encodant le graphe d'une manière globale et non par la seule concaténation d'un ensemble de caractéristiques locales. Par exemple, le *Fuzzy multilevel graph embedding*, proposé par [Luqman et al. 13], inclut dans la représentation vectorielle non seulement des caractéristiques locales, comme le degré des nœuds ou l'étiquetage des nœuds et des arêtes, mais aussi des informations globales simples comme le nombre de nœuds ou d'arêtes du graphe. La représentation vectorielle proposée par [Luqman et al. 13] permet donc d'encoder différents niveaux d'abstraction du graphe dans une même représentation vectorielle.

Les auteurs de [Luo et al. 03, Caelli et Kosinov 04, Luo et al. 06] définissent un plongement basé sur le spectre du Laplacien de la matrice d'adjacence du graphe. Cette méthode consiste à extraire des caractéristiques de la décomposition spectrale du Laplacien de la matrice d'adjacence et à utiliser ces caractéristiques pour définir le plongement des graphes. Cette approche permet de définir une représentation vectorielle globale d'un graphe.

D'autres méthodes de plongement explicite sont définies de manière à ce que le plongement des graphes encode le plus fidèlement possible une dissimilarité entre graphes [Jouili et Tabbone 10], définie par exemple par la distance d'édition (section 1.3.4). Plus précisément, en considérant un ensemble de graphes $\mathcal{G} = \{G_1, \ldots, G_n\}$ et une fonction encodant une dissimilarité entre graphes $d : \mathcal{G} \times \mathcal{G} \to \mathbb{R}$, nous définissons une matrice de dissimilarité $\boldsymbol{D} = D_{i,j} = d(G_i, G_j)^2 \in \mathbb{R}^{n \times n}$. Le principe du plongement explicite consiste à calculer n vecteurs $\boldsymbol{x_i}$ à p-dimensions de manière à ce que la distance entre $\boldsymbol{x_i}$ et $\boldsymbol{x_j}$ soit la plus proche possible de la dissimilarité entre G_i et G_j encodée par $D_{i,j}$.

Une méthode utilisée afin de définir l'ensemble des vecteurs x_i consiste à définir une matrice $\boldsymbol{S}$ encodant le produit scalaire de chaque représentation vectorielle des graphes moléculaires. En considérant la matrice de distance $\boldsymbol{D}$, $\boldsymbol{S}$ est définie de manière à ce que $D_{i,j} = S_{i,i} + S_{j,j} - 2S_{i,j}$. Si $\boldsymbol{S}$ est semi-définie positive, alors sa décomposition spectrale est donnée par $\boldsymbol{S} = \boldsymbol{V \Lambda V}^t$ où les colonnes de $\boldsymbol{V}$ encodent les vecteurs propres de $\boldsymbol{S}$ et $\boldsymbol{\Lambda}$ les valeurs propres de $\boldsymbol{S}$. La matrice $\boldsymbol{S}$ peut donc être représentée par $\boldsymbol{XX}^t$, avec $\boldsymbol{X} = \boldsymbol{V}(\boldsymbol{\Lambda}^{\frac{1}{2}})$. Chaque ligne de la matrice $\boldsymbol{X}$ encode donc un graphe par un vecteur $\boldsymbol{x_i} \in \mathbb{R}^n$. Par conséquent, chaque élément $S_{i,j}$ de la matrice $\boldsymbol{S} = \boldsymbol{XX}^t$ encode le produit scalaire $\langle \boldsymbol{x_i}, \boldsymbol{x_j} \rangle$ entre deux représentations vectorielles de deux graphes et on a bien $D_{i,j} = \|\boldsymbol{x_i} - \boldsymbol{x_j}\|^2$.

Toutefois, dans le cas où la matrice de dissimilarité $\boldsymbol{D}$ ne respecte pas la cinquième propriété d'une métrique euclidienne (section 1.3.4), la matrice $\boldsymbol{S}$ n'est pas obligatoirement semi-définie positive et il convient alors de la régulariser. Cette étape de régularisation altère la mesure de similarité puisque la matrice encodant la mesure de dissimilarité est modifiée.

Représentation vectorielle des graphes moléculaires Bien que les méthodes de comparaison de graphes moléculaires basées sur des représentations vectorielles permettent d'utiliser la plupart des algorithmes d'apprentissage automatique, ces méthodes induisent inévitablement une perte d'information en codant le graphe par un vecteur de taille fixe. En effet, la représentation de structures complexes comme des graphes par un vecteur de taille fixe et limitée implique un choix dans les informations encodées par le vecteur. D'une part, ces informations peuvent être choisies *a priori*, par exemple dans le cas de méthodes basées sur descripteurs. Ce choix *a priori* induit un biais dans la représentation et ne permet pas de modéliser des phénomènes inconnus. D'autre part, les méthodes ne faisant pas intervenir de choix sont limitées par la quantité d'information qui est encodée par la représentation vectorielle de taille fixe.

Afin d'éviter ou de limiter cette perte d'information, d'autres méthodes s'affranchissent de la représentation vectorielle et déduisent la similarité des graphes moléculaires en se basant directement sur le graphe. Ces méthodes sont généralement issues de travaux sur la théorie des graphes.

1.3.3 Sous-graphe commun maximum

Une première mesure de similarité basée sur la théorie des graphes est définie par le sous-graphe commun maximum (ou plus grand sous-graphe commun). Cette mesure est basée sur la plus grande structure partagée par deux graphes à comparer. Plus la taille de cette structure commune est importante, plus les deux graphes seront considérés comme similaires. Afin de définir la notion de plus grand sous-graphe commun, nous définissons d'abord la notion de sous-graphe commun.

Définition 23 (Sous-graphe commun). *Un graphe non étiqueté G est un sous-graphe commun structurel de deux graphes G_1 et G_2 s'il existe deux sous-graphes non étiquetés $\hat{G}_1$ et $\hat{G}_2$ de G_1 de G_2 tels que (définition 9) :*

$$G \simeq_s \hat{G}_1 \simeq_s \hat{G}_2.$$

Un graphe G est un sous-graphe commun de deux graphes G_1 et G_2 s'il existe deux sous-graphes $\hat{G}_1$ et $\hat{G}_2$ de G_1 et G_2 tels que :

$$G \simeq \hat{G}_1 \simeq \hat{G}_2.$$

La notion de sous-graphe commun définit donc des ensembles de sommets et d'arêtes communs aux deux graphes à comparer. La notion de sous-graphe commun maximum est définie par le plus grand de ces ensembles en terme de nombre de sommets. Afin de définir formellement la notion de sous-graphe commun maximum, nous définissons dans un premier temps la notion de sous-graphe commun maximal.

Définition 24 (Sous-graphe commun maximal). *Un sous-graphe commun de deux graphes G_1 et G_2 est maximal si c'est un sous-graphe commun à G_1 et G_2 et s'il n'est pas lui-même sous-graphe d'un autre sous-graphe commun à G_1 et G_2.*

La notion de sous-graphe commun maximal correspond donc à un ensemble de sommets commun à deux graphes et qu'on ne peut pas agrandir. À partir de cette notion, nous introduisons la définition de sous-graphe commun maximum.

Définition 25 (Sous-graphe commun maximum). *Un sous-graphe commun G est maximum s'il correspond à un sous-graphe commun maximal de G_1 et G_2 et s'il n'existe pas de sous-graphe commun à G_1 et G_2 ayant plus de nœuds que G.*

Intuitivement, un sous-graphe commun maximum correspond au plus grand des sous-graphes communs maximaux. On peut noter qu'un sous-graphe commun ne peut pas être maximal s'il est lui-même un sous-graphe d'un graphe commun ayant le même nombre de nœuds mais moins d'arêtes. D'autre part, un sous-graphe commun peut être maximum même s'il existe un autre sous-graphe commun ayant moins de nœuds mais plus d'arêtes.

À partir de la notion de sous-graphe commun maximum, on peut donc utiliser la taille du sous-graphe commun maximum comme mesure de similarité. Les méthodes basées sur le sous-graphe commun maximum considéreront deux graphes comme dissimilaires s'ils partagent de nombreux petits sous-graphes en commun, mais n'ont pas en commun un sous-graphe de grand taille. Cette particularité limite l'efficacité de ces méthodes lorsque les propriétés à prédire dépendent d'un ensemble de petites structures et non de la structure globale de la molécule.

1.3.4 Distance d'édition

Une autre approche utilisée pour comparer deux graphes moléculaires consiste à utiliser la distance d'édition entre graphes. La notion de distance d'édition entre graphes peut être vue comme une mesure de la distorsion nécessaire pour transformer un graphe en un autre. La distance d'édition entre deux graphes est définie par le coût minimal associé à un chemin d'édition transformant le premier graphe en le second. Un chemin d'édition entre deux graphes est défini comme une séquence d'opérations élémentaires d'édition, pouvant appartenir à trois types :

- insertion de nœud/arête : opération consistant à insérer un nœud ou une arête;
- suppression de nœud/arête : opération consistant à supprimer un nœud ou une arête;
- substitution de nœud/arête : opération consistant à remplacer l'étiquette d'un nœud ou d'une arête.

Chacune de ces opérations d'édition élémentaire est associée à un coût $c(.) \in \mathbb{R}^+$. Considérant le coût associé à chaque type d'opération, la distance d'édition est définie par :

$$d_{edit}(G, G') = \min_{(e_1,\dots,e_k)\in\mathcal{P}(G,G')} \sum_{i=1}^{k} c(e_i). \tag{1.1}$$

où $\mathcal{P}(G, G')$ désigne l'ensemble des chemins d'édition transformant G en G'. Chacun de ces chemins d'édition est composé d'opérations d'éditions $e_1, \dots, e_k$, chaque opération e_i étant associée à un coût d'édition $c(e_i)$.

En admettant que les coûts associés à chaque opération d'édition définissent une distance (proposition 1), La distance d'édition entre graphes respecte les quatre axiomes d'une distance et par conséquent définit une métrique [Neuhaus et Bunke 07].

Proposition 1 (Distance). *Une fonction $d : \mathcal{X}^2 \rightarrow \mathbb{R}^+$ est une distance sur $\mathcal{X}$ si elle respecte pour tout $(x_i, x_k) \in \mathcal{X}^2$ les quatre axiomes suivants :*

- *non-négativité : $d(x_i, x_j) \geq 0$;*
- *identité des indiscernables : $d(x_i, x_j) = 0 \Leftrightarrow x_i \simeq x_j$;*
- *symétrie : $d(x_i, x_j) = d(x_j, x_i)$;*
- *et inégalité triangulaire : Pour tout $x_k \in \mathcal{X}$, $d(x_i, x_j) \leq d(x_i, x_k) + d(x_k, x_j)$.*

Toutefois, la distance d'édition ne garantit pas la cinquième propriété d'une métrique euclidienne [Dattorro 05]. De ce fait, elle n'est pas définie comme une distance dans un espace euclidien.

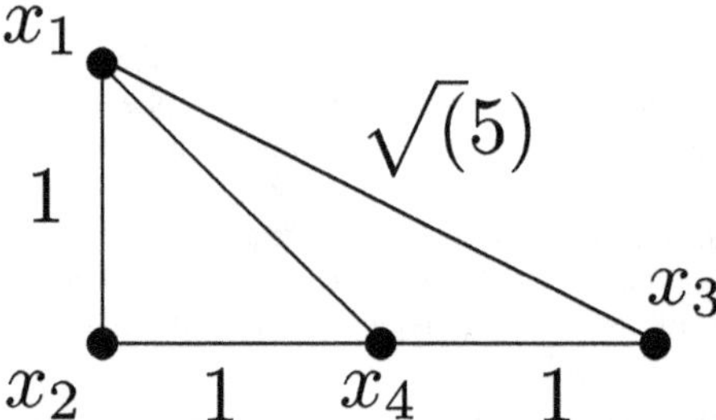

FIG. 1.7 – Polyèdre à 4 points et les distances point à point. La distance entre x_1 et x_4 ne peut pas être déterminée en utilisant les quatre axiomes d'une distance. (Exemple tiré de [Dattorro 05]).

Cette cinquième propriété peut être illustrée par le problème de complétion d'une matrice de distance. Considérons les quatre points x_1, x_2, x_3 et x_4 de la figure 1.7. Soit une matrice de distance $\boldsymbol{D} \in \mathbb{R}^{4,4}$ encodant les distances entres les quatre points et définie par $d_{ij} = \|\boldsymbol{x_i} - \boldsymbol{x_j}\|^2 = \langle \boldsymbol{x_i} - \boldsymbol{x_j}, \boldsymbol{x_i} - \boldsymbol{x_j} \rangle$. Considérons la matrice de distance D incomplète suivante :

$$\boldsymbol{D} = \begin{bmatrix} 0 & 1 & 5 & d_{14} \\ 1 & 0 & 4 & 1 \\ 5 & 4 & 0 & 1 \\ d_{41} & 1 & 1 & 0 \end{bmatrix}. \tag{1.2}$$

Le premier axiome implique que $d_{14} \geq 0$ et $d_{41} \geq 0$. Le troisième axiome implique que $d_{14} = d_{41}$ et enfin le quatrième permet de borner la distance manquante par $\sqrt{5} - 1 \leq d_{14} \leq 2$. Cependant, seule une valeur de distance dans cette intervalle est possible puisque x_4 est à une distance de 1 de x_2 et x_3, eux-mêmes séparés par une distance de 2 (x_2, x_3 et x_4 sont colinéaires).

Toutes les autres valeurs de distance respectent les quatre axiomes d'une distance mais ne correspondent pas à un plongement quel que soit le nombre de dimensions [Dattorro 05]. Par conséquent, les quatre axiomes ne suffisent pas à définir une distance euclidienne.

Définition 26 (Propriété de l'inégalité relative des angles). *Pour tout $i, j, l \neq k$, $k = \{1, \ldots, N\}$, $i < j < l$. Pour $N \geq 4$, soit l'ensemble de points distincts $\mathcal{X}_k = \{x_1, \ldots, x_N\}$. La propriété de l'inégalité relative des angles est vérifiée si l'ensemble des points $x_k \in \mathcal{X}_k$ vérifient les inégalités suivantes :*

$$\begin{aligned} \cos(\theta_{ikl} + \theta_{lkj}) \leq \cos(\theta_{ikj}) \leq \cos(\theta_{ikl} - \theta_{lkj}) \\ 0 \leq \theta_{ikl}, \theta_{lkj}, \theta_{ikj} \leq \pi, \end{aligned} \tag{1.3}$$

où $\theta_{ikj} = \theta_{jki}$ représente l'angle entre les vecteurs i et j au point x_k.

Proposition 2 (Distance euclidienne). *Une fonction $d : \mathcal{X}^2 \to \mathbb{R}^+$ est une distance dans un espace euclidien $\mathbb{R}^N$ si d est une distance (proposition 1) et d vérifie la propriété de l'inégalité relative des angles (définition 26).*

La cinquième propriété d'une distance euclidienne implique qu'une matrice de distance euclidienne D est semi-définie négative [Dattorro 05] pour l'ensemble des vecteurs de moyenne nulle et normalisés :

Proposition 3 (Matrice de distance euclidienne). *D est une matrice de distance euclidienne ssi :*

$$D \in \mathbb{S}_h^N \text{ et } \forall c \in \mathbb{R}^N, \text{ tel que } \begin{cases} e^t c = 0 \\ \|c\| = 1 \end{cases} \quad c^t D c \leq 0, \tag{1.4}$$

où $e = (1, \ldots, 1)^t$ et $\mathbb{S}_h^N$ correspond à l'ensemble des matrices $N \times N$ symétriques et égale à 0 sur la diagonale.

Le non-respect de la cinquième propriété d'une métrique euclidienne (équation 1.3) par la distance d'édition implique donc qu'elle ne correspond pas à une distance dans un espace euclidien. Par conséquent, la distance d'édition entre graphes ne peut pas être utilisée sans précaution dans la plupart des d'algorithmes d'apprentissage automatique où une représentation vectorielle implicite ou explicite des données est nécessaire.

Une méthode généralement utilisée pour calculer la distance d'édition est basée sur l'algorithme A^* [Hart et al. 68]. Cette méthode modélise l'ensemble des chemins d'édition possibles par un arbre enraciné où chaque chemin de la racine à une feuille encode une suite d'opérations transformant un graphe source en un graphe cible. Le chemin associé à la séquence d'opérations optimale est utilisé pour calculer la distance d'édition. Cependant, la complexité induite par le calcul de la distance d'édition augmente exponentiellement avec le nombre de nœuds du graphe. Par conséquent, le calcul de la distance d'édition est restreint aux graphes de petite taille.

Distance d'édition approximative Afin de réduire la complexité induite par le calcul de la distance d'édition entre graphes, [Riesen et Bunke 09a] a proposé un algorithme polynomial permettant d'approcher la distance d'édition. Donné deux graphes $G = (V, E)$ de taille $n = |V|$ et $G' = (V', E')$ de taille $m = |V'|$, cet algorithme utilise un graphe biparti complet $G_a = (V_a, E_a)$ avec $V_a = V_G \cup V_{G'}$ avec $V_G = \{V \cup \{\varepsilon_1, \ldots, \varepsilon_m\}\}$ et $V_{G'} = \{V' \cup \{\varepsilon'_1, \ldots, \varepsilon'_n\}\}$ et $E_a = \{(u, v) \mid u \in V_G \text{ et } v \in V_{G'}, \forall (u, v) \in V_G \times V_{G'}\}$. Le graphe biparti G_a modélise un appariement nœud à nœud entre V_G et $V_{G'}$. Un appariement $u \in V \rightarrow v \in V'$ encode une substitution tandis qu'un appariement $u \in V \rightarrow \varepsilon_i$, resp. $\varepsilon'_i \rightarrow u \in V'$, encode une suppression de nœud, resp. une insertion de nœud. Chaque arête $(u, v) \in V_G \times V_{G'}$ est pondérée par le coût d'édition associé à l'opération d'édition encodée par l'appariement entre u et v. Par conséquent, les appariements $\varepsilon_i \rightarrow \varepsilon'_j$ sont associés à un coût nul puisqu'ils n'encodent aucune opération d'édition.

L'appariement optimal, c.-à-d. l'appariement de V à V' pour lequel la somme des coûts des arêtes est minimal, est ensuite calculé par un algorithme de Munkres (ou algorithme hongrois) [Munkres 57]. Cet appariement est ensuite associé à un chemin d'édition, lui même associé à un coût. Cependant, ce coût ne correspond pas exactement à la distance d'édition puisqu'il n'est pas garanti que le chemin d'édition calculé soit le chemin d'édition optimal. D'une part, l'inconvénient de cet algorithme est que la mesure de dissimilarité calculée ne correspond pas à la distance d'édition entre graphes mais seulement à une sur estimation de cette dernière. D'autre part, cette mesure de dissimilarité peut être calculée en temps polynomial, ce qui permet son utilisation dans des problèmes de chémoinformatique.

La distance d'édition mesure une dissimilarité entre deux graphes moléculaires. Les graphes moléculaires ayant une faible distance d'édition peuvent donc être considérés comme similaires et être associés à la même propriété.

L'application d'une fonction décroissante sur la distance d'édition définit une mesure de similarité entre graphes basée sur la notion de distance d'édition. À l'instar des mesures de similarité basées sur le sous-graphe commun maximum (section 1.3.3), les mesures de similarité basées sur la distance d'édition mesurent une similarité globale des graphes moléculaires. De plus, [Bunke 97] a établi une relation entre la notion de sous-graphe commun maximum et la distance d'édition entre graphes en contraignant les différents coûts associés à chaque opération d'édition.

1.3.5 Recherche de sous-graphes fréquents

Une approche répandue dans la chémoinformatique consiste à découvrir les sous-structures discriminantes pour expliquer une propriété. Cette famille de méthodes est plus adaptée aux problèmes classification puisque d'un point de vue chimique, une molécule sera active si elle possède un groupe d'atomes pouvant interagir avec la cible. Ces groupes d'atomes correspondent alors à des sous-structures pertinentes pour une propriété particulière. Contrairement aux deux méthodes précédemment définies et basées sur des comparaisons globales de graphes, les méthodes de recherche de sous-graphes fréquents sont basées sur une approche locale visant à caractériser les sous-structures responsables d'une activité. La plupart des méthodes de recherche de sous-graphes fréquents sont basées sur les points suivants [Deshpande et al. 03, Yan et Han 02, Poezevara et al. 09] :

- une sous-structure est définie comme fréquente si sa fréquence d'apparition est supérieure à un support σ dans l'ensemble positif et négligeable dans l'ensemble négatif ;
- pour qu'une sous-structure de taille k soit fréquente, il est nécessaire mais pas suffisant que au moins deux de ses sous-structures de taille $k-1$ soient également fréquentes.

Parmi les méthodes utilisant cette approche, on peut citer [Deshpande et al. 03, Yan et Han 02] qui utilisent un algorithme itératif construisant l'ensemble des sous-graphes fréquents de taille k à partir de l'ensemble des sous-graphes fréquents de taille $k-1$. Le principal défaut de ces méthodes est l'hypothèse faite sur les sous-graphes fréquents. On peut en effet remettre en question le fait que seul un sous-graphe fréquent soit discriminant pour une activité précise. Si dans le cas contraire, une activité est reliée à plusieurs sous-graphes pertinents différents, chacun étant responsable de l'activité biologique recherchée pour un faible nombre de molécules, ces sous-graphes ne satisferont pas la condition de support minimum. Ces sous-graphes non fréquents ne seront pas pris en compte pour prédire l'activité ce qui conduira à un modèle de prédiction peu fiable.

Algorithme 1 : Algorithme général de recherche de sous-graphes fréquents.

```
Génération d'un ensemble S_2 de sous-graphes de taille k = 2 ayant une
  fréquence supérieure à σ;
for k = 3 → k-max do
    Génération d'un ensemble de candidats C_k de taille k à partir de
      S_{k−1};
    S_k ← Sélection de sous-graphes fréquents parmi C_k;
```

1.4 Conclusion

Les méthodes de comparaison de graphes moléculaires présentées dans ce premier chapitre peuvent être classées dans deux types d'approches. Une première approche consiste à encoder chaque graphe moléculaire par un vecteur de taille fixe définie *a priori*. Chaque vecteur représentant une molécule encode un ensemble d'informations limité. Ces informations peuvent être choisies au préalable, le plus fréquemment par expertise chimique. Ce choix d'un ensemble de descripteurs, bien que la plupart du temps pertinent d'un point de vue chimique, implique inévitablement une perte d'information. En effet, la représentation d'une structure complexe telle qu'un graphe moléculaire par un vecteur de taille fixe entraîne une perte d'information structurelle. De plus, le choix d'un ensemble de sous-structures potentiellement intéressantes ne permet pas de découvrir de nouvelles relations entre sous-structures et propriétés inconnues *a priori*. D'un autre point de vue, la représentation des molécules sous forme d'un vecteur permet d'utiliser une grande variété d'outils mathématiques définis dans un espace vectoriel.

La seconde approche vise à pallier la perte d'informations induite par la représentation vectorielle en utilisant directement le graphe moléculaire afin de définir une mesure de similarité entre molécules. Les méthodes utilisant cette approche permettent d'exploiter un maximum de l'information structurelle encodée dans les graphes moléculaires. Cependant, à l'inverse des méthodes basées sur une représentation vectorielle explicite des graphes moléculaires, les méthodes basées sur la théorie des graphes ne peuvent pas appliquer directement la majorité des algorithmes d'apprentissage automatique.

L'étude de ces deux approches nous permet de mettre en évidence le compromis nécessaire entre la quantité de l'information structurelle utilisée dans le calcul de la mesure de similarité et les possibilités d'utilisation de cette même mesure de similarité. Si l'on restreint l'information à un vecteur de taille fixe, la majorité des outils pourra être utilisée. À l'inverse, si l'on utilise le graphe dans son ensemble pour définir la mesure de similarité, le choix dans l'algorithme d'apprentissage à utiliser sera beaucoup plus restreint.

Chapitre 2

Noyaux sur graphes

Sommaire

2.1 Introduction

Comme indiqué dans le chapitre précédent, les méthodes développées pour évaluer la similarité entre graphes moléculaires sont soit basées sur une représentation vectorielle, soit définies directement dans l'espace des graphes. D'une part, le stockage des graphes par un vecteur de taille fixe induit une limitation de la quantité d'information encodée et un choix *a priori* de l'information à encoder. D'autre part, les méthodes basées sur la théorie des graphes sont généralement pénalisées par le manque de propriétés mathématiques des mesures de similarité définies.

Afin de répondre aux différents problèmes posés par les deux types d'approches, il est nécessaire de projeter les graphes dans un espace permettant non seulement de s'affranchir des limites induites par une représentation vectorielle de taille fixe mais possédant aussi les propriétés mathématiques nécessaires pour permettre l'utilisation d'algorithmes d'apprentissage.

Les noyaux fournissent un cadre mathématique permettant de définir une mesure de similarité entre objets correspondant à un produit scalaire dans un espace vectoriel qu'il n'est pas nécessaire de connaître explicitement. Par conséquent, les noyaux permettent de s'affranchir des limites induites par la taille du vecteur puisqu'il n'est plus indispensable de le définir explicitement tout en permettant l'utilisation de méthodes d'apprentissage statistiques. Cependant, la définition d'un noyau n'est pas triviale et doit respecter un ensemble de conditions afin de définir un produit scalaire.

2.2 Théorie des noyaux

2.2.1 Définition

Intuitivement, un noyau $k : \mathcal{X}^2 \to \mathbb{R}$ entre deux objets x et x' correspond à un produit scalaire entre deux projections $\boldsymbol{\Phi_{\mathcal{H}}(x)}$ et $\boldsymbol{\Phi_{\mathcal{H}}(x')}$ dans un espace de Hilbert $\mathcal{H}$:

$$\forall (x, x') \in \mathcal{X}^2,\ k(x, x') = \langle \boldsymbol{\Phi_{\mathcal{H}}(x)}, \boldsymbol{\Phi_{\mathcal{H}}(x')} \rangle. \tag{2.1}$$

Afin de définir un noyau valide, il n'est pas nécessaire de définir explicitement la fonction de plongement $\Phi_{\mathcal{H}} : \mathcal{X} \to \mathcal{H}$. Cependant, afin que le noyau k corresponde à un produit scalaire, il doit vérifier certaines propriétés.

Définition 27 (Noyau défini positif). *Un noyau défini positif sur $\mathcal{X}^2$ est une fonction $k : \mathcal{X}^2 \to \mathbb{R}$ symétrique :*

$$\forall (x, x') \in \mathcal{X}^2, k(x, x') = k(x', x). \tag{2.2}$$

et semi-définie positive ([Aronszajn 50]) :

$$\forall \ \{x_1, \ \ldots, \ x_n\} \in \mathcal{X}^n, \forall \ \boldsymbol{c} \in \mathbb{R}^n, \sum_{i}^{n} \sum_{j}^{n} c_i k(x_i, x_j) c_j \geq 0. \tag{2.3}$$

Définition 28 (Matrice de Gram). *Une matrice de Gram $\boldsymbol{K}$ associée à un noyau k sur un ensemble fini $X = \{x_1, \ldots, x_N\}$ est une matrice $N \times N$ définie par :*

$$K_{i,j} = k(x_i, x_j), (i,j) \in \{1, \ldots, N\}^2. \tag{2.4}$$

Pour tout ensemble fini d'objets $X = \{x_1, \ldots, x_N\}$, la matrice de Gram associée à un noyau défini positif k est semi-définie positive. Réciproquement, si quelque soit $X = \{x_1, \ldots, x_N\}$, la matrice de Gram $\boldsymbol{K}$ associée à un noyau k est semi-définie positive, alors k est un noyau défini positif.

D'après [Aronszajn 50], si k est un noyau défini positif défini sur $\mathcal{X}$, alors il existe un espace de Hilbert $\mathcal{H}$, muni du produit scalaire $\langle \cdot , \cdot \rangle_{\mathcal{H}}$, et un plongement $\Phi : \mathcal{X} \to \mathcal{H}$ tels que :

$$\forall (x, x') \in \mathcal{X}^2, \ k(x, x') = \langle \boldsymbol{\Phi}(\boldsymbol{x}), \boldsymbol{\Phi}(\boldsymbol{x'}) \rangle_{\mathcal{H}}. \tag{2.5}$$

L'espace de Hilbert $\mathcal{H}$ est appelé espace à noyau reproduisant (*Reproducing Kernel Hilbert Space*) ou plus usuellement espace de représentation ou de redescription du noyau. Un noyau défini positif k peut être construit à partir d'une combinaison de différents noyaux définis positifs $k_1, \ldots, k_n$.

Proposition 4 (Combinaison de noyaux [Berg et al. 84]). *Soit k_1 et k_2 deux noyaux définis positifs sur $\mathcal{X}^2$, $\mathcal{X}$ étant un espace non vide. On a alors :*

1. *l'ensemble des noyaux définis positifs est un cône convexe et fermé. Par conséquent :*
   — *soit $w_1, w_2 \geq 0$, le noyau $k_3 = w_1 k_1 +, w_2 k_2$ est défini positif;*
   — *soit k_n une suite de noyaux définis positifs et $k(x, x') := \lim_{n \to \infty} k_n(x, x')$, alors k est un noyau défini positif.*
2. *le produit de deux noyaux définis positifs est un noyau défini positif;*
3. *supposons que, pour $i = 1, 2$, k_i soit un noyau défini positif sur $\mathcal{X}_i^2$, $\mathcal{X}_i$ non vide. Alors, pour tout $(x_1, y_1) \in \mathcal{X}_1^2, (x_2, y_2) \in \mathcal{X}_2^2$:*
   — *le produit de tenseurs $k_1 \otimes k_2$ (noté $k_1 k_2$) défini par :*

$$k_1 \otimes k_2((x_1, x_2), (y_1, y_2)) = k_1(x_1, y_1) * k_2(x_2, y_2), \tag{2.6}$$

   — *et la somme directe $k_1 \oplus k_2$ (noté $k_1 + k_2$) définie par :*

$$k_1 \oplus k_2((x_1, x_2), (y_1, y_2)) = k_1(x_1, y_2) + k_2(x_2, y_2), \tag{2.7}$$

   sont des noyaux définis positifs sur $(\mathcal{X}_1 \times \mathcal{X}_2)^2$.

TAB. 2.1 – Noyaux de base entre vecteurs.

Linéaire	$k(\boldsymbol{x},\boldsymbol{y}) = \boldsymbol{x}^t\boldsymbol{y}$
Gaussien	$k(\boldsymbol{x},\boldsymbol{y}) = \exp(-\frac{\Vert\boldsymbol{x}-\boldsymbol{y}\Vert^2}{2\sigma^2})$
Polynomial	$k(\boldsymbol{x},\boldsymbol{y}) = (\boldsymbol{x}^t\boldsymbol{y}+c)^d, c \in \mathbb{R}, d \in \mathbb{N}$
Cosinus	$k(\boldsymbol{x},\boldsymbol{y}) = \frac{(\boldsymbol{x}^t\boldsymbol{y})}{\Vert\boldsymbol{x}\Vert\Vert\boldsymbol{y}\Vert}$
Intersection	$k(\boldsymbol{x},\boldsymbol{y}) = \sum_{i=1}^{N}\min(x_i,y_i)$

2.2.2 Astuce du noyau

Une fonction noyau permet donc de définir un produit scalaire entre deux objets dans un espace de représentation $\mathcal{H}$. Les noyaux usuellement définis sur des données vectorielles sont décrits dans le tableau 2.1. Considérons par exemple le noyau polynomial $k(x,y) = \langle x,y\rangle^2$, $x=(x_1,x_2), y=(y_1,y_2) \in \mathbb{R}^2$. La valeur du noyau $k(x,y)$ est alors égale à :

$$k(x,y) = x_1^2y_1^2 + x_2^2y_2^2 + \sqrt{2}(x_1x_2)\sqrt{2}(y_1y_2). \tag{2.8}$$

Bien que la définition de la fonction k ne corresponde pas à la définition usuelle du produit scalaire, elle correspond cependant à un produit scalaire entre les deux projections des données :

$$\begin{pmatrix} x_1 \\ x_2 \end{pmatrix} \overset{\Phi}{\rightarrow} \begin{pmatrix} x_1^2 \\ x_2^2 \\ \sqrt{2}x_1x_2 \end{pmatrix}. \tag{2.9}$$

On peut noter qu'en utilisant un noyau polynomial de degré 2, les données sont projetées d'un espace de dimension 2 vers un espace de dimension 3. Si l'on désire combiner ce noyau avec l'algorithme des k-plus-proches-voisins. Il est donc nécessaire de calculer les distances entre les vecteurs dans l'espace de représentation de dimension 3 associé au noyau :

$$\begin{aligned} d_k^2(x,y) = \Vert\boldsymbol{\Phi}(\boldsymbol{x}) - \boldsymbol{\Phi}(\boldsymbol{y})\Vert^2 &= \langle\boldsymbol{\Phi}(\boldsymbol{x}),\boldsymbol{\Phi}(\boldsymbol{x})\rangle + \langle\boldsymbol{\Phi}(\boldsymbol{y}),\boldsymbol{\Phi}(\boldsymbol{y})\rangle \\ &\quad -2\langle\boldsymbol{\Phi}(\boldsymbol{x}),\boldsymbol{\Phi}(\boldsymbol{y})\rangle \\ &= k(x,x) + k(y,y) - 2k(x,y) \end{aligned} \tag{2.10}$$

Par conséquent, l'algorithme des k-plus-proches-voisins peut être appliqué dans l'espace de dimension 3 sans avoir à calculer les projections $\boldsymbol{\Phi}(\boldsymbol{x})$ et $\boldsymbol{\Phi}(\boldsymbol{y})$ mais seulement la valeur du noyau $k(x,y)$. Cette propriété est appelée l'astuce du noyau. Les algorithmes utilisant l'astuce du noyau sont réécrits de façon à ce que les interactions avec les données ne se fassent que par l'intermédiaire de produits scalaires. Lors de l'utilisation de ces algorithmes, dénommés *méthodes à noyaux*, chaque produit scalaire entre les données peut être remplacé par un appel à un noyau.

L'utilisation de noyaux permet de calculer un produit scalaire entre deux objets sans avoir à calculer explicitement ni la fonction de plongement $\Phi : \mathcal{X} \to \mathcal{H}$, ni la représentation vectorielle explicite dans l'espace de Hilbert $\mathcal{H}$ associé au noyau. Cette propriété est intéressante puisqu'elle permet de calculer des produits scalaires dans des espaces de grandes dimensions ou infinis qu'ils seraient impossible de représenter explicitement.

2.2.3 Noyaux et mesures de similarité

Mathématiquement, un noyau est défini comme un produit scalaire entre deux objets projetés dans un espace de Hilbert. Cependant, les noyaux sont généralement vus comme une mesure de similarité entre deux objets. Cette relation entre produit scalaire et mesure de similarité peut être expliquée via la relation entre le produit scalaire et la distance euclidienne (équation 2.10) :

$$\begin{aligned} \|\boldsymbol{\Phi}(\boldsymbol{x}) - \boldsymbol{\Phi}(\boldsymbol{y})\|^2 &= k(x,x) + k(y,y) - 2k(x,y) \\ \Rightarrow \quad k(x,y) &= \tfrac{1}{2}(\|\boldsymbol{\Phi}(\boldsymbol{x})\|^2 + \|\boldsymbol{\Phi}(\boldsymbol{y})\|^2 - \|\boldsymbol{\Phi}(\boldsymbol{x}) - \boldsymbol{\Phi}(\boldsymbol{y})\|^2) \end{aligned} \tag{2.11}$$

Si l'on considère des représentations vectorielles normalisées, c.-à-d. $\|\boldsymbol{\Phi}(\boldsymbol{x})\| = 1$ pour tout $x \in \mathcal{X}$, nous avons :

$$k(x,y) = 1 - \frac{1}{2} d_k^2(x,y)$$

où $d_k^2(x,y) = \|\boldsymbol{\Phi}(\boldsymbol{x}) - \boldsymbol{\Phi}(\boldsymbol{y})\|^2$.

Par conséquent, les noyaux peuvent être définis comme l'opposé de la distance entre les objets. Intuitivement, la distance encode une dissimilarité entre les objets. Naturellement, une fonction noyau, définie comme une fonction décroissante de la distance, encode donc une fonction de similarité entre deux objets. Une valeur élevée du noyau indique que les deux objets comparés sont similaires tandis qu'une valeur proche de 0 indique que les deux objets sont fortement dissimilaires.

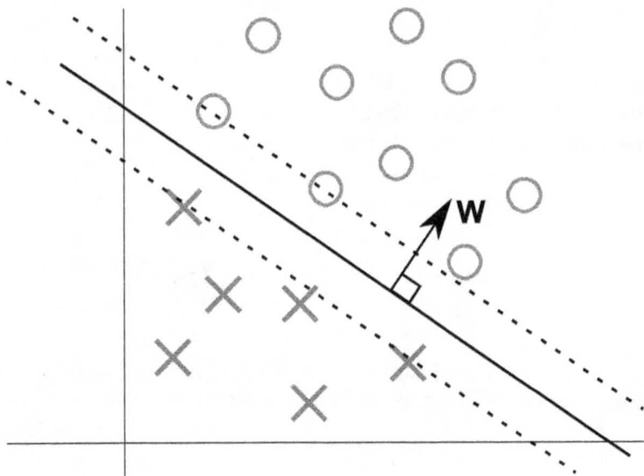

FIG. 2.1 – Hyperplan séparant les données selon leur classe (rond verts et croix rouges). Les pointillés représentent les marges.

2.3 Méthodes à noyaux

2.3.1 Machines à vecteurs de support

Définition du problème Les machines à vecteur de support [Boser et al. 92] (communément appelées SVM pour *Support Vector Machines*) définissent une méthode d'apprentissage automatique. Le problème de classification résolu par les SVM est le suivant : Donné un ensemble d'objets associés avec une classe $\{\boldsymbol{x_i}, y_i\}_{i=1}^n$, $\boldsymbol{x_i} \in \mathbb{R}^d$ et $y_i \in \mathcal{Y} = \{-1, +1\}$, apprendre une fonction $f : \mathbb{R}^d \to \mathcal{Y}$ telle que $f(\boldsymbol{x_i}) = y_i$. Les SVM permettent de résoudre un problème de classification en calculant un hyperplan de dimension $d - 1$ permettant de séparer les données selon leur classe (figure 2.1). L'hyperplan optimal est défini comme celui maximisant la marge, la marge étant définie comme la distance entre l'hyperplan et les plus proches objets de chaque classe. Considérant le plan défini par l'équation $\langle \boldsymbol{w}, \boldsymbol{x} \rangle + b = 0$, cette distance est proportionnellement inverse à la norme du vecteur $\boldsymbol{w}$. Trouver l'hyperplan séparateur optimal revient donc à résoudre :

$$\begin{aligned}
&\underset{\boldsymbol{w}}{\text{minimiser}}\ \tfrac{1}{2}\|\boldsymbol{w}\|^2 \\
&\text{sous les contraintes :} \\
&y_i(\langle \boldsymbol{w}, \boldsymbol{x_i} \rangle + b) \geq 1, \forall i \in \{1, \ldots, n\}.
\end{aligned} \tag{2.12}$$

Dans le cas linéairement non séparable, c.-à-d. où aucun plan de dimension $d-1$ ne peut séparer les données, [Cortes et Vapnik 95] ont proposé l'introduction de variables ressorts $\xi_i \in \mathbb{R}^+$. L'introduction de ces variables permet d'autoriser et de prendre en compte les erreurs de classification commises durant la phase d'apprentissage. Le problème à résoudre est alors défini par :

$$\begin{aligned} &\underset{\boldsymbol{w}}{\text{minimiser}}\ \tfrac{1}{2}\|\boldsymbol{w}\|^2 + C\textstyle\sum_{i=1}^n \xi_i \\ &\text{sous les contraintes :} \\ &y_i(\langle \boldsymbol{w}, \boldsymbol{x_i}\rangle + b) \geq 1 - \xi_i, \forall i \in \{1,\dots,n\} \\ &\xi_i \geq 0, \forall i \in \{1,\dots,n\}, \end{aligned} \tag{2.13}$$

où $C \in \mathbb{R}^+$ est un paramètre de régularisation permettant de pondérer l'importance donnée aux erreurs commises. Une valeur élevée de C favorisera un apprentissage sans erreur, et donc potentiellement un sur apprentissage, tandis qu'une valeur faible de C diminuera l'importance d'une erreur et favorisera donc un sous-apprentissage.

Résolution du problème La résolution du problème posé par les machines à vecteurs de support peut être effectuée en utilisant une formulation duale du problème. Une formulation duale d'un problème permet d'exprimer un même problème sous une forme différente permettant, dans certains cas, une résolution du problème plus aisée. Dans le cadre des machines à vecteurs de support, la formulation duale permet de définir une méthode de résolution où l'accès aux données est fait uniquement par des produits scalaires. Cette caractéristique de la formulation duale permet alors l'utilisation de noyaux. Premièrement, le lagrangien correspondant au problème d'optimisation sous contraintes défini dans l'équation 2.13 est obtenu par l'introduction des multiplicateurs de Lagrange. Pour obtenir le lagrangien, chaque contrainte de la forme $c \geq 0$ est multipliée par un multiplicateur de Lagrange, défini comme un réel positif, et soustraite de la fonction objectif. Le lagrangien de l'équation 2.13 est alors défini par :

$$\mathcal{L}(\boldsymbol{w}, b, \boldsymbol{\xi}, \boldsymbol{\alpha}, \boldsymbol{\beta}) = \frac{1}{2}\|\boldsymbol{w}\|^2 + C\sum_{i=1}^n \xi_i - \sum_{i=1}^n \alpha_i\Big(y_i(\langle \boldsymbol{w}, \boldsymbol{x_i}\rangle + b\Big) - 1 + \xi_i) - \sum_{i=1}^n \beta_i\xi_i, \tag{2.14}$$

où le multiplicateur de Lagrange $\boldsymbol{\alpha}$ correspond à la contrainte sur l'hyperplan séparateur et le multiplicateur de Lagrange $\boldsymbol{\beta}$ à la contrainte de positivité définie sur les variables ressorts. Le problème de minimisation sous contraintes défini par l'équation 2.13 peut être résolu en trouvant le point selle de l'équation 2.14. Ce point selle correspond au minimum de $\mathcal{L}$ selon les variables du problème primal $(\boldsymbol{w}, b, \boldsymbol{\xi})$ et au maximum de $\mathcal{L}$ selon les multiplicateurs de Lagrange $(\boldsymbol{\alpha}, \boldsymbol{\beta})$. Pour $(\boldsymbol{\alpha}, \boldsymbol{\beta})$ fixés, le minimum de $\mathcal{L}$ selon les variables $(\boldsymbol{w}, b, \boldsymbol{\xi})$ est obtenu en annulant les dérivées partielles associées à chaque variable :

$$\frac{\mathcal{L}(\boldsymbol{w}, b, \boldsymbol{\xi}, \boldsymbol{\alpha}, \boldsymbol{\beta})}{\partial \boldsymbol{w}} = \boldsymbol{w} - \sum_{i=1}^{n} \alpha_i y_i \boldsymbol{x_i} = 0, \tag{2.15}$$

$$\frac{\mathcal{L}(\boldsymbol{w}, b, \boldsymbol{\xi}, \boldsymbol{\alpha}, \boldsymbol{\beta})}{\partial \boldsymbol{\xi}} = C\boldsymbol{e} - \boldsymbol{\alpha} - \boldsymbol{\beta} = 0, \tag{2.16}$$

$$\frac{\partial \mathcal{L}(\boldsymbol{w}, b, \boldsymbol{\xi}, \boldsymbol{\alpha}, \boldsymbol{\beta})}{\partial b} = -\boldsymbol{\alpha}^t \boldsymbol{y} = 0. \tag{2.17}$$

En reprenant l'égalité $\boldsymbol{w} = \sum_{i=1}^{n} \alpha_i y_i \boldsymbol{x_i}$ obtenue à partir de l'équation 2.15 ainsi que les équations 2.16 et 2.17 dans l'équation 2.14, le minimum du lagrangien pour n'importe quel $(\boldsymbol{\alpha}, \boldsymbol{\beta})$ est égal à :

$$\min_{\boldsymbol{w}, b, \boldsymbol{\xi}} \mathcal{L}(\boldsymbol{w}, b, \boldsymbol{\xi}, \boldsymbol{\alpha}, \boldsymbol{\beta}) = \boldsymbol{e}^t \boldsymbol{\alpha} - \frac{1}{2} \boldsymbol{\alpha}^t \boldsymbol{Q} \boldsymbol{\alpha}, \tag{2.18}$$

avec $\boldsymbol{Q}_{i,j} = y_i y_j \langle \boldsymbol{x_i}, \boldsymbol{x_j} \rangle$. Le point selle du lagrangien peut donc être obtenu en maximisant l'équation 2.18 selon les multiplicateurs de Lagrange $(\boldsymbol{\alpha}, \boldsymbol{\beta})$. Toutefois, seul $\boldsymbol{\alpha}$ apparaît dans l'équation 2.18. Par conséquent, l'équation 2.18 doit être maximisée tout en s'assurant qu'il existe un vecteur $\boldsymbol{\beta}$ satisfaisant la contrainte définie par l'équation 2.16. Étant donné que $C > 0$ et que pour tout $i \in \{1, \dots n\}$, $\alpha_i > 0$ et $\beta_i > 0$, la contrainte définie par l'équation 2.16 peut être satisfaite si et seulement si $\alpha_i < C, \forall i \in \{1, \dots n\}$.

Le point selle du lagrangien est donc obtenu pour un vecteur $\boldsymbol{\alpha}$ maximisant l'équation 2.18 :

$$\begin{aligned} &\underset{\boldsymbol{\alpha}}{\text{maximiser}}\ \boldsymbol{e}^t \boldsymbol{\alpha} - \tfrac{1}{2} \boldsymbol{\alpha}^t \boldsymbol{Q} \boldsymbol{\alpha} \\ &\text{sous les contraintes :} \\ &0 \leq \alpha_i \leq C, \forall i \in \{1, \dots, n\} \\ &\textstyle\sum_{i=1}^{n} \alpha_i y_i = 0. \end{aligned} \tag{2.19}$$

Le problème défini dans l'équation 2.19 correspond au dual du problème primal défini dans l'équation 2.12. Les résolutions des formulations primal (équation 2.12) et dual (équation 2.19) permettent d'obtenir des hyperplans séparateurs équivalents. Cependant, l'équation 2.19 peut être résolue en accédant aux données $\boldsymbol{x_i}$ qu'au moyen de produit scalaires. Ce produit scalaire peut être remplacé par un noyau défini positif et la matrice $\boldsymbol{Q}$ est alors définie par $\boldsymbol{Q}_{i,j} = y_i y_j k(\boldsymbol{x_i}, \boldsymbol{x_j})$. De la même manière, la prédiction de la classe d'une nouvelle donnée $\boldsymbol{x}$ est obtenue par le signe de :

$$f(\boldsymbol{x}) = \sum_{i=1}^{n} \alpha_i y_i (k(\boldsymbol{x}, \boldsymbol{x_i}) + b). \tag{2.20}$$

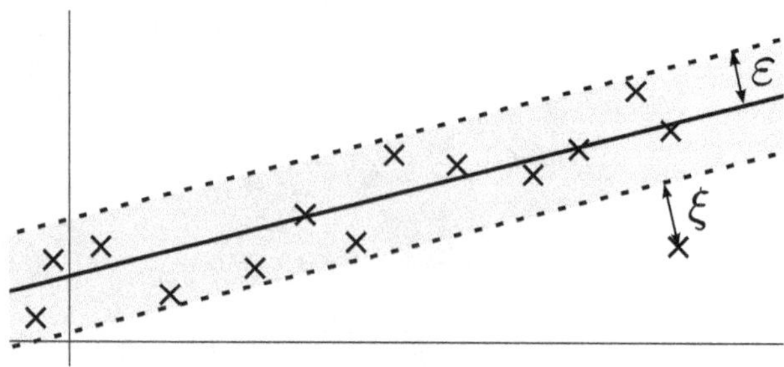

FIG. 2.2 – Hyperplan associé à un ε-tube (grisé).

L'utilisation d'un noyau k dans les machines à vecteurs de support permet de trouver un hyperplan linéaire satisfaisant l'équation 2.13 dans l'espace de redescription associé au noyau k. Grâce à l'astuce du noyau, cet hyperplan peut être un séparateur non linéaire dans l'espace d'origine des données. Par exemple, en considérant le noyau défini par l'équation 2.9, l'équation de l'hyperplan $\langle \boldsymbol{w}, \boldsymbol{x} \rangle + b = 0$ calculée dans l'espace de redescription du noyau aura une forme non linéaire dans $\mathbb{R}^2$ égale à :

$$w_1 x_1^2 + w_2 x_2^2 + w_3 \sqrt{2} x_1 x_2 + b = 0. \tag{2.21}$$

2.3.2 Machines à vecteurs de support pour la régression

Les problèmes de régression consistent à prédire une valeur continue, à la différence des problèmes de classification qui consistent à prédire une valeur discrète pour chaque donnée. Plus formellement, un problème de régression est défini de la manière suivante : Donné un ensemble d'apprentissage $\{\boldsymbol{x_i}, y_i\}_{i=1}^n$ composé d'un ensemble de n données $\mathcal{X} = \{\boldsymbol{x_1}, \ldots, \boldsymbol{x_n}\}$ avec $\boldsymbol{x_i} \in \mathbb{R}^d$, chaque donnée étant associée à une valeur $y_i \in \mathbb{R}$, un problème de régression consiste à apprendre une fonction de prédiction $f : \mathbb{R}^d \to \mathbb{R}$ telle que $\hat{y}_i \simeq f(\boldsymbol{x_i})$.

Les machines à vecteurs de support étant initialement conçues pour résoudre des problèmes de classification, les auteurs de [Drucker et al. 97] ont proposé une adaptation des SVM (section 2.3.1) aux problèmes de régression en utilisant une fonction de coût ε-tolérante telle que définie par [Vapnik 95]. Au lieu de calculer un hyperplan séparant les données de différentes classes par une marge, cette adaptation revient à calculer un hyperplan $\boldsymbol{w}$ associé à un ε-tube qui inclut les données à prédire.

Plus formellement, le problème de minimisation adressé par les machines à vecteurs de support pour la régression est défini par :

$$\begin{aligned}&\underset{\boldsymbol{w}}{\text{minimiser}}\ \tfrac{1}{2}\|\boldsymbol{w}\|^2\\&\text{sous les contraintes :}\\&\begin{cases}y_i - \langle \boldsymbol{w}, \boldsymbol{x_i}\rangle - b \leq \varepsilon, \forall i \in \{1,\dots,n\}\\ \langle \boldsymbol{w}, \boldsymbol{x_i}\rangle + b - y_i \geq \varepsilon, \forall i \in \{1,\dots,n\}.\end{cases}\end{aligned} \tag{2.22}$$

Minimiser l'équation 2.22 revient à calculer une fonction linéaire permettant d'approximer les valeurs y de l'ensemble d'apprentissage avec une précision ε. Afin d'apporter plus de souplesse lors de l'apprentissage, l'équivalent des variables ressorts définies pour les SVM a été introduit dans les SVM pour la régression. De manière analogue, ces variables ressorts permettent de tolérer plus ou moins (selon la valeur de C) les erreurs de prédiction faites durant l'apprentissage. Le problème à minimiser est alors défini par :

$$\begin{aligned}&\underset{\boldsymbol{w}}{\text{minimiser}}\ \tfrac{1}{2}\|\boldsymbol{w}\|^2 + C\textstyle\sum_{i=1}^{m}(\xi_i + \xi_i^*)\\&\text{sous les contraintes :}\\&\forall i \in \{1,\dots,n\}\begin{cases}y_i - \langle \boldsymbol{w}, \boldsymbol{x_i}\rangle - b \leq \varepsilon + \xi_i\\ \langle \boldsymbol{w}, \boldsymbol{x_i}\rangle + b - y_i \geq \varepsilon + \xi_i^*\\ \xi_i, \xi_i^* \geq 0.\end{cases}\end{aligned} \tag{2.23}$$

Cet algorithme de régression permet de calculer une fonction de prédiction ayant une précision ε. Ce paramètre est particulièrement intéressant pour certains problèmes de chémoinformatique. Par exemple, lors de la prédiction d'une propriété physique, ce paramètre peut être réglé de sorte à contenir les inévitables imprécisions de mesures induites par une mesure expérimentale.

2.3.3 Régression de Tikhonov par noyaux

Dans le cas de la régression de Tikhonov [Hoerl et Kennard 70], appelée *ridge regression* en anglais, un problème de régression peut être résolu en calculant une fonction linéaire encodant les relations entre les données $\boldsymbol{x}$ et les réponses y. En considérant une matrice $\boldsymbol{X} \in \mathbb{R}^{d\times n}$ encodant chaque donnée $\boldsymbol{x_i} \in \mathcal{X}$, cette fonction peut être déterminée en minimisant la fonction objectif suivante :

$$\begin{aligned}&\underset{\boldsymbol{w}}{\text{minimiser}}\ J(\boldsymbol{w})\\&\text{avec :}\\&J(\boldsymbol{w}) = \|\boldsymbol{y} - \boldsymbol{X}^t\boldsymbol{w}\|^2 + \lambda\|\boldsymbol{w}\|^2.\end{aligned} \tag{2.24}$$

La minimisation du premier terme de l'équation 2.24 correspond à la résolution de la méthode des moindres carrés et permet de minimiser les erreurs commises lors de la prédiction. Le second terme ($\lambda\|\boldsymbol{w}\|^2$) correspond à un terme de régularisation qui tend à pénaliser les vecteurs $\boldsymbol{w}$ ayant une norme élevée. Le terme λ permet de pondérer l'influence de la régularisation dans le problème à minimiser. Par conséquent, un fort λ permet de limiter le sur apprentissage et donc d'obtenir une meilleure généralisation de la fonction de prédiction sur des données ne faisant pas partie de l'ensemble d'apprentissage.

La fonction objectif à minimiser, définie par l'équation 2.24, est définie comme une somme de normes au carré et correspond donc à une fonction convexe. Le minimum global de cette fonction est obtenu lorsque $\frac{\partial J}{\partial w} = 0$. Ce minimum est donné par la forme analytique suivante :

$$\boldsymbol{w}^{\star} = \boldsymbol{X}(\boldsymbol{X}^t\boldsymbol{X} + \lambda\boldsymbol{I})^{-1}\boldsymbol{y}. \tag{2.25}$$

La prédiction d'une nouvelle donnée $\boldsymbol{x}'$ est alors donnée par :

$$\begin{aligned}
\hat{y} &= \boldsymbol{w}^{\star t}\boldsymbol{x}' && (2.26)\\
&= \left(\boldsymbol{X}(\boldsymbol{X}^t\boldsymbol{X} + \lambda\boldsymbol{I})^{-1}\boldsymbol{y}\right)^t\boldsymbol{x}' && (2.27)\\
&= \boldsymbol{y}^t(\boldsymbol{X}^t\boldsymbol{X} + \lambda\boldsymbol{I})^{-1}\boldsymbol{X}^t\boldsymbol{x}' && (2.28)\\
&= \boldsymbol{y}^t(\boldsymbol{K} + \lambda\boldsymbol{I})^{-1}\kappa(\boldsymbol{x}'), && (2.29)
\end{aligned}$$

où K correspond à la matrice de Gram associée à l'ensemble d'apprentissage :

$$\begin{aligned}
K_{i,j} &= \langle \boldsymbol{x_i}, \boldsymbol{x_j} \rangle && (2.30)\\
&= k(\boldsymbol{x_i}, \boldsymbol{x_j}), && (2.31)
\end{aligned}$$

et $\kappa(\boldsymbol{x}')_i = \langle \boldsymbol{x_i}, \boldsymbol{x}' \rangle = k(\boldsymbol{x_i}, \boldsymbol{x}')$. On peut alors noter que l'accès aux données ainsi que la prédiction de la propriété associée à $\boldsymbol{x}'$ se fait uniquement par l'intermédiaire de $\boldsymbol{K}$ et $\kappa(\boldsymbol{x}')$. En considérant un noyau non linéaire $k_{\mathcal{H}}$, associé à un espace de représentation $\mathcal{H}$ et une fonction de plongement $\Phi_{\mathcal{H}} : \mathcal{X} \to \mathcal{H}$, utiliser la régression de Tikhonov avec $k_{\mathcal{H}}$ revient à calculer une fonction de prédiction linéaire dans l'espace de représentation $\mathcal{H}$, et non dans l'espace d'origine $\mathcal{X}$.

L'utilisation de méthodes à noyaux et de l'astuce du noyau permet donc d'entraîner des méthodes d'apprentissage automatique dans un espace de Hilbert $\mathcal{H}$ différent de l'espace d'origine des données. Un des points-clés de l'astuce du noyau est qu'il n'est pas nécessaire de définir explicitement cet espace vectoriel $\mathcal{H}$ de même qu'il n'est pas nécessaire de définir la fonction de plongement permettant de passer de $\mathcal{X}$ à $\mathcal{H}$. Par conséquent, il est possible d'appliquer les méthodes à noyaux sur des données non vectorielles si l'on définit un noyau k entre ces données. L'algorithme évoluera alors dans l'espace associé au noyau, sans qu'il soit nécessaire de calculer explicitement les coordonnées des données dans cet espace.

2.4 État de l'art des noyaux sur graphes

La définition de noyaux sur graphes permet l'utilisation de méthodes d'apprentissage automatique sur des graphes. En utilisant des noyaux sur graphes, les méthodes d'apprentissage automatique évoluent alors dans l'espace du noyau tout en s'affranchissant des limites induites par une représentation vectorielle explicite.

Les noyaux sur graphes définissent donc une connexion naturelle entre l'espace des graphes et les méthodes d'apprentissage automatique. Cependant, la définition d'un noyau sur graphes n'est pas triviale. En effet, le noyau doit encoder une mesure de similarité pertinente entre les graphes tout en limitant la complexité de calcul induite par son utilisation et en respectant les différentes propriétés définissant un noyau.

Plusieurs méthodes, présentées dans cette section, ont été développées pour répondre à la problématique posée par la comparaison de graphes moléculaires en chémoinformatique.

2.4.1 Noyaux basés sur la distance d'édition

Partant du fait qu'une mesure de similarité peut être définie comme une fonction décroissante d'une mesure de dissimilarité, certains noyaux sont définis à partir d'une distance entre graphes. La distance d'édition entre graphes, définie dans la section 1.3.4, mesure la dissimilarité entre graphes : une distance élevée indique une faible similarité entre les deux graphes alors qu'une faible distance indique une forte similarité.

Noyaux triviaux [Neuhaus et Bunke 07] a proposé d'appliquer diverses fonctions décroissantes sur la distance d'édition (notée ici $d(\ .\ ,\ .\ )$) afin de définir un ensemble de noyaux triviaux basés sur la distance d'édition :

$$\begin{aligned}
k_1(G, G') &= -d(G, G')^2, \\
k_2(G, G') &= -d(G, G'), \\
k_3(G, G') &= -\tanh(-d(G, G'))^2, \\
k_4(G, G') &= \exp(-d(G, G')^2).
\end{aligned}$$

Toutefois, la distance d'édition entre deux graphes ne définit pas une métrique dans un espace euclidien (définition 26, section 1.3.4) et il n'est donc pas garanti que les matrices de distances associées soient définies négatives. Les matrices de Gram calculées par les noyaux définis équation 2.4.1 et basés sur cette distance ne sont donc pas semi-définies positives [Neuhaus et Bunke 07]. Par conséquent, l'utilisation des méthodes à noyaux décrites dans la section 2.3 est limitée puisque la fonction à minimiser n'est plus convexe et par conséquent, aucune garantie de convergence vers le minimum global n'est assurée. Cependant, le non-respect de la semi-définie positivité du noyau n'exclut pas totalement l'utilisation de méthodes à noyaux [Ong et al. 04, Haasdonk 05].

Plongement empirique Afin de définir un noyau sur graphes valide et utilisant la distance d'édition, [Riesen 09] propose de représenter chaque graphe par un vecteur explicite encodant un ensemble de distances entre le graphe représenté et un ensemble de graphes références. Le choix de l'ensemble de graphes références est primordial puisque la distribution de cet ensemble dans l'espace influe sur la qualité du plongement. Un ensemble compact de graphes références encodera peu d'informations discriminantes alors qu'un ensemble de graphes couvrant l'espace des graphes de manière homogène encodera plus d'informations. Dans [Riesen 09], l'auteur propose différentes stratégies de choix pour l'ensemble des graphes références. Donné un ensemble de graphes références $\mathcal{G}_{ref} = \{G_1, \ldots, G_N\}$, chaque graphe est explicitement plongé dans un espace vectoriel via une fonction de plongement $\Phi^{\mathcal{G}}_{EKM} : \mathcal{G} \rightarrow \mathbb{R}^N$:

$$\Phi^{\mathcal{G}_{ref}}_{EKM}(G) = (d(G, G_1), \ldots, d(G, G_N)). \tag{2.32}$$

En considérant cette fonction de plongement, le noyau entre deux graphes est simplement défini comme le produit scalaire entre leurs plongements. Cette méthode utilise donc une représentation vectorielle explicite pour définir un noyau basé sur la distance d'édition. Bien que cette méthode utilise une mesure de dissimilarité largement utilisée dans le domaine de la comparaison de graphes, le choix des graphes références conditionne fortement la qualité du plongement.

2.4.2 Noyaux basés sur les descripteurs moléculaires

Une autre approche vise à unifier les méthodes basées sur les empreintes digitales (section 1.3.1) et les noyaux. Les auteurs de [Ralaivola et al. 05] proposent de définir des noyaux sur les empreintes digitales permettant de projeter les représentations vectorielles initiales dans un autre espace de représentation. Si le noyau choisi est adéquat, la méthode à noyaux appliquée obtiendra de meilleurs résultats que si elle était appliquée dans l'espace d'origine des données. [Ralaivola et al. 05] proposent d'adapter une mesure de similarité utilisée en chémoinformatique : le coefficient de Tanimoto [Gower 71, Flower 98, Fligner et al. 02], aussi appelé coefficient de Jaccard. Le coefficient de Tanimoto définit une mesure de similarité entre vecteurs binaires. Le noyau associé à cette mesure de similarité est défini par :

Définition 29 (Noyau de Tanimoto). *Donné deux ensembles $D(G)$ et $D(G')$ encodant l'ensemble des descripteurs extraits des deux graphes G et G', le noyau de Tanimoto est défini par :*

$$k_{Tanimoto} = \frac{\langle D(G), D(G')\rangle}{\langle D(G), D(G)\rangle + \langle D(G'), D(G')\rangle - \langle D(G), D(G')\rangle}. \tag{2.33}$$

Le calcul de ce noyau revient à calculer le ratio entre $|D(G) \cap D(G')|$ et $|D(G) \cup D(G')|$ dans le cas d'empreintes digitales. Il permet donc de quantifier la similarité entre les deux ensembles encodant des représentations vectorielles à valeurs binaires. Les auteurs de [Ralaivola et al. 05] ont généralisé ce noyau à des représentations vectorielles à valeurs entières :

Définition 30 (Noyau Min-Max). *Donné deux vecteurs $\mathbf{\Phi(G)} \in \mathbb{N}^d$ et $\mathbf{\Phi(G')} \in \mathbb{N}^d$ encodant les représentations vectorielles des graphes G et G'. Le noyau Min-Max est défini par :*

$$k_{Tanimoto} = \frac{\sum_{i=1}^{d} \min(\Phi_i(G'), \Phi_i(G'))}{\sum_{i=1}^{d} \max(\Phi_i(G'), \Phi_i(G'))}. \tag{2.34}$$

Les empreintes digitales utilisées dans [Ralaivola et al. 05] correspondent à l'ensemble des chemins élémentaires et des cycles élémentaires retrouvés par une recherche en profondeur jusqu'à une profondeur égale à p, la profondeur p étant définie comme égale à 10 dans [Ralaivola et al. 05]. Ces informations sont encodées soit par un vecteur binaire, c.-à-d. encodant seulement la présence ou l'absence d'un chemin, soit par un vecteur encodant le nombre d'occurrences de chaque chemin.

Ce noyau permet donc de combiner les méthodes à noyaux avec une mesure de similarité reconnue et largement utilisée dans les méthodes utilisant les empreintes digitales de molécules. Toutefois, comme discuté dans la section 1.3.2, la représentation d'un graphe moléculaire par vecteur de taille fixe limite la quantité d'information encodée dans la mesure de similarité.

2.4.3 Noyau d'appariement optimal

Une autre approche proposée par [Fröhlich et al. 05] consiste à définir un appariement optimal entre deux ensembles représentant les deux graphes à comparer. La valeur du noyau est alors égale au coût de l'appariement optimal, défini comme la somme des coûts d'appariements entre chaque élément des deux ensembles extraits des graphes. Le coût d'appariement entre chaque paire d'éléments est calculé par un sous-noyau k_1. L'appariement optimal est donc celui minimisant la somme des appariements. Dans [Fröhlich et al. 05], le noyau k_1 compare deux atomes a et a' en incluant leur voisinage constitué de l'ensemble des atomes situés jusqu'à une distance l de l'atome central a ou a'. La deuxième approche consiste à transformer le graphe moléculaire en *graphe réduit*. Cette représentation, proche de la vision d'une molécule par un chimiste, consiste à agréger les atomes appartenant à un même ensemble chimiquement pertinent (cycle, accepteurs, donneurs, etc.). Le noyau k_1 est ensuite défini entre chaque partie agrégée. Cependant, bien que ce noyau ait été appliqué avec succès sur plusieurs jeux de données, [Vert 08] a montré que ce noyau n'est pas défini positif pour n'importe quel jeu de données.

2.4.4 Noyaux de convolution

Une famille de noyaux sur graphes particulièrement intéressante définit la similarité entre objets à partir d'une décomposition de ces objets en un ensemble de parties. Ce type de noyau, appelé noyau de convolution (*R-convolution kernels* en anglais) [Haussler 99], est basé sur une relation R où la relation $R(x', x)$ est vraie si et seulement si x' est une partie de x. L'ensemble $\{x' \mid R(x', x)\}$ définit alors l'ensemble des parties de x.

Théorème 1. *[Haussler 99, Shin et Kuboyama 08] Soit $k_d : \mathcal{X}'_d \times \mathcal{X}'_d$ un ensemble de noyaux définis positifs, pour $d = 1, \ldots, D$. Donné une relation $R \subset \mathcal{X}'_1 \times \cdots \times \mathcal{X}'_D \times \mathcal{X}$, le noyau $k : \mathcal{X} \times \mathcal{X} \to \mathbb{R}$ suivant est un noyau défini positif :*

$$k(x, y) = \sum_{(x'_1, \ldots, x'_D, x) \in R} \; \sum_{(y'_1, \ldots, y'_D, y) \in R} \; \prod_{d=1}^{D} k_d(x'_d, y'_d). \tag{2.35}$$

L'application de cette approche aux graphes moléculaires consiste à définir une décomposition des graphes en un ensemble de sous-structures. Plus formellement, en considérant un ensemble de sous-structures $\mathcal{P}$, un sac de sous-structures extrait d'un graphe G est défini par $\mathcal{B}(G) = \{(p, f_p(G)), p \in \mathcal{P}, p \subseteq G\}$ où p correspond à une sous-structure et $f_p(G)$ correspond à des propriétés (par exemple le cardinal) de l'ensemble des sous-structures p incluses dans G. En considérant un sous-noyau $k_\mathcal{P} : (\mathcal{P} \times \mathbb{R})^2 \rightarrow \mathbb{R}$ défini comme un produit de tenseur de deux noyaux $k_1 : \mathcal{P} \times \mathcal{P} \rightarrow \mathbb{R}$ et $k_2 : \mathbb{R} \times \mathbb{R} \rightarrow \mathbb{R}$, un noyau sur graphes $k : \mathcal{G} \times \mathcal{G} \rightarrow \mathbb{R}$ basé sur des sacs de sous-structures peut être défini comme un noyau de convolution :

$$k(G, G') = \sum_{x \in \mathcal{B}(G)} \sum_{y \in \mathcal{B}(G')} k_\mathcal{P}(x, y), \tag{2.36}$$

$$k(G, G') = \sum_{x \in \mathcal{B}(G)} \sum_{y \in \mathcal{B}(G')} (k_1 \otimes k_2)(x_1, x_2, y_1, y_2), \tag{2.37}$$

$$k(G, G') = \sum_{x \in \mathcal{B}(G)} \sum_{y \in \mathcal{B}(G')} \prod_{i=1}^{2} k_i(x_i, y_i). \tag{2.38}$$

Pour chaque paire de sous-structures $(p, p') \in \mathcal{P}^2$ extraites des deux graphes et encodées par les sacs de sous-structures $\mathcal{B}(G)$ et $\mathcal{B}(G')$, le sous-noyau $k_\mathcal{P}$ correspondant encode la similarité entre les deux graphes moléculaires selon p et p'. Le noyau k_1 encode la similarité des deux sous-structures et est généralement défini comme égal à 1 si les deux sous-structures sont isomorphes et 0 sinon :

$$k_1 = \begin{cases} 1 \text{ ssi } p \simeq p', \\ 0 \text{ sinon.} \end{cases} \tag{2.39}$$

En considérant k_1 défini comme dans l'équation 2.39, un noyau basé sur des sacs de motifs peut être défini de la manière suivante :

$$k(G, G') = \sum_{x \in \mathcal{B}(G)} \sum_{y \in \mathcal{B}(G')} \prod_{i=1}^{2} k_i(x_i, y_i), \tag{2.40}$$

$$k(G, G') = \sum_{\substack{\{(p, f_p(G)) | \\ p \in \mathcal{P}, p \subseteq G\}}} \sum_{\substack{\{(p', f'_p(G')) | \\ p' \in \mathcal{P}, p' \subseteq G'\}}} k_1(p, p').k_2(f_p(G), f_p(G')), \tag{2.41}$$

$$k(G, G') = \sum_{\substack{\{(p, f_p(G)), (p, f_p(G')) | \\ p \in \mathcal{P}, p \subseteq G, p \subseteq G'\}}} 1.k_2(f_p(G), f_p(G')), \tag{2.42}$$

$$k(G, G') = \sum_{\substack{(p, f_p(G)), (p, f_p(G')) | \\ p \in \mathcal{P}, p \subseteq G, p \subseteq G'}} k_2(f_p(G), f_p(G')), \tag{2.43}$$

où le noyau k_2 encode la similarité entre les ensembles de sous-structures isomorphes à p et extraites de G et G'.

L'ensemble des noyaux décrits dans la suite de cette section correspond à des noyaux sur graphes basés sur des sacs de sous-structures et définis comme des noyaux de convolution. Bien qu'utilisant la même approche, ils diffèrent principalement dans les ensembles de sous-structures utilisés pour définir le noyau ainsi que par la définition du sous-noyau $k_{\mathcal{P}}$.

2.4.5 Noyau complet

Une première approche pour définir un noyau de convolution entre deux graphes est de considérer toutes les sous-structures possibles du graphe.

Définition 31 (Noyau Complet)**.** *Soit deux graphes G et G'. Le noyau complet est défini comme :*

$$k_{complet}(G, G') = \sum_{p \sqsubseteq G} \sum_{p' \sqsubseteq G'} k_{iso}(p, p'), \tag{2.44}$$

avec :

$$k_{iso}(p, p') = \begin{cases} 1 \ ssi \ p \simeq p' \\ 0 \ sinon\ . \end{cases} \tag{2.45}$$

Le noyau complet, proposé par [Gärtner et al. 03], revient à projeter les graphes dans un espace de Hilbert où chaque dimension encode le nombre d'occurrences d'un sous-graphe donné. Cependant, les auteurs de [Gärtner et al. 03] ont démontré que le calcul de ce noyau est NP-difficile. Ce noyau est donc difficilement exploitable pour la comparaison de graphes moléculaires.

2.4.6 Motifs linéaires

Marches aléatoires

Une autre approche moins coûteuse que le noyau complet consiste à calculer la similarité entre deux graphes à partir du nombre de marches aléatoires qu'ils ont en commun. [Gärtner et al. 03] et [Kashima et al. 03] ont proposé deux noyaux différents, tous deux basés sur un sac de sous-structures encodant l'ensemble des marches aléatoires d'un graphe G, dénoté $W(G)$.

Méthode basée sur le graphe produit direct La méthode définie par [Gärtner et al. 03] repose sur la construction du graphe produit direct (figure 2.7) :

Définition 32 (Graphe produit direct). *Le graphe produit direct de deux graphes $G = (V, E, \mu, \nu)$ et $G' = (V', E', \mu', \nu')$ est défini par $G \times_d G' = (V_{G\times_d G'}, E_{G\times_d G'})$:*

$$\begin{aligned} V_{G\times_d G'} &= \{(v, v') \in V \times V' \mid (\mu(v) = \mu'(v'))\} \\ E_{G\times_d G'} &= \{((u, u'), (v, v')) \in V^2_{G\times_d G'} \mid \\ &\quad (u, v) \in E, (u', v') \in E' \text{ et } (\nu(u, v) = \nu(u', v'))\}. \end{aligned}$$

Une propriété intéressante du graphe produit direct est que pour chaque marche w commune à $\mathcal{W}(G)$ et $\mathcal{W}(G')$, il existe une marche $w^* \in \mathcal{W}(G \times G')$. Réciproquement, toute marche $w \in \mathcal{W}(G \times_d G')$ est commune à $\mathcal{W}(G)$ et $\mathcal{W}(G')$. Par conséquent, chaque arête du graphe produit direct encode une marche de taille 1 commune à G et G'. Chaque arête est encodée dans la matrice d'adjacence du graphe produit direct $\boldsymbol{A}_{G\times_d G'}$, qui encode donc également l'ensemble des marches communes de taille 1. De manière analogue, la matrice d'adjacence élevée à la puissance n, $\boldsymbol{A}^n_{G\times_d G'}$ encode le nombre de marches de longueur n entre deux sommets ayant la même séquence d'étiquettes dans G et G'.

Définition 33 (Noyau graphe produit direct). *Soit $G \in \mathcal{G}$ et $G' \in \mathcal{G}$, $\boldsymbol{A}_{G\times G'}$ la matrice d'adjacence de $G \times G'$ et un vecteur $\lambda = \{\lambda_0, \lambda_1, \ldots\}, \lambda_i \in \mathbb{R}, \lambda_i \geq 0\ \forall i \in \mathbb{N}$. Le noyau du graphe produit direct $k_\times$ est alors défini par :*

$$k_\times(G, G') = \sum_{i,j=1}^{|V_{G\times_d G'}|} \left(\sum_{k=0}^{\infty} \lambda_k {\boldsymbol{A}_{G\times G'}}^k \right)_{i,j} \tag{2.46}$$

si la limite existe.

Ce noyau peut être calculé pour des valeurs de $(\lambda_i)_{i\in\mathbb{N}^+}$ qui assurent la convergence de $\lim_{n->\infty} \sum_{i=0}^{n} \lambda_i {\boldsymbol{A}_{G\times G'}}^i$. Les auteurs de [Gärtner et al. 03] proposent d'utiliser des séries géométriques ou des séries exponentielles afin de calculer ce noyau en $\mathcal{O}(n^6)$, n représentant le nombre de nœuds dans le graphe produit direct. Ce noyau permet donc de calculer le nombre de marches communes entre deux graphes en pondérant l'impact des marches ayant une longueur élevée. Afin de calculer le nombre de marches aléatoires communes aux deux graphes G et G', la matrice d'adjacence $\boldsymbol{A}_{G\times G'}$ peut être remplacée par une matrice de transition $\boldsymbol{R}$, où $R_{i,j}$ encode la probabilité de passer du sommet i au sommet j. Le noyau défini dans l'équation 2.46 calcule le nombre de marches aléatoires communes aux deux graphes G et G'. Les auteurs de [Vishwanathan et al. 07] proposent une reformulation du noyau de marches aléatoires calculable en $\mathcal{O}(n^3)$, ce qui permet d'obtenir un gain en complexité intéressant.

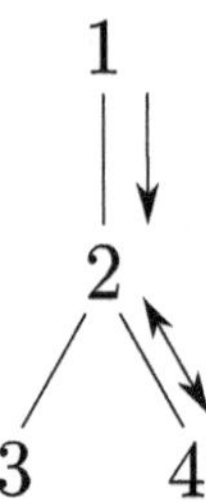

FIG. 2.3 – Le parcours du chemin affecté par un phénomène de tottering a pour séquence d'étiquettes de sommets $1, 2, 4, 2, 4, 2, \ldots$

Noyaux marginalisés Les auteurs de [Kashima et al. 03] utilisent une autre formulation du noyau basée sur les marches aléatoires.

Définition 34 (Noyau marginalisé). *Soit deux graphes G et G', $\mathcal{W}(G)$, $\mathcal{W}(G')$ représentent l'ensemble des marches aléatoires dans G et G', et $k_{\mathcal{W}} : \mathcal{W} \times \mathcal{W} \to \mathbb{R}$ un noyau entre chemins. Le noyau marginalisé est alors défini par :*

$$k_{rw}(G, G') = \sum_{w \in \mathcal{W}(G)} \sum_{w' \in \mathcal{W}(G')} p_G(w) p_{G'}(w') k_{\mathcal{W}}(w, w'), \tag{2.47}$$

où $p_G(w)$ correspond à la probabilité de parcours du chemin w dans G.

Le noyau $k_{\mathcal{W}}$ est un noyau qui définit la similarité entre l'étiquetage des chemins. Généralement, ce noyau est défini comme un noyau binaire, c.-à-d. que la valeur du noyau est égale à 1 si les séquences d'étiquettes sont équivalentes et 0 sinon. Cependant, cette formulation du noyau de marches aléatoires inclut explicitement la possibilité de définir une comparaison non binaire entre les chemins. Cette formulation correspond donc à une généralisation du calcul du noyau de marches aléatoires défini par [Gärtner et al. 03].

Phénomène d'oscillation [Mahé et al. 04] Une marche aléatoire étant définie comme une suite de sommets connectés, certaines marches aléatoires peuvent osciller indéfiniment entre deux sommets voisins (figure 2.3). Ce phénomène d'oscillation, appelé *tottering*, a pour effet de créer des chemins non représentatifs de la structure du graphe. Afin de limiter l'impact de ce type de chemins, Les auteurs de [Mahé et al. 04] ont proposé une extension au noyau de marches aléatoires limitant le phénomène d'oscillation. Cette extension est basée sur une transformation du graphe moléculaire $G = (V, E)$ en un graphe orienté en $\mathcal{O}(|V|^2)$. Le calcul du noyau est alors effectué en utilisant cette nouvelle représentation, ce qui permet d'interdire une oscillation entre deux nœuds et donc le phénomène d'oscillation.

Noyaux de chemins Au lieu d'utiliser un ensemble de marches aléatoires qui peuvent ne pas être représentatives du graphe, d'autres approches utilisent un ensemble de chemins élémentaires afin de définir un noyau sur graphes. Bien que l'énumération de l'ensemble des chemins d'un graphe est NP-difficile [Borgwardt et Kriegel 05], les auteurs de [Ralaivola et al. 05] proposent d'énumérer tous les chemins ainsi que les cycles jusqu'à une taille k définie *a priori*. Cette énumération est effectuée par une recherche en profondeur à partir de chaque sommet d'un graphe. Le calcul du noyau entre deux graphes $G = (V, E)$ et $G' = (V', E')$ nécessite l'énumération des chemins dans G et G', ce qui entraîne une complexité en $\mathcal{O}(k(|V||E| + |V'||E'|))$. Pour une taille maximale des chemins $k = 10$, le calcul du noyau peut être fait en temps raisonnable pour les jeux de données utilisés dans [Ralaivola et al. 05]. L'énumération des chemins est encodée par une représentation vectorielle pouvant être assimilée à un ensemble de descripteurs moléculaires (section 1.3.1) où chaque descripteur encode un chemin. Ces représentations vectorielles sont ensuite comparées par les noyaux définis sur des descripteurs moléculaires (section 2.4.2).

Une autre approche basée sur les chemins élémentaires consiste à déduire la similarité entre les graphes à partir de la longueur des plus courts chemins entre chaque paire de nœuds d'un graphe. Cette approche est basée sur la transformation de Floyd [Floyd 62] qui transforme un graphe $G = (V, E, \mu, \nu)$ en un graphe complet $G_F = (V, E_F, \mu, \nu_F)$ où chaque arête $e_f = (v_i, v_j)$, $\forall (v_i, v_j) \in V^2$, est étiquetée par la longueur du plus court chemin existant entre v_i et v_j dans G. En considérant les transformations $G_F = (V, E_F, \mu, \nu_F)$ et $G'_F = (V', E'_F, \mu', \nu'_F)$ de deux graphes $G = (V, E, \mu, \nu)$ et $G' = (V, E, \mu, \nu)$, le noyau est défini par :

$$k_{sp}(G, G') = \sum_{e \subseteq E_F} \sum_{e' \subseteq E'_F} k^1_{chemin}(e, e'), \tag{2.48}$$

où $k^1_{chemin}(e, e')$ est un noyau défini comme une mesure de similarité entre chemins de taille 1. Ce noyau peut être défini par un Dirac qui considère deux arêtes $e = (u, v)$ et $e' = (u', v')$ comme similaires si et seulement si $\mu(u) = \mu(u')$, $\mu(v) = \mu(v')$ et $\nu_F(e) = \nu'_F(e')$. Autrement dit, les deux arêtes e et e' sont considérées comme similaires si elles connectent deux paires identiques de sommets, et que la distance entre chaque paire de sommets est la même dans G et G'. Cette approche permet de calculer un noyau sur graphes basé sur les chemins en temps polynomial ($\mathcal{O}(|V|^4)$), la majorité du temps de calcul étant dédiée au calcul de la transformation de Floyd et à la comparaison des

FIG. 2.4 – Exemples de graphes orientés différents mais possédant une même représentation dans un espace de redescription basé sur des sous-structures linéaires (Exemple tiré de [Mahé et Vert 09]).

$|V|^2$ arêtes de chaque graphe transformé. Cependant, cette approche prend seulement en compte l'étiquette de départ et d'arrivée du plus court chemin, et non la séquence d'arêtes et de sommets formant ce plus court chemin. Ce manque d'information induit inévitablement une perte d'information dans le calcul du noyau.

Bien que les motifs linéaires permettent de définir un noyau calculable en temps polynomial, l'utilisation de motifs linéaires ne permet pas de prendre en compte une grande partie de l'information structurelle encodée dans des structures complexes telles que des graphes moléculaires. En effet, les structures linéaires ne permettent pas encoder les branchements ce qui induit un manque de discrimination des structures non linéaires dans l'espace de redescription associé au noyau (figure 2.4).

2.4.7 Motifs non linéaires

L'utilisation de sous-structures non linéaires permet d'encoder plus d'information structurelle que les méthodes utilisant des motifs linéaires et présentées dans la section 2.4.6. Cependant, bien que permettant de définir une mesure de similarité plus précise, la définition d'une méthode basée sur des sous-structures non linéaires induit généralement un coût de calcul supplémentaire.

Sous-graphes

Graphlets Afin d'améliorer l'expressivité des sous-structures utilisées pour comparer deux graphes, les auteurs de [Shervashidze et al. 09] proposent un noyau basé sur la comparaison de la distribution des sous-graphes non étiquetés de taille k, $k \in \{3, 4, 5\}$, appelés *graphlets* (figure 2.5). Les auteurs proposent une méthode pour énumérer explicitement les graphlets dans des graphes ayant un degré maximal borné par d, d étant raisonnablement faible. Cette hypothèse est particulièrement vraie dans le cadre d'application sur des graphes moléculaires, où les sommets ont un nombre limité de voisins. En effet,

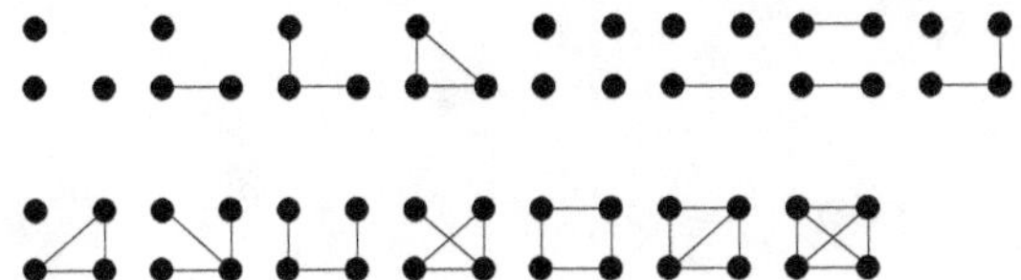

FIG. 2.5 – Ensemble des graphlets de taille 3 et 4 énumérés par [Shervashidze et al. 09].

les propriétés électroniques des éléments chimiques impliquent qu'un atome ne peut théoriquement pas avoir plus de 7 atomes adjacents.

La première étape consiste à énumérer les graphlets connectés. Les graphlets connectés sont divisés en 2 classes. La première classe est composée des graphlets de taille k comportant au moins un chemin élémentaire de taille $k-1$ et la deuxième classe des graphlets ne comportant pas de chemins élémentaires de taille $k-1$. Les graphlets appartenant à la première classe sont énumérés à partir des chemins élémentaires de taille $k-1$, eux-mêmes énumérés par un algorithme de recherche en profondeur. Les graphlets appartenant à la deuxième classe sont énumérés à partir des graphlets *3-star*, qui correspondent simplement aux graphlets composés de 4 nœuds avec un nœud central ayant un degré égal à 3. Les graphlets restants sont ensuite énumérés par une étude du voisinage des *3-stars*. La complexité nécessaire pour énumérer tous les graphlets connectés est en $\mathcal{O}(nd^4)$.

Pour les graphlets non connectés de taille 3, les auteurs basent leur énumération sur les paires de sommets $(v_1, v_2) \in E$. Si l'on considère un troisième sommet v_3 distinct de v_1 et v_2, trois configurations sont possibles (figure 2.6). Ces différentes configurations sont différenciées en utilisant le voisinage de la paire (v_1, v_2). Ainsi :

— $v_3 \notin \Gamma(v_1) \cup \Gamma(v_2) \rightarrow$ configuration F_1 ;

— $v_3 \in \Gamma(v_1) \setminus \Gamma(v_2) \vee v_3 \in \Gamma(v_2) \setminus \Gamma(v_1) \rightarrow$ configuration F_2 ;

— $v_3 \in \Gamma(v_1) \cap \Gamma(v_2) \rightarrow$ configuration F_3.

L'énumération des graphlets de taille 4 suit le même principe que pour les graphlets de taille $k = 3$: l'ensemble des 11 graphlets de taille 4 est énuméré à partir des graphlets de taille 3. De la même manière, les 34 graphlets de taille $k = 5$ sont énumérés à partir des graphlets de taille 4. Cette méthode permet d'obtenir la distribution des graphlets non étiquetés de taille k dans un graphe avec une complexité en $\mathcal{O}(nd^{k-1})$, soit une complexité linéaire avec le nombre de sommets dans un graphe si le degré maximal d du graphe est borné. Le noyau de graphlets est défini par un produit scalaire entre les vecteurs normalisés encodant le nombre d'occurrences de chaque graphlet.

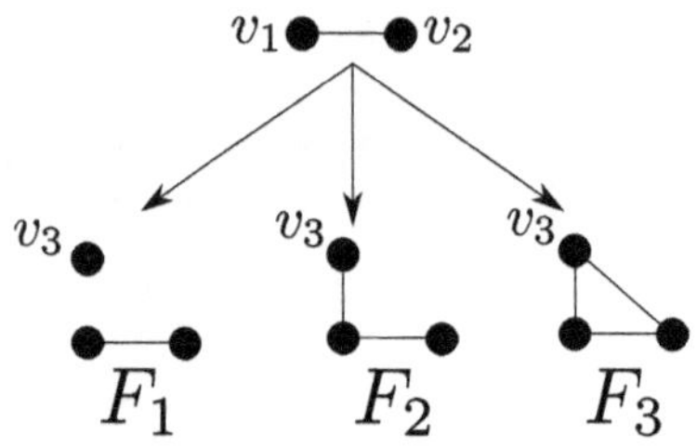

FIG. 2.6 – Différentes configurations topologiques possibles d'une paire de sommets connectés et d'un troisième sommet.

Définition 35 (Noyau de graphlets). *Soit deux graphes $G = (V, E) \in \mathcal{G}$, $G' = (V', E') \in \mathcal{G}$ et l'ensemble des graphlets $\{g_0, \ldots, g_N\}$. Le vecteur $\boldsymbol{D_G}$ encodant la fréquence d'apparition des graphlets dans G est défini par :*

$$\left(\boldsymbol{D_G}\right)_i = \frac{|g_i \sqsubseteq G|}{\sum_j |g_j \sqsubseteq G|}. \tag{2.49}$$

Le noyau de graphlets est alors défini par :

$$k_{graphlets} = \langle \boldsymbol{D_G}, \boldsymbol{D_{G'}} \rangle. \tag{2.50}$$

Bien que ce noyau permette de prendre en compte plus d'information structurelle que les noyaux basés sur des motifs linéaires, il ne permet pas de prendre en compte la similarité induite par l'étiquetage des nœuds et des arêtes des graphes. Par conséquent, l'utilisation de ce noyau se limite à des graphes non étiquetés et a donc un domaine d'application limité en chémoinformatique. En effet, les éléments chimiques de chaque atome sont une information importante et discriminante pour résoudre les problématiques posées en chémoinformatique.

Fragments de graphes Les auteurs de [Wale et al. 08] proposent une définition d'un noyau basé sur un ensemble de sous-structures défini par l'ensemble exhaustif des sous-graphes étiquetés ayant au maximum l arêtes. L'ensemble des sous-graphes énumérés est noté GF et l'on peut identifier quatre sous-ensembles permettant de caractériser les différentes sous-structures énumérées :

— *PF (Path Fragments) :* ensemble des sous-arbres linéaires, correspondant donc aux chemins ;

— *TF (Tree Fragments) :* ensemble des sous-arbres ayant au moins un nœud avec un degré strictement supérieur à 2 ;
— *AF (Acyclic Fragments)* défini par $AF = TF \cup PF$;
— le quatrième sous-ensemble correspond à la différence $GF \setminus AF$ et regroupe donc tous les sous-graphes contenant au moins un cycle.

L'ensemble de ces fragments définit l'espace de représentation associé au noyau où chaque coordonnée encode soit la présence/absence (valeur binaire), soit le nombre d'occurrences d'une sous-structure donnée. Chaque graphe moléculaire G est alors encodé par un vecteur $\boldsymbol{\Phi(G)} = \big(\Phi_1(G), \ldots, \Phi_d(G)\big)$, où $\Phi_i(G)$ correspond au nombre d'occurrences du sous-graphe i dans G. Le noyau entre G et G' est alors défini par un noyau Min-Max (définition 30) entre les deux vecteurs $\boldsymbol{\Phi(G)}$ et $\boldsymbol{\Phi(G')}$.

Cette méthode est basée sur une énumération complète de tous les sous-graphes, ce qui revient donc, pour un l assez grand, au calcul du noyau complet (section 2.4.5) qui appartient à la classe des problèmes NP-Difficile. Dans les expérimentations effectuées dans [Wale et al. 08], les auteurs se limitent à $l = 7$ et n'observent pas d'amélioration significative de la précision de prédiction à partir de $l = 5$.

L'énumération de l'ensemble de sous-graphes connectés jusqu'à une taille l est basée sur une récursion où chaque étape consiste à énumérer l'ensemble des arbres couvrants d'un sous-graphe correspondant au graphe initial privé des arêtes déjà parcourues. Chaque sous-graphe g est identifié de manière unique par une chaîne de caractères canonique, calculée de la même manière que [Deshpande et al. 03]. Si l'on considère une représentation $s(\boldsymbol{A(g)})$ de la matrice d'adjacence sous forme d'une chaîne de caractères, la représentation canonique d'un graphe est définie par la chaîne de caractères minimale parmi toutes les permutations de $\boldsymbol{A(g)}$ possibles. Ceci implique de tester toutes les permutations possibles de la matrice d'adjacence et donc une complexité équivalente à $\mathcal{O}(n!)$. Cependant, les auteurs de [Deshpande et al. 03] ont proposé de partitionner la matrice d'adjacence en ordonnant les sommets selon un ensemble de propriétés invariantes telles que l'étiquette d'un sommet, son degré ou encore l'indice de Morgan [Morgan 65]. Ce partitionnement permet de limiter le nombre de permutations à tester et permet donc d'obtenir un temps de calcul raisonnable.

L'ensemble des sous-graphes peut aussi être calculé de manière analogue à [Gärtner et al. 03] (section 2.4.6). Les auteurs de [Kriege et Mutzel 12] proposent un algorithme d'énumération de sous-graphes basé sur les cliques extraits du graphe produit. À la différence du graphe produit direct utilisé par [Gärtner et al. 03] (définition 32), le graphe produit est composé, en plus des arêtes du graphe produit direct, d'un ensemble d'arêtes permettant d'encoder la non-adjacence de deux sommets dans les graphes originaux (figure 2.7).

Définition 36 (Graphe produit). *Le graphe produit de deux graphes* $G = (V, E, \mu, \nu)$ *et* $G' = (V', E'\mu', \nu')$, *dénoté* $G \times G' = (V_{G\times G'}, E_{G\times G'})$, *est défini par :*

$$\begin{aligned} V_{G\times G'} &= \{(v, v') \in V \times V' | \mu(v) = \mu'(v')\} \\ E_{G\times G'} &= \{((u, u'), (v, v')) \in V^2_{G\times G'} \textit{ ssi} \\ &\quad \begin{cases} (u, v) \in E, (u', v') \in E' \textit{ et } \nu((u, v)) = \nu'((u', v')) \textit{ ou} \\ (u, v) \notin E \textit{ et } (u', v') \notin E'. \end{cases} \end{aligned}$$

La définition du graphe produit utilise deux types d'arêtes distincts [Koch 01]. Le premier type d'arêtes (noté c-arêtes pour arêtes de connexion) encode les arêtes présentes à la fois dans G et G'. Ce premier type d'arêtes correspond à l'ensemble des arêtes du graphe produit direct. Le second type d'arêtes (noté d-arêtes pour arêtes de déconnexion) encode le fait que les deux paires de nœuds ne sont adjacentes ni dans G, ni dans G'. [Levi 73] a montré que à chaque clique du graphe produit $G \times G'$ correspond un sous-graphe commun à G et G' et réciproquement. L'énumération d'un ensemble de sous-graphes communs de taille k revient donc à énumérer l'ensemble des cliques de taille k dans $G \times G'$.

Motifs d'arbres

[Ramon et Gärtner 03] a proposé une définition d'un noyau basé sur des motifs non linéaires et étiquetés. Ce noyau déduit la similarité entre deux graphes du nombre de motifs d'arbres communs aux deux graphes. Cette formulation a été revisitée et implémentée par les auteurs de [Mahé et Vert 09].

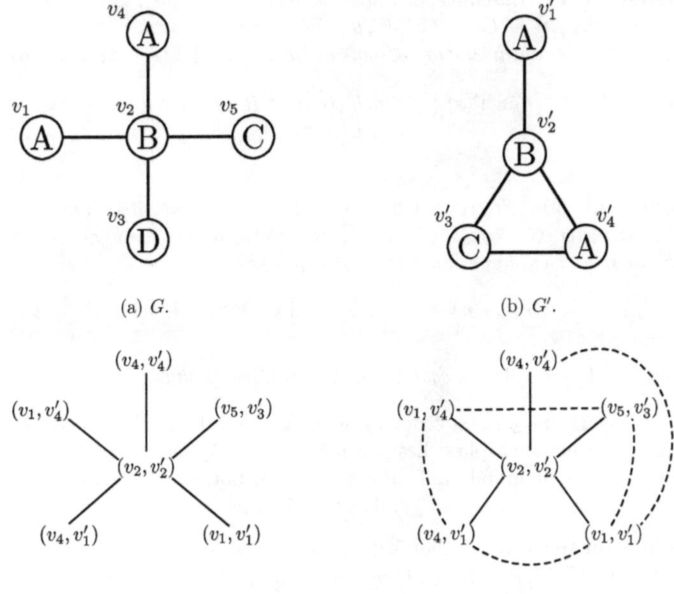

(a) G.

(b) G'.

(c) Graphe produit direct $G \times_d G'$.

(d) Graphe produit $G \times G'$. Les d-arêtes sont représentées en pointillés.

FIG. 2.7 – Graphe produit et graphe produit direct de deux graphes.

Définition 37 (Motif d'arbre). *Soit un graphe $G(V, E) \in \mathcal{G}$. S'il existe un sommet $r \in V$, alors r est un motif d'arbre de G enraciné en r et de hauteur égale à 1. Soit $t_1, t_2, \ldots, t_n$ n motifs d'arbres respectivement enracinés en $r_1, r_2, \ldots, r_n$, avec $r_i \neq r_j, \forall i \neq j$. Si $(r, r_1), (r, r_2), \ldots, (r, r_n) \in E$, alors $r(t_1, t_2, \ldots, t_n)$ est un motif d'arbre enraciné en r. r est appelé le parent de chaque r_i.*

Chaque motif d'arbre avec un étiquetage différent est associé à une dimension dans l'espace de représentation qui encode le nombre de motifs d'arbres ayant le même étiquetage et présent dans les deux graphes.

Définition 38 (Ensemble des appariements de voisins). *Soit deux graphes $G = (V, E, \mu, \nu)$ et $G' = (V', E', \mu', \nu')$ et deux sommets $r \in V$ et $s \in V'$. L'ensemble des appariements de voisins $M_{r,s} \in (\Gamma(r), \Gamma(s))$ est défini par :*

$$M_{r,s} = \{R \in \Gamma(r) \times \Gamma(s) \mid (\forall (a,b),(c,d) \in R : a \neq c \wedge b \neq d) \wedge (\forall (a,b) \in R : \mu(a) = \mu'(b) \wedge \nu(r,a) = \nu'(s,b))\}. \tag{2.51}$$

Définition 39 (Noyau entre motifs d'arbres). *Soit deux graphes $G = (V, E, \mu, \nu)$ et $G' = (V', E', \mu', \nu')$, le noyau entre deux motifs d'arbres d'hauteur h et enracinés en r et s est défini par :*

$$k(r, s, h) = \lambda_r \lambda_s \sum_{R \in M_{r,s}} \prod_{(r',s') \in R} k(r', s', h-1). \tag{2.52}$$

Pour $h = 1$, $k(r, s, 1)$ est égal à 1 si $\mu(r) = \mu'(s)$, 0 sinon.

La valeur du noyau est strictement supérieure à 0 si les deux motifs d'arbres comparés sont isomorphes. Les paramètres λ_r et λ_v sont définis de telle sorte que les arbres de grande taille aient une contribution faible dans le calcul du noyau. Le noyau entre deux graphes est défini par :

Définition 40 (Noyau de motifs d'arbres). *Soit deux graphes $G = (V, E, \mu, \nu) \in \mathcal{G}$ et $G' = (V', E', \mu', \nu') \in \mathcal{G}$. le noyau de motifs d'arbres pondérés d'hauteur h est défini par :*

$$k(G, G', h) = \sum_{r \in V} \sum_{s \in V'} k(r, s, h). \tag{2.53}$$

Les auteurs de [Mahé et Vert 09] définissent un noyau utilisant le même espace de représentation que le noyau défini par [Ramon et Gärtner 03] mais définissent leur noyau de la manière suivante :

Définition 41 (Noyau de motifs d'arbres pondérés). *Soit deux graphes $G = (V, E) \in \mathcal{G}$ et $G' = (V', E') \in \mathcal{G}$, $\mathcal{T}_h$ l'ensemble des motifs d'arbres d'hauteur h, $\phi_t : \mathcal{G} \to \mathbb{N}$ une fonction comptant le nombre d'occurrences de $t \in \mathcal{T}_h$ dans G et $w : \mathcal{T}_h \to \mathbb{R}^+$ une fonction associant un poids à chaque $t \in \mathcal{T}_h$. Le noyau de motifs d'arbres pondérés k^h est défini par :*

$$k^h(G, G') = \sum_{t \in \mathcal{T}_h} w(t) \phi_t(G) \phi_t(G'). \tag{2.54}$$

Cette formulation permet de pondérer chaque motif d'arbre par un poids différent, ce qui apporte une amélioration de la définition d'un noyau de motifs d'arbres proposée par [Ramon et Gärtner 03]. Cette pondération permet de favoriser l'influence de certains motifs d'arbres (section 3.2).

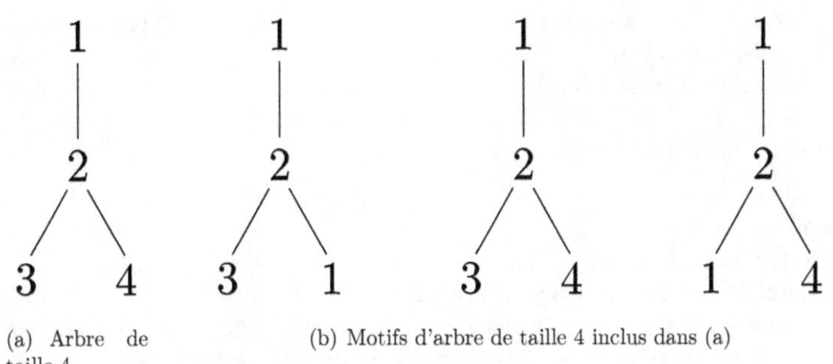

(a) Arbre de taille 4

(b) Motifs d'arbre de taille 4 inclus dans (a)

FIG. 2.8 – Différence entre motifs d'arbres et arbres : Le graphe (a) possède un seul sous-arbre de taille 4 enraciné en 1 (lui même) mais 3 motifs d'arbres différents (b), tous enracinés en 1.

Noyaux Weisfeiler-Lehman Les auteurs de [Shervashidze et Borgwardt 09] proposent une autre approche d'un noyau basé sur les motifs d'arbres. Cette implémentation permet d'accélérer le calcul d'un noyau basé sur les motifs d'arbres grâce à deux améliorations principales. Premièrement, l'implémentation proposée par [Shervashidze et Borgwardt 09] est basée sur le test d'isomorphisme de Weisfeiler-Lehman qui permet de calculer un noyau en temps linéaire par rapport au nombre de nœuds du graphe. Deuxièmement, les auteurs de [Shervashidze et Borgwardt 09] proposent une représentation vectorielle explicite de l'espace de représentation basée sur une fonction de hachage associant chaque motif d'arbre à un index. Pour un jeu de données $D = \{G_0, \ldots, G_N\}$, cette représentation explicite permet d'effectuer l'énumération d'un ensemble de motifs d'arbres N fois pour calculer la matrice de Gram correspondante. Dans le cadre de l'utilisation d'une représentation implicite, l'énumération des motifs d'arbres doit être effectuée pour chaque couple de graphes $(G_i, G_j) \in D^2$, soit N^2 fois. Toutefois, le noyau défini par [Shervashidze et Borgwardt 09] n'est pas basé sur le même ensemble de motifs d'arbres que celui utilisé par [Mahé et Vert 08]. Pour chaque nœud v du graphe, le sous-ensemble utilisé par [Shervashidze et Borgwardt 09] est défini par l'ensemble des motifs d'arbres composés par l'ensemble exhaustif des nœuds dont la distance topologique au nœud v est inférieure ou égale à une profondeur h. Par conséquent, à l'inverse du noyau de motifs d'arbres présenté dans la section précédente, le noyau Weisfeiler-Lehman ne permet pas de prendre en compte les sous-structures linéaires présentes dans un graphe non linéaire.

Récemment, les auteurs de [Shervashidze et Borgwardt 09] ont proposé une extension des noyaux sur motifs d'arbres dans [Shervaszide 12] autorisant la comparaison de motifs d'arbres non isomorphes. Cette extension permet dans le cadre général d'être plus tolérant au bruit et permet de comparer des structures composées de différents atomes dans le cadre de la chémoinformatique.

Il est important de souligner que les travaux présentés dans cette section sont basés sur la comparaison de motifs d'arbres et non pas d'arbres. Similairement aux noyaux basés sur les marches aléatoires, l'expressivité des noyaux de motifs d'arbres peut être altérée par un phénomène de *tottering*, c.-à-d. une oscillation entre deux sommets du graphe (figure 2.8). Afin de limiter l'impact de ce type de sous-structure, les auteurs de [Mahé et Vert 09] ont proposé une extension du noyau similaire à celle proposée pour résoudre le problème dû aux oscillations dans les marches aléatoires (section 2.4.6).

2.4.8 Motifs cycliques

D'un point de vue chimique, les cycles apportent beaucoup d'informations sur le comportement de la molécule. En effet, les cycles constituent un élément essentiel des molécules puisqu'ils réduisent les degrés de liberté des atomes, ce qui induit différentes propriétés biologiques, chimiques ou physiques. Il peut donc sembler pertinent d'encoder la similarité des systèmes cycliques des molécules dans le calcul du noyau. Les auteurs de [Horváth et al. 04] proposent un noyau encodant cette information. Pour définir ce noyau, les auteurs proposent de diviser un graphe moléculaire $G = (V, E)$ en deux sous-ensembles :

- le premier sous-ensemble, noté $\mathcal{C}(G)$, correspond à l'ensemble des cycles élémentaires (définition 15) du graphe moléculaire. Chaque cycle est associé à une représentation canonique déterminée par la séquence d'étiquettes d'arêtes et sommets ayant le plus faible ordre lexicographique parmi toutes les permutations possibles. Deux cycles seront considérés comme égaux s'ils ont la même représentation canonique ;
- le deuxième sous-ensemble, noté $\mathcal{T}(G)$, est défini par la forêt correspondant au graphe moléculaire privé des arêtes et des nœuds inclus dans les cycles et encodés dans $\mathcal{C}(G)$. De manière similaire, chaque arbre $t \in \mathcal{T}(G)$ est associé à une clé $\pi(t)$.

Le noyau est ensuite défini par la somme des cardinalités des intersections de chacun des deux sous-ensembles calculés :

Définition 42 (Noyau de motifs cycliques). *Soit deux graphes $G = (V, E) \in \mathcal{G}$ et $G' = (V', E') \in \mathcal{G}$,*

$$k_{CP}(G, G') = |\mathcal{C}(G) \cap \mathcal{C}(G')| + |\mathcal{T}(G) \cap \mathcal{T}(G')|. \tag{2.55}$$

L'utilisation du noyau défini dans l'équation 2.55 permet de combiner un noyau calculant la similarité des parties acycliques et un noyau calculant la similarité cyclique des graphes moléculaires. Cette combinaison permet de prendre en compte explicitement les cycles de la molécule dans la mesure de similarité.

Le calcul de l'ensemble des cycles élémentaires $\mathcal{C}(G)$ est NP-difficile dans un cas général ce qui induit donc une complexité élevée pour le calcul du noyau. Cependant, les auteurs montrent que lors de l'utilisation de ce noyau sur des jeux de graphes moléculaires, le nombre de cycles élémentaires reste assez faible (inférieur à 100). De plus, la pertinence de la prise en compte de tous les cycles élémentaires d'une molécule est discutable d'un point de vue chimique. Les auteurs de [Horváth 05] proposent d'utiliser l'ensemble des cycles pertinents définis par [Vismara 95], ce qui permet de réduire la complexité liée à l'énumération de l'ensemble $\mathcal{C}(G)$. Cependant, cet ensemble de cycles n'améliore pas de manière significative la performance du noyau sur le jeu de données testé.

2.5 Conclusion

Les noyaux sur graphes définissent un cadre permettant de définir des produits scalaires sur des plongements explicites ou implicites des graphes dans un espace de Hilbert. D'une part, à la différence des méthodes basées sur la théorie des graphes, la définition d'un noyau permet l'utilisation d'une grande famille d'algorithmes d'apprentissage tels que les SVM. D'autre part, la dispense d'une représentation vectorielle explicite permet de s'affranchir des limites calculatoires imposées par les méthodes de comparaison de graphes moléculaires basées sur des représentations vectorielles de taille fixe. Cette particularité permet de définir des mesures de similarité prenant en compte plus d'informations. Par conséquent, les noyaux sur graphes permettent de combiner des algorithmes d'apprentissage automatique reconnus et des mesures de similarité non limitées par les contraintes d'une représentation vectorielle explicite de taille limitée.

La problématique induite par la conception d'un noyau sur graphe consiste à trouver un compromis entre l'expressivité de la mesure de similarité et la complexité requise pour la calculer, tout en s'assurant que cette mesure respecte les contraintes définissant un noyau sur graphe. Certaines méthodes sont basées sur l'adaptation d'une mesure de dissimilarité non obligatoirement définie comme une distance euclidienne. L'adaptation triviale de ces mesures au cadre des noyaux sur graphes ne définit généralement pas un noyau défini positif. Les méthodes d'adaptation respectant la contrainte de défini positivité paient généralement la satisfaction de cette contrainte par une importante perte d'information concernant les graphes examinés, ce qui induit une dégradation des performances de ces noyaux.

Une grande famille de noyaux est basée sur la décomposition des graphes en un ensemble de sous-structures. La similarité entre les graphes est ensuite déduite de la similarité entre les deux ensembles de sous-structures extraits. La problématique consiste encore une fois à définir un ensemble de sous-structures permettant à la fois d'encoder un maximum d'informations et rapide à énumérer. Le tableau 2.2 regroupe différentes caractéristiques des noyaux basés sur des sacs de motifs. Ces caractéristiques permettent de représenter l'information encodée par chaque noyau, mais aussi la complexité, par rapport au nombre de nœuds des graphes, requise par le calcul du noyau entre deux graphes. La colonne « représentation explicite » indique si le plongement des graphes dans l'espace de représentation peut être encodé par un vecteur explicite. Enfin, la colonne « pondération » indique si les sous-structures peuvent être pondérées afin d'obtenir une mesure de similarité adaptée à un problème de prédiction particulier.

Premièrement, on peut noter une différence dans les différents types de structures encodées par les noyaux. La prise en compte de l'ensemble des types de structures, comme le noyau de motifs cycliques, permet d'encoder un maximum d'informations structurelles. Cependant, le noyau de graphlets est basé sur un ensemble limité de sous-graphes et encode donc seulement les cycles composés d'au maximum cinq nœuds, ce qui ne permet pas d'encoder une grande partie des cycles moléculaires. De la même manière, le noyau de fragments de graphes est aussi basé sur un ensemble limité de sous- graphes. On peut noter que les noyaux basés sur des motifs linéaires et non linéaires encodent plus d'information structurelle que les noyaux basés sur un seul type de structure.

Deuxièmement, le tableau 2.2 permet de distinguer les noyaux prenant en compte l'étiquetage des graphes moléculaires et ceux prenant en compte seulement des graphes non étiquetés. Ces derniers sont restreints à des ensembles particuliers de molécules composées d'un seul élément chimique, et donc représentées par des graphes non étiquetés. Pour les jeux de données composés d'éléments chimiques distincts, la prise en compte de l'étiquetage est primordiale afin d'obtenir une mesure de similarité précise.

Cependant, la complexité des méthodes encodant différents types de sous-structures étiquetées est au mieux polynomiale par rapport au nombre de nœuds du graphe, ce qui reste coûteux en temps pour la prédiction de propriétés relatives aux molécules. Les méthodes présentées par les auteurs de [Shervashidze et al. 09, Shervashidze et Borgwardt 09] correspondent à des noyaux calculables en temps linéaire par rapport au nombre de nœuds des graphes à comparer mais ne permettent pas d'encoder une grande part des informations contenues dans les graphes telle que l'étiquetage ou les motifs linéaires inclus dans les graphes.

Les noyaux calculant une représentation vectorielle de chaque graphe permettent un calcul plus rapide de la matrice de Gram puisque la représentation vectorielle est calculée uniquement N fois pour un jeu de données composé de N molécules pour calculer N^2 produits scalaires. Dans le cas où la représentation vectorielle est seulement implicite, le noyau doit être calculé N^2 fois. Enfin, on peut noter que seul le noyau de motifs d'arbres propose de pondérer chaque motif. Cependant, cette pondération est uniquement faite *a priori* et est basée sur l'information structurelle des motifs.

TAB. 2.2 – Comparaison de l'information encodée par chaque espace de redescription associé aux principaux noyaux basés sur des sacs de sous-structures présentés dans les sections 2.4.6 et 2.4.7.

Noyau	**Sous-structures**			**Étiquetage**	**Complexité**	**Représentation Explicite**	**Pondération**
	linéaire	**non linéaire**	**cyclique**				
Noyau de marches aléatoires	✓	✗	✗	✓	polynomiale	✗	✗
Noyau de graphlets	✓	✓	✓	✗	linéaire	✓	✗
Noyau de motifs d'arbres	✓	✓	✗	✓	polynomiale	✗	a priori
Noyau Weisfeiler-Lehman	✗	✓	✗	✓	linéaire	✓	✗
Noyau de fragments de graphe	✓	✓	✓	✓	$\simeq$ factorielle	✓	✗
Noyau de motifs cycliques	✓	✓	✓	✓	polynomiale	✓	✗

Chapitre 3

Pondération de variables

Sommaire

3.1 Introduction

Dans le cadre de la définition d'un modèle de prédiction basé sur une représentation vectorielle des données, chaque coordonnée peut être assimilée à une variable utilisée pour décrire les molécules du jeu de données. Par exemple, les méthodes basées sur les descripteurs associent chaque coordonnée à un descripteur particulier. Les méthodes basées sur des représentations vectorielles utilisent alors l'ensemble du vecteur pour calculer un modèle de prédiction. Cependant, on peut faire l'hypothèse que toutes les variables n'ont pas la même influence sur la valeur à prédire. D'une part, certaines variables sont considérées comme pertinentes si elles apportent une information permettant de prédire correctement une propriété donnée. D'autre part, certaines variables seront considérées comme inutiles si l'information qu'elles encodent ne permet pas d'améliorer ou dégrade la qualité de la prédiction.

Par conséquent, il est intéressant de distinguer les variables selon leur pertinence et de définir une représentation vectorielle utilisant uniquement les variables pertinentes. Réduire l'ensemble des variables utilisées aux variables pertinentes permet d'obtenir une meilleure précision du modèle de prédiction utilisé puisque les variables dégradant la qualité de prédiction sont supprimées. De plus, un faible nombre de variables permet de limiter le sur-apprentissage que l'on peut observer lorsque beaucoup de variables sont utilisées pour représenter un faible nombre d'objets. D'autre part, la suppression des variables non pertinentes, et donc d'un ensemble de coordonnées des représentations vectorielles, permet de réduire la dimension des représentations vectorielles des molécules. Cette réduction de dimension permet de diminuer la complexité de l'étape de prédiction. Enfin, l'ensemble des variables pertinentes peut être analysé par des experts chimistes afin d'approfondir leurs études sur la propriété associée.

Un grand nombre de méthodes visent à calculer un ensemble de variables pertinentes d'un jeu de données [Guyon et Elisseeff 03, Saeys et al. 07, Gonzalez et al. 08, Haury et al. 11, Goodarzi et al. 12]. Les méthodes présentées dans ces articles sont à distinguer des méthodes de réduction de dimension basées sur une projection des données ou sur des méthodes de compression. Bien que ces méthodes limitent le nombre de variables utilisées et permettent d'améliorer la qualité de la prédiction, elles ne permettent pas de conserver l'ensemble des variables originales. Cette modification de l'espace de description des données implique une analyse complexe afin de déterminer la pertinence de chaque variable originale. Les méthodes de sélection de variables pertinentes peuvent être divisées en trois principales familles : les méthodes de filtrage de variables, les méthodes basées sur un modèle de prédiction et enfin les méthodes de sélection directement intégrées dans l'algorithme d'apprentissage.

Les méthodes de filtrage correspondent à une étape de pré-traitement visant à établir un classement de la pertinence de chaque variable, indépendamment de l'algorithme d'apprentissage utilisé. Une première approche consiste à sélectionner un sous-ensemble de variable selon les connaissances *a priori* associées au problème de prédiction. Cette approche est généralement utilisée par les experts chimistes qui choisissent *a priori* un ensemble de descripteurs moléculaires afin de définir la représentation vectorielle encodant les graphes moléculaires (section 1.3.1). Une autre approche consiste à déterminer un classement à partir d'un score associé à chaque variable et encodant la pertinence de la variable par rapport à la distribution des données et une propriété à prédire. Ce score peut être défini comme la corrélation de la variable avec la propriété à prédire. Plus une variable est corrélée avec la propriété à prédire, plus son score sera élevé. Cette méthode permet de supprimer du jeu de variables pertinentes des variables complètement décorrélées et qui n'apportent *a priori* aucune information. D'autres méthodes de calcul peuvent être utilisées pour calculer ce score comme le test de Student, le critère de Fischer ou encore l'analyse de la variance (ANOVA). Une fois le classement des variables calculé, l'ensemble des variables pertinentes est défini comme les n variables associées aux n meilleurs scores ou par l'ensemble des variables dont le score est supérieur à un seuil défini *a priori*. Bien que généralement efficaces à calculer, ces méthodes ont deux principaux désavantages. Premièrement, les méthodes de filtrage de variable sont complètement indépendantes de l'algorithme d'apprentissage. Bien que cette caractéristique apporte une généricité à ces méthodes, elle ne permet pas d'obtenir une pondération optimale pour un algorithme d'apprentissage particulier. Deuxièmement, comme démontré par [Guyon et Elisseeff 03], une variable peut ne pas pertinente lorsque considérée indépendamment des autres variables mais pertinente lorsque considérée simultanément avec d'autres variables pouvant être également non pertinentes. Toutefois, les méthodes de filtrage calculent le classement de l'ensemble des variables en considérant chaque variable de manière indépendante. Par conséquent, ces méthodes ne permettent pas de prendre en compte l'information encodée par un ensemble de variables.

La deuxième famille de méthodes, dites méthodes d'enrobage (*wrapping methods* en anglais), sont basées sur l'utilisation d'un modèle de prédiction comme une boîte noire. Les méthodes d'enrobage consistent à évaluer la performance d'un sous-ensemble de variables selon un modèle de prédiction donné. Le meilleur sous-ensemble, c.-à-d. le sous-ensemble de variables pertinentes, est défini comme le sous-ensemble de variables obtenant le meilleur résultat lorsque utilisé comme donnée d'entrée dans le modèle de prédiction. Afin de définir une méthode d'enrobage, il est nécessaire de définir les points suivants :

1. la méthode d'exploration des sous-ensembles de variables ;
2. l'algorithme d'apprentissage automatiue utilisé pour calculer le modèle de prédiction ;
3. l'évaluation de la performance de la combinaison du modèle de prédiction et d'un ensemble de variables ;
4. la terminaison de l'algorithme.

Le premier point est primordial puisqu'il affecte directement la complexité requise pour calculer un ensemble de variables pertinentes. En effet, l'exploration exhaustive de l'ensemble des sous-ensembles de variables est NP-Difficile [Amaldi et Kann 98] et cette approche devient vite impossible à partir d'un nombre de variables peu élevé. Plusieurs stratégies ont été développées pour explorer l'ensemble des variables. Ces stratégies peuvent être déterministes ou aléatoires. Une stratégie aléatoire consiste à tirer au hasard plusieurs sous-ensembles et à choisir le meilleur selon ses performances de prédiction. Les approches déterministes consistent à définir un algorithme permettant d'explorer les sous-ensembles de variables. Les deux principales approches déterministes correspondent à l'approche additive et l'approche soustractive et sont détaillées dans la section 3.3.

La troisième famille de méthodes, appelées méthodes embarquées (*embedded methods* en anglais), correspondent à des méthodes faisant partie intégrante de l'algorithme d'apprentissage. Ces méthodes ont donc une interaction très forte avec ce dernier. Ces méthodes incluent la sélection des variables pertinentes au sein même de l'algorithme d'apprentissage. Par exemple, l'algorithme de régression Lasso (pour *least absolute shrinkage and selection operator*) [Tibshirani 96] permet de calculer la pondération d'un ensemble de d variables, encodée par un vecteur $\boldsymbol{\beta} \in \mathbb{R}^N$. La fonction objectif à minimiser est similaire à celle minimisée par la régression de Tikhonov (équation 2.24) à la différence que le terme de régularisation est défini par la norme L_1 au lieu de la norme L_2 :

$$\begin{aligned} &\underset{\boldsymbol{\beta}}{\text{minimiser}}\ J(\boldsymbol{\beta}) \\ &\text{avec :} \\ &J(\boldsymbol{\beta}) = \|\boldsymbol{y} - \boldsymbol{X}^t\boldsymbol{\beta}\|^2 + \lambda\|\boldsymbol{\beta}\|_1. \end{aligned} \tag{3.1}$$

L'algorithme Lasso consiste alors à minimiser l'erreur quadratique de prédiction tout en pénalisant la norme $\|\boldsymbol{\beta}\|_1$ afin d'obtenir un vecteur $\boldsymbol{\beta}$ parcimonieux. Les variables pertinentes sont alors définies par l'ensemble des variables associées à une valeur $\beta_i > 0$. On peut noter que cette méthode calcule non seulement un ensemble de variables pertinentes, mais aussi une mesure de pertinence encodée par β_i. Une autre approche, associée aux machines à vecteurs de support, consiste à définir l'ensemble des variables pertinentes par les n variables ayant le plus fort coefficient dans l'équation de l'hyperplan séparateur [Guyon et al., 02].

Dans le cadre des noyaux sur graphes basés sur des sacs de sous-structures et définis comme des noyaux de convolution (section 2.4.4, équation 2.43), chaque sous-structure peut être vue comme une variable du modèle de prédiction. Ainsi, l'hypothèse faite sur la pertinence des variables revient à distinguer les sous-structures pertinentes des sous-structures non pertinentes. Intégrer cette hypothèse dans le calcul du noyau consiste à pondérer l'influence de chaque sous-structure dans le calcul du noyau. On peut noter que cette hypothèse est particulièrement intéressante dans le cadre de la chémoinformatique. Par exemple, dans le cadre de la prédiction d'une activité biologique, une sous-structure identifiée comme pertinente peut être assimilée à un pharmacophore ou un toxycophore. De plus, la pondération d'un ensemble de sous-structures pertinentes suit le même principe que la sélection *a priori* d'un ensemble de descripteurs moléculaires pertinents par un expert chimiste.

En considérant les noyaux sur graphes basés sur des sacs de sous-structures et tel que défini dans l'équation 2.36, un noyau de convolution $k : \mathcal{G} \times \mathcal{G} \rightarrow \mathbb{R}$ incluant une mesure de l'influence de chaque sous-structure p parmi un ensemble de sous-structures $\mathcal{P}$ peut être défini par :

$$k(G, G') = \sum_{\substack{(p, f_p(G)), (p, f_p(G')) | \\ p \in \mathcal{P}, p \subseteq G, p \subseteq G'}} w(p)\, k_2(f_p(G), f_p(G')). \tag{3.2}$$

où $w : \mathcal{P} \rightarrow \mathbb{R}^+$ est une fonction encodant l'influence de la sous-structure $p \in \mathcal{P}$ dans le calcul du noyau et k_2 encode la similarité des distributions de p dans G et G' (équation 2.43). Ainsi, une valeur $w(p)$ élevée indiquera une forte influence de la sous-structure p sur la propriété à prédire alors qu'un poids égal à 0 indiquera que la sous-structure p n'a pas d'influence et sera donc éliminée du calcul du noyau. La problématique consiste donc à définir la fonction de pondération w.

3.2 Pondération *a priori*

Dans le cadre des noyaux sur graphes en chémoinformatique, une approche consiste à définir la fonction de pondération, et donc l'influence de chaque sous-structure, *a priori*. Les auteurs de [Mahé et Vert 09] proposent, dans le cadre du noyau de motifs d'arbres (définition 39) une fonction de pondération *a priori* qui associe une valeur réelle à chaque sous-structure selon ses caractéristiques structurelles. Deux fonctions de pondération basées sur deux caractéristiques structurelles différentes sont proposées par les auteurs de [Mahé et Vert 09].

3.2.1 Cardinalité de branchement

La première fonction de pondération associe à chaque motif d'arbre un poids calculé en fonction du nombre de branchements dans le motif d'arbre. Le nombre de branchements, tel que défini par [Mahé et Vert 09], correspond au nombre de feuilles du motif d'arbre moins 1. Pour un motif d'arbre $t = (V, E)$, le nombre de branchements est défini par :

$$branch(t) = \sum_{v \in V} \mathbf{1}(\Gamma(v) = 1) - 1, \tag{3.3}$$

où $\mathbf{1}(x)$ est égal à 1 si la proposition x est vraie. La fonction de pondération est alors définie par :

$$w_{branch}(t) = \lambda^{branch(t)}, \tag{3.4}$$

où $\lambda \in \mathbb{R}_+^*$. La fonction de pondération définie dans l'équation 3.4 favorisera les motifs linéaires pour un $\lambda < 1$ et les motifs structurellement plus complexes pour un $\lambda > 1$.

3.2.2 Hauteur des motifs d'arbres

La seconde fonction de pondération d'un motif d'arbre $t = (V, E)$ enraciné en $r \in V$ (section 2.4.7) proposée par [Mahé et Vert 09] est basée sur le ratio entre la taille du motif d'arbre, donnée par $|V|$, et sa hauteur h définie comme la taille du plus court chemin entre r et une feuille de t. La fonction de pondération est alors définie par :

$$w_{size}(t) = \lambda^{|t|-h}. \tag{3.5}$$

De la même manière que la fonction de pondération définie dans la section 3.2.1, un $\lambda < 1$ favorisera les motifs ayant une hauteur et un nombre de nœuds similaires, c.-à-d. les motifs linéaires. Un $\lambda > 1$ favorisera les motifs d'arbres ayant un ratio nombre de nœuds sur hauteur plus élevé.

Pour les deux fonctions de pondération définies, un $\lambda < 1$ permet de considérer comme influents les motifs d'arbres structurellement simples alors qu'un $\lambda > 1$ augmentera l'influence de motifs d'arbres complexes. Ces deux fonctions permettent donc de pondérer l'influence de chaque structure en ajustant λ par expertise chimique ou par validation croisée. Cependant, cette première approche ne permet pas de contrôler indépendamment l'influence de chaque sous-structure étiquetée définissant le noyau.

3.3 Sélection itérative de variables

Afin de définir une pondération associée à chaque sous-structure et non à un type particulier de sous-structure, une approche consiste à éliminer les sous-structures non influentes du calcul du noyau. Cette sélection revient à définir un poids binaire associé à chaque sous-structure. Une approche possible consiste à utiliser les méthodes d'enrobage (section 3.1) dans le cadre des noyaux sur graphes. Pour un problème de prédiction, la performance du noyau pour un sous-ensemble donné peut être évaluée en calculant la RSS (*Residual Sum of Squares*) définie comme la somme des carrés des erreurs de prédiction commises pour chaque jeu de test. L'algorithme utilisé est alors défini comme la régression de Tikhonov ou les SVM pour la régression. La méthode triviale qui consiste à tester tous les sous-ensembles possibles de sous-structures implique de tester 2^d ensembles de sous-structures, avec d étant égal au nombre de sous-structures incluses dans $\mathcal{P}$. Une telle approche est impossible à réaliser, même en considérant un petit nombre de sous-structures.

3.3.1 Approche additive

Afin de tester différents sous-ensembles de variables, nous proposons d'appliquer deux approches itératives. La première, appelée approche additive [Hocking 76], consiste à ajouter à chaque itération une nouvelle sous-structure à l'ensemble des sous-structures utilisées pour calculer le noyau. Partant d'un ensemble de sous-structures vide, la sous-structure ajoutée à chaque itération est celle qui permet d'obtenir le meilleur résultat de régression (algorithme 2). L'algorithme s'arrête lorsqu'il n'y a plus de sous-structures à ajouter. L'ensemble des sous-structures pertinentes est alors défini comme celui obtenant la plus faible RSS parmi les ensembles créés à chaque itération.

Algorithme 2 : Approche additive.

$P \leftarrow \mathcal{P}$;
$S_0 \leftarrow \emptyset$;
$d \leftarrow |P|$;
for $i \in \{0, \ldots, d\}$ **do**
  $p \leftarrow \arg\min_{p \in P} RSS(S_i \cup \{p\})$;
  $P \leftarrow P - \{p\}$;
  $S_{i+1} \leftarrow S_i \cup \{p\}$;
return $\underset{S_i \in \{S_1, \ldots, S_d\}}{arg\ min} RSS(S_i)$;

3.3.2 Approche soustractive

À l'inverse de l'approche additive définie dans la section précédente, la seconde approche consiste à partir de l'ensemble complet des sous-structures

$\mathcal{P}$ et de supprimer une sous-structure à chaque itération. La sous-structure supprimée est définie comme celle dont la suppression induit la plus forte baisse de la RSS. Cette seconde approche est appelée approche soustractive (algorithme 3).

Algorithme 3 : Approche soustractive.

```
S_0 ← P;
d ← |S_0|;
for i ∈ {0, ..., d} do
    p ← arg min_{p∈S_i} RSS(S_i − {p});
    S_{i+1} ← S_i − {p};
return arg min_{S_i∈{S_1,...,S_d}} RSS(S_i);
```

Comme notifié dans [Guyon et Elisseeff 03], la différence majeure entre les deux approches concerne les ensembles de sous-structures complémentaires, c-.à-d. les ensembles constitués de sous-structures influentes sur la propriété à prédire lorsque considérées simultanément, mais peu influentes considérées indépendamment. Pour de tels sous-ensembles de structures, la suppression d'une sous-structure par l'approche soustractive entraîne une forte augmentation de la RSS. Ces sous-ensembles particuliers sont donc préservés par l'approche soustractive. À l'inverse, ces sous-ensembles ont peu de chances d'être sélectionnés par l'approche additive puisque l'ajout de l'une de ces sous-structures n'améliorera pas de manière significative la RSS.

Ces deux méthodes impliquent de tester $\frac{p(p+1)}{2}$ ensembles de sous-structures, ce qui reste assez coûteux en temps de calcul. L'avantage de ces deux méthodes est de pondérer chaque sous-structure selon une propriété à prédire et non *a priori*. Cependant, cette pondération est seulement binaire et non optimale pour la propriété en question puisque chaque itération influe sur les itérations suivantes.

3.4 Pondération optimale

Les méthodes de pondération itératives présentées précédemment ne permettent d'obtenir qu'une pondération binaire de chaque sous-structure, c.-à-d. son inclusion ou non dans le jeu de sous-structures influentes. De plus, ces méthodes de pondération ne sont pas optimales.

Dans le cadre des méthodes à noyaux, une pondération optimale de chaque sous-structure peut être obtenue par les méthodes d'apprentissage à noyaux multiples [Gönen et Alpaydın 11], appelées généralement MKL pour *Multiple Kernel Learning.* Ces méthodes, définies comme des approches embarquées (section 3.1), permettent de calculer une pondération optimale d'une combinaison linéaire de M noyaux $\{k_1, \ldots, k_M\}$ pour un problème de prédiction donné. Le noyau est alors défini par :

$$k_{\text{MKL}}(x, x') = \sum_{m=1}^{M} d_m\, k_m(x, x'), \tag{3.6}$$

où $d_m \in \mathbb{R}_+^M$. En reprenant l'équation 3.2, chaque élément d_m du vecteur $\boldsymbol{d}$ encode un poids $w(p)$ associé à une sous-structure particulière. Afin de calculer les poids optimaux d_m, l'approche utilisée par les méthodes d'apprentissage à noyaux multiples consiste à minimiser une fonction objectif dépendante du vecteur $\boldsymbol{d}$.

3.4.1 SimpleMKL

Les auteurs de [Rakotomamonjy et al. 08] proposent une méthode d'apprentissage automatique à noyaux multiples basées sur les SVM (section 2.3.1) appelée *SimpleMKL.* La combinaison des noyaux est définie de la même manière que dans l'équation 3.6. Cependant, afin d'ajouter une contrainte de parcimonie, la somme des poids d_m affectés aux noyaux est fixée comme étant égale à 1. En effet, l'ajout d'une contrainte sur la norme $\|\boldsymbol{d}\|_1$ correspond à une régularisation d'Ivanov sur les poids associés aux sous-noyaux. Cette régularisation induit une sélection parcimonieuse des sous-noyaux les plus influents. Par conséquent, cette sélection parcimonieuse entraîne une suppression des noyaux peu influents du calcul du noyau. Cette contrainte de parcimonie permet également de limiter le sur apprentissage.

La fonction objectif minimisée par le SimpleMKL correspond à celle minimisée par les SVM (équation 2.13). Cependant, la définition du noyau diffère de celle utilisée par les SVM et correspond au noyau défini dans l'équation 3.6. De plus, la fonction objectif intègre les contraintes de régularisation et de positivité :

$$\underset{\boldsymbol{d}}{\text{minimiser}}\ J(\boldsymbol{d}) \text{ tel que } \begin{cases} \sum_{m=1}^{M} d_m = 1 \\ d_m > 0,\ \forall m \in \{1, \ldots, M\}, \end{cases} \tag{3.7}$$

avec

$$J(\boldsymbol{d}) = \begin{cases} \min\limits_{\boldsymbol{w},b,\boldsymbol{\xi}} \frac{1}{2}\sum_{m=1}^{M} \frac{1}{d_m}\|\boldsymbol{w_m}\|^2 + C\sum_{i=1}^{n} \xi_i \\ \text{sous les contraintes :} \\ y_i\Big(\sum_{m=1}^{M} d_m \langle \boldsymbol{w_m}, \boldsymbol{\Phi_m(x)}\rangle + b\Big) \geq 1 - \xi_i, \quad \forall i \in \{1,\ldots,n\} \\ \xi_i \geq 0, \quad \forall i \in \{1,\ldots,n\}, \end{cases} \tag{3.8}$$

où $\boldsymbol{\Phi_m(x)}$ correspond à la fonction de plongement associé au noyau k_m. La méthode utilisée par les auteurs de [Rakotomamonjy et al. 08] pour résoudre ce problème de minimisation consiste à alterner une résolution classique du problème posé par les SVM avec une descente de gradient dont la direction est définie par $\frac{\partial J}{\partial d_m}$ pour chaque noyau k_m à pondérer. Cette alternance permet de converger vers un vecteur d optimal selon la fonction objectif $J(d)$.

La première étape consiste à résoudre un problème SVM classique en utilisant un vecteur d fixé. Cette étape peut être effectuée en utilisant n'importe quel algorithme permettant de résoudre les SVM. Le noyau utilisé par l'algorithme SVM est alors défini par $k(x, x') = \sum_{m=1}^{M} d_m k_m(x, x')$.

La seconde étape de l'algorithme consiste à mettre à jour le vecteur $\boldsymbol{d}$ afin de minimiser $J(\boldsymbol{d})$ pour les vecteurs de supports optimaux calculés lors de la première étape. La fonction objectif $J(\boldsymbol{d})$ étant convexe, cette étape consiste à appliquer une descente de gradient sur le vecteur $\boldsymbol{d}$ afin de converger vers le minimum global de $J(\boldsymbol{d})$. La direction vers le minimum global est alors obtenue par le gradient selon d_m du dual de la fonction objectif définie dans l'équation 3.7. En considérant un ensemble d'apprentissage $D = \{x_1, \ldots, x_N\}$, le gradient correspondant à chaque dimension d_m est égal à :

$$\forall\, m \in \{1, \ldots, M\}, \ \frac{\partial J}{\partial d_m} = -\frac{1}{2}\sum_{i}^{N}\sum_{j}^{N} \alpha_i^\star \alpha_j^\star y_i y_j k_m(x_i, x_j), \tag{3.9}$$

avec $\alpha_i^\star$ correspondant aux vecteurs de supports optimaux calculés par l'algorithme utilisé pour résoudre le problème SVM durant la première étape de l'itération. Afin de respecter les contraintes définies sur le vecteur $\boldsymbol{d}$ (équation 3.7), les auteurs de [Rakotomamonjy et al. 08] utilisent une descente de gradient projeté afin de calculer un vecteur $\boldsymbol{d}$ respectant la contrainte d'égalité sur $\|\boldsymbol{d}\|_1$ ainsi que la contrainte de positivité de chaque coordonnée de $\boldsymbol{d}$. Les deux étapes sont alors alternées jusqu'à convergence pour obtenir un vecteur $\boldsymbol{d}$ optimal ainsi que les supports de vecteurs optimaux correspondants.

Convergence Le problème de minimisation défini équation 3.7 est convexe si tous les noyaux k_m sont définis positifs. Par conséquent, l'initialisation du vecteur $\boldsymbol{d}$ n'a pas d'importance puisque le problème de minimisation convergera toujours vers le même vecteur $\boldsymbol{d}$ optimal pour un même jeu de données.

La convergence de l'algorithme peut être déterminée en utilisant différents critères :

— une stagnation de la fonction objectif, c.-à-d une différence de la fonction objectif entre deux itérations inférieure à un seuil défini ;
— une différence entre la solution du primal et la solution du dual inférieure à un seuil défini ;
— les conditions de Karush-Kuhn-Tucker (KKT) sont satisfaites. Ces conditions sont satisfaites lorsque, pour chaque $m \in \{1, \ldots, M\}$:
  — $\frac{\partial J}{\partial d_m} = -\lambda$ si $d_m > 0$;
  — $\frac{\partial J}{\partial d_m} \geq -\lambda$ si $d_m = 0$,

  où λ correspond au coefficient du lagrangien associé à la contrainte d'égalité sur la norme $\|\boldsymbol{d}\|_1$. Ce coefficient λ n'étant pas calculé explicitement au cours de l'algorithme, la convergence est définie lorsque tous les sous noyaux actifs, c.-à-d. que ceux ayant une pondération $d_m > 0$, ont un gradient similaire et que tous les noyaux inactifs (ayant $d_m = 0$) ont un gradient supérieur. Plus formellement, considérons $\nabla_{min} = \min\limits_{m \mid d_m > 0} \frac{\partial J}{\partial d_m}$ et $\nabla_{max} = \max\limits_{m \mid d_m > 0} \frac{\partial J}{\partial d_m}$. Les conditions KKT sont satisfaites lorsque :
  — $|\nabla_{min} - \nabla_{max}| \leq \varepsilon$;
  — $\frac{\partial J}{\partial d_m} \geq \nabla_{max}$ pour tout m tel que $d_m = 0$.

  Ces critères correspondent au fait que tous les gradients de noyaux actifs sont dans un ε-tube et que les gradients des noyaux inactifs se situent hors de ce ε-tube. On a alors : $\nabla_{min} \leq -\lambda \leq \nabla_{max}$.

Un des points intéressants de cette approche est son adaptabilité aux variantes de l'algorithme SVM. Cette méthode peut être utilisée pour d'autres algorithmes si l'on est capable de résoudre l'algorithme pour un $\boldsymbol{d}$ fixé (ce qui correspond donc au problème original) et que l'on est capable de calculer le gradient $\frac{\partial J}{\partial d_m}$ pour chaque sous-noyau à pondérer. Par exemple, l'adaptation de cet algorithme aux SVM pour la régression consiste à utiliser l'algorithme d'apprentissage automatique défini dans la section 2.3.2 ainsi que le gradient suivant :

$$\forall\, m \in \{1, \ldots, M\},\ \frac{\partial J}{\partial d_m} = -\frac{1}{2}\sum_{i}^{N}\sum_{j}^{N}(\beta_i^\star - \alpha_i^\star)(\beta_j^\star - \alpha_j^\star)k_m(x_i, x_j). \quad (3.10)$$

3.4.2 Généralisation du MKL

Afin d'apporter plus de souplesse au Simple MKL, les auteurs de [Varma et Ray 07] ont proposé un algorithme d'apprentissage à noyaux multiples utilisant non plus une régularisation d'Ivanov comme défini dans le Simple MKL, mais une régularisation de Tikhonov appliquée sur $\|\boldsymbol{d}\|_1$. Cette autre forme de régularisation permet de contrôler le degré de parcimonie du vecteur $\boldsymbol{d}$ encodant les différents poids associés à chaque noyau. La fonction objectif est alors définie pour un $\sigma \in \mathbb{R}_+$ par :

$$\underset{\boldsymbol{d}}{\text{minimiser}}\ J(\boldsymbol{d}) \text{ tel que } d_m > 0,\ \forall\, m \in \{1, \ldots, M\}, \tag{3.11}$$

avec

$$J(\boldsymbol{d}) = \begin{cases} \min\limits_{\boldsymbol{w},b,\boldsymbol{\xi}} \frac{1}{2} \sum_{m=1}^{M} \frac{1}{d_m} \|\boldsymbol{w_m}\|^2 + C \sum_{i=1}^{n} \xi_i + \sigma \|\boldsymbol{d}\|_1 \\ \text{sous les contraintes :} \\ y_i(\sum_{m=1}^{M} \langle \boldsymbol{w_m}, \boldsymbol{\Phi_m(x)} \rangle + b) \geq 1 - \xi_i, \forall i \in \{1, \ldots, n\} \\ \xi_i \geq 0,\ \forall i \in \{1, \ldots, n\}. \end{cases} \tag{3.12}$$

L'algorithme utilisé pour résoudre ce problème de minimisation est proche de celui présenté dans la section 3.4.1 mise à part que la projection du gradient n'est plus faite sur le simplex puisque la contrainte $\|\boldsymbol{d}\|_1 = 1$ n'existe plus. Cependant, la contrainte de parcimonie est toujours présente et incluse dans la pénalisation de $\|\boldsymbol{d}\|_1$. Le gradient correspondant au dual du problème de minimisation défini par l'équation 3.11 est alors donné par :

$$\forall\, m \in \{1, \ldots, M\},\ \frac{\partial J}{\partial d_m} = \sigma - \frac{1}{2} \sum_{i}^{N} \sum_{j}^{N} \alpha_i^\star \alpha_j^\star y_i y_j k_m(x_i, x_j). \tag{3.13}$$

Ce gradient est égal à la somme du terme σ et du gradient défini dans l'équation 3.9.

La contrainte de parcimonie peut être ajustée par la valeur de σ. Un σ élevé pénalisera les vecteurs ayant une norme L_1 élevée et augmentera donc la contrainte de parcimonie. À l'inverse, un faible σ diminuera l'influence de cette même contrainte dans la fonction objectif ce qui permettra d'inclure plus de sous-structures dans le noyau. La méthode d'apprentissage sera alors plus sensible au sur-apprentissage.

3.4.3 MKL à noyaux actifs

Les méthodes d'apprentissage à noyaux multiples définies dans cette section nécessitent, à chaque itération, de calculer le gradient pour chaque sous-noyau

k_m et par conséquent chaque matrice de Gram associée à chaque sous-noyau k_m. Lorsque l'on considère un ensemble de sous-noyaux $\mathcal{K} = \{k_1, \ldots, k_M\}$, cette contrainte implique soit de calculer chaque matrice de Gram à chaque itération, soit de garder en mémoire chaque matrice de Gram pour chaque sous-noyau $k_m \in \mathcal{K}$. Ces deux options induisent inévitablement un coût de calcul ou d'espace mémoire important lorsque l'on souhaite pondérer un grand nombre de sous-noyaux.

Afin d'avoir la possibilité d'appliquer les méthodes d'apprentissage à noyaux multiples sur un grand nombre de sous-noyaux, les auteurs de [Yger et Rakotomamonjy 11] proposent de résoudre le problème de minimisation adressé par le Simple MKL (section 3.4.1) en utilisant des ensembles de noyaux actifs.

Les conditions KKT induisent que les noyaux actifs ont des gradients égaux lorsque la convergence est atteinte, alors que les noyaux inactifs ont un gradient supérieur aux gradients des noyaux actifs (section 3.4.1). Donné un vecteur $d^\star \in \mathbb{R}_+^M$ encodant la pondération optimale de M noyaux et obtenu par la résolution du problème de minimisation défini équation 3.7, il est possible de définir un oracle permettant de savoir si un noyau k_m est un noyau actif ou inactif :

— un noyau k_m est potentiellement actif si $\frac{\partial J}{\partial d_m} \leq \nabla_{max}$;
— un noyau k_m est inactif si $\frac{\partial J}{\partial d_m} \geq \nabla_{max}$.

Cet oracle permet alors de définir l'algorithme 4. Cet algorithme permet de calculer une pondération de l'ensemble des noyaux $\mathcal{K}$ en ne considérant qu'un sous-ensemble de noyaux $\mathcal{K}_A$ dans la résolution du problème posé par le Simple MKL (section 3.4.1). Ceci permet de limiter le nombre de sous-noyaux examinés par le Simple MKL et donc de limiter sa complexité. Après chaque résolution du Simple MKL (ligne 5), l'ensemble des noyaux ayant un poids nul sont retirés de l'ensemble des noyaux actifs (ligne 7). Cet ensemble de noyau actifs est alors mis à jour par un ensemble de noyaux candidats, c.-à-d. un ensemble de noyaux potentiellement actifs selon l'oracle défini dans le paragraphe précédent (lignes 8 et 13). L'algorithme se termine lorsqu'il n'y a plus de candidats à ajouter dans l'ensemble des noyaux actifs (ligne 17). La solution trouvée est alors similaire à celle obtenue par l'application du Simple MKL sur l'ensemble des noyaux $\mathcal{K}$ et est donc optimale. Une autre terminaison plus souple de l'algorithme peut être définie lorsque la fonction objectif ne diminue plus significativement ou lorsqu'un nombre maximal de sous-noyaux actifs a été atteint (ligne 9). Dans le cas d'une terminaison précoce, la pondération obtenue n'est alors pas optimale mais est raisonnablement proche si les critères de terminaison sont correctement définis. De plus, ces critères de terminaison précoces permettent d'étendre le domaine d'application de l'algorithme à une infinité de noyaux [Yger et Rakotomamonjy 11]. Lorsque l'algorithme est terminé, la pondération de l'ensemble des noyaux $\mathcal{K}$ est définie par d_A pour les noyaux $k_m \in \mathcal{K}_A$ et égale à 0 pour les noyaux $k_m \in \mathcal{K} \setminus \mathcal{K}_A$. L'ensemble des variables pertinentes correspond donc à l'ensemble des variables associées à l'ensemble des noyaux actifs $\mathcal{K}_A$. Chaque coordonnée d_m du vecteur d encode une mesure de l'influence pour la variable associée au noyau $k_m \in \mathcal{K}_A$.

Algorithme 4 : MKL à noyaux actifs.

$\mathcal{K} \leftarrow \{k_1, \dots, k_M\}$;
$\{Actifs\}$ est initialisé comme un sous-ensemble de $\{1, \dots, M\}$;
$\{\mathcal{K}_A\} \leftarrow \{k_m \mid m \in Actifs\}$;
while convergence non atteinte **do**
    $\{d_A, \alpha, J\} \leftarrow$ Résolution du Simple MKL avec $\mathcal{K}_A$;
    `//` J `correspond à la valeur de la fonction objectif à minimiser`
    $\nabla_{max} \leftarrow \max_{m \mid d_m > 0} \frac{\partial J}{\partial d_m}$;
    $\mathcal{K}_A \leftarrow \mathcal{K}_A \setminus \{k_m \mid d_m = 0\}$;
    $\{Candidats\} \leftarrow \{m \in \{1, \dots, M\} \setminus Actifs \mid \frac{\partial J}{\partial d_m} \leq \nabla_{max}\}$;
    if $Candidats \neq \varnothing$ **then**
        if $|\mathcal{K}_A| > N$ *ou* J *ne diminue pas suffisamment* **then**
            Terminaison précoce;
            Fin;
        $\{Nouveaux\} \leftarrow n$ noyaux k_m tel que $m \in Candidats$;
        $\mathcal{K}_A \leftarrow \mathcal{K}_A \cup Nouveaux$;
        $Actifs \leftarrow \{m \mid k_m \in \mathcal{K}_A\}$;
    else
        La convergence est atteinte;
        Fin;

3.5 Conclusion

Les méthodes de pondération de variables permettent d'améliorer la précision des modèles de prédiction en encodant une mesure de l'influence de chaque variable utilisée pour décrire le problème de prédiction. Dans le cadre de la chémoinformatique et des noyaux basés sur des sacs de sous-structures, la pondération de chaque sous-structure suit le même raisonnement que celui d'un expert chimiste qui définit un ensemble de descripteurs moléculaires (section 1.3.1) afin de prédire une propriété particulière. Les différentes méthodes de pondération utilisent différentes approches et ont différentes caractéristiques :

— pondération binaire ou réelle des variables ;
— définition de la pondération *a priori* ou à partir du jeu de données ;
— pondération optimale ou sous-optimale.

D'une part, les méthodes définissant une pondération réelle apportent plus de souplesse que les méthodes définissant une pondération binaire. Une pondération réelle permet de quantifier l'influence de chaque sous-structure au lieu de simplement qualifier une sous-structure comme pertinente ou non pertinente. D'autre part, les méthodes définissant la pondération à partir du jeu de données permettent de s'affranchir du biais induit par un réglage *a priori* de la pondération des sous-structures. Enfin, le calcul d'une pondération optimale pour un jeu de données permet de s'assurer que la pondération n'est pas biaisée par l'initialisation ou l'heuristique utilisée par l'algorithme. Par conséquent, les méthodes d'apprentissage à noyaux multiples (section 3.4) semblent être particulièrement adaptées aux méthodes à noyaux sur sacs utilisées en chémoinformatique (section 2.4.4). La contrainte de parcimonie permet de restreindre l'ensemble des sous-structures à l'ensemble des sous-structures pertinentes. Les deux extensions présentées permettent d'adapter le degré de parcimonie (section 3.4.2), c.-à-d. sélectionner un ensemble plus ou moins restreint de sous-structures pertinentes. La deuxième extension (section 3.4.3) permet l'utilisation de ces méthodes de pondération sur un ensemble important de sous-structures. Cependant, l'utilisation des méthodes d'apprentissage à noyaux multiples requiert la possibilité de pouvoir calculer chaque sous-noyau k_i définissant le noyau global. Cette contrainte semble être difficile à satisfaire pour les méthodes à noyaux basées sur une énumération implicite des sous-structures (tableau 2.2).

Chapitre 4

Noyaux de treelets

Sommaire

4.1 Introduction

Les noyaux sur graphes basés sur des sacs de motifs utilisent différentes approches qui diffèrent selon plusieurs aspects : le type de motifs utilisé, la prise en compte de l'étiquetage, une énumération explicite ou implicite ainsi que la complexité requise pour calculer le noyau. Les caractéristiques de chaque approche sont résumées dans le tableau 2.2. Les types de motifs utilisés correspondent à des motifs linéaires, non linéaires ou cycliques. Les motifs cycliques permettent simplement d'encoder une information restreinte aux cycles des molécules. Les motifs non linéaires permettent, à la différence des motifs linéaires, d'encoder les branchements présents dans la structure d'un graphe moléculaire. Cependant, la prise en compte des motifs non linéaires en plus des motifs linéaires induit généralement une complexité élevée. La complexité des méthodes est généralement due au fait que l'algorithme utilisé pour le calcul du noyau permet de prendre en compte l'ensemble exhaustif des sous-arbres ou sous-graphes jusqu'à une taille théoriquement infinie. Cependant, [Wale et al. 08] a observé que, bien qu'augmentant avec la taille des motifs, la précision des modèles de prédiction n'augmente plus significativement en considérant des motifs ayant plus de 5 arêtes.

Partant de ces constatations, ce chapitre présente un noyau sur graphe utilisant un sac de motifs défini par l'ensemble des sous-arbres composés d'au maximum 6 nœuds (figure 4.1) et appelés treelets. Cette limite, fixée à partir des observations expérimentales faites par [Wale et al. 08], constitue donc un compromis entre l'expressivité des motifs utilisés et la complexité requise pour leur énumération. L'utilisation de l'ensemble des sous-arbres permet d'encoder des structures linéaires et non linéaires et par conséquent une grande partie de l'information structurelle. De plus, ce noyau est basé sur une énumération explicite de l'ensemble des treelets ce qui permet un calcul efficace du noyau ainsi que la combinaison de celui-ci avec des méthodes de pondération de variables.

4.2 Analyse structurelle

La première étape de la définition du noyau de treelets consiste à énumérer les structures de treelets. L'ensemble des structures de treelets ayant au plus 5 nœuds correspond à un sous-ensemble des structures énumérées par [Shervashidze et al. 09] (section 2.4.7). Par conséquent, l'analyse structurelle des treelets peut être basée sur la même approche que celle utilisée pour les graphlets, et ainsi bénéficier de la complexité en temps linéaire de la méthode proposée par [Shervashidze et al. 09].

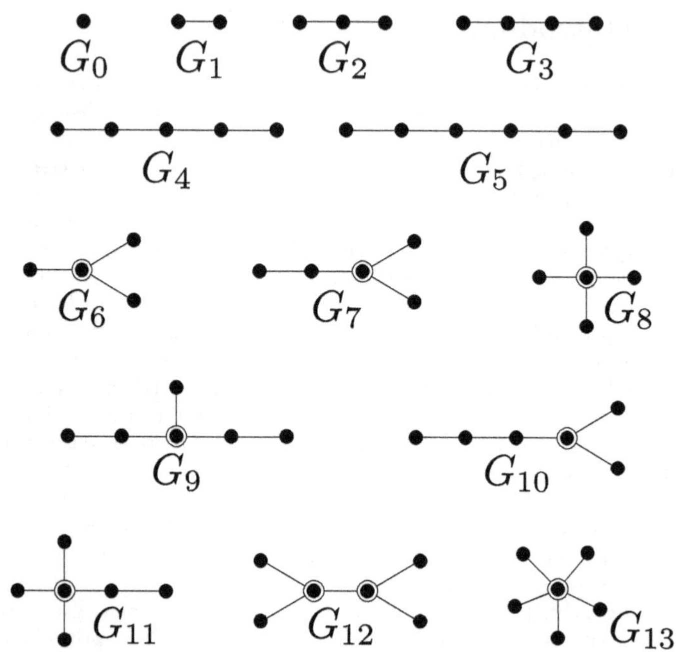

FIG. 4.1 – Ensemble des structures de treelets. Les sommets entourés correspondent aux sommets $R_{\text{n-étoile}}$.

La première étape de l'énumération des structures de treelets correspond à l'énumération de tous les chemins ayant une longueur inférieure ou égale à 6. Un parcours en profondeur récursif avec une profondeur maximale égale à 6 à partir de chaque sommet permet de calculer la distribution des structures de treelets G_0, G_1, G_2, G_3, G_4 et G_5 (figure 4.1). Chaque chemin est parcouru depuis ses deux extrémités et est donc compté $\frac{1}{2}$ fois à chaque parcours. À l'instar de la méthode proposée par [Shervashidze et al. 09], les structures correspondant aux treelets non linéaires sont énumérées à partir des sommets de degré 3, 4 et 5. Dans la suite, ces sommets sont respectivement désignés $R_{\text{3-étoile}}$, $R_{\text{4-étoile}}$ et $R_{\text{5-étoile}}$ et correspondent aux sommets centraux des treelets G_6, G_8 et G_{13}. Nous pouvons noter qu'un treelet G_8 contient quatre treelets G_6, selon les sous-ensembles de 3 sommets pris parmi les 4 sommets voisins d'un $R_{\text{4-étoile}}$ (figure 4.2). De la même manière, une structure de treelet G_{13}

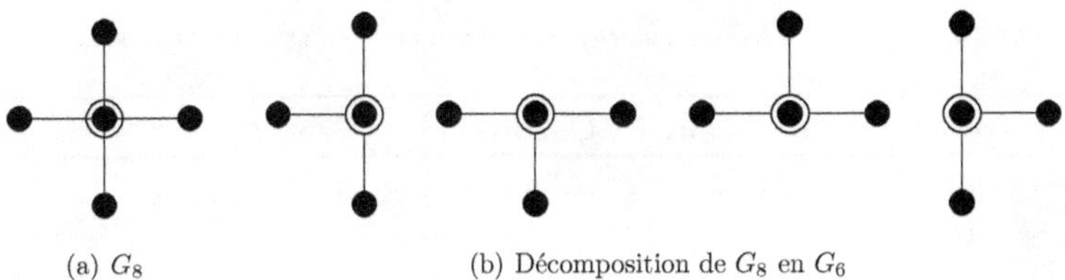

(a) G_8 (b) Décomposition de G_8 en G_6

FIG. 4.2 – G_8 contient 4 G_6.

est composée de 5 G_8. Par conséquent, une première analyse des degrés de chaque sommet permet de calculer la distribution des structure de treelets G_6, G_8 et G_{13}. Les treelets correspondant aux structures G_7, G_9, G_{10} et G_{12} sont énumérés à partir d'une structure de treelet G_6. Par exemple, la structure G_7 correspond à une structure G_6 ayant au minimum un sommet périphérique avec un degré supérieur ou égal à 2. Par conséquent, l'énumération des structures de treelet G_7 peut être effectuée à partir d'une analyse du voisinage des nœuds périphériques d'une structure de treelet G_6. Les conditions sur les degrés des nœuds périphériques permettant d'énumérer les structures de treelets basées sur les structures de treelet G_6 et G_8 sont récapitulées dans le tableau 4.1. Toutefois, nous pouvons remarquer que la structure G_{12} est symétrique car elle contient deux $R_{3\text{-étoile}}$ et doit donc être comptée $\frac{1}{2}$ fois car elle sera détectée à partir des deux $R_{3\text{-étoile}}$ composant cette structure. Les conditions présentées dans le tableau 4.1 définissent les conditions requises pour l'existence d'une structure de treelet centrée autour d'un treelet étoile (G_6, G_8 et G_{13}). Toutefois, ces conditions ne garantissent pas l'unicité d'un treelet. Un exemple est illustré dans la figure 4.3 : le sommet le plus à droite possède un degré égal à 4 alors qu'un degré supérieur ou égal à 2 est nécessaire pour identifier une structure de treelet G_9. Trois différentes structures de treelets G_9 peuvent donc être retrouvées à partir d'un même ensemble de cinq sommets communs.

Nous constatons facilement qu'aucun isomorphisme structurel n'existe entre les structures de treelets décrites dans la figure 4.1. De plus, à partir des travaux de [Cayley 75], nous pouvons montrer facilement que le nombre de graphes acycliques, non étiquetés et composés d'au plus 6 nœuds est égal à 14. L'ensemble de ces graphes correspond à l'ensemble des structures de treelets représentées dans la figure 4.1.

Cette étape d'analyse structurelle permet donc d'obtenir le nombre d'occurrences de chaque structure de treelet dans un graphe donné.

TAB. 4.1 – Conditions nécessaires pour énumérer les structures treelets basés G_6 ou G_8.

Treelet	Treelet source	Condition
G_7	G_6	$\lvert\{v; v \in N(R_{\text{3-étoile}}); d(v) \geq 2\}\rvert \geq 1$
G_9	G_6	$\lvert\{v; v \in N(R_{\text{3-étoile}}); d(v) \geq 2\}\rvert \geq 2$
G_{10}	G_6	$\exists v_0 \in N(R_{\text{3-étoile}}); d(v_0) \geq 2$ et $\lvert\{v; v \in N(v_0) - \{R_{\text{3-étoile}}\}; d(v) \geq 2\}\rvert \geq 1$
G_{11}	G_8	$\lvert\{v; v \in N(R_{\text{4-étoile}}); d(v) \geq 2\}\rvert \geq 1$
G_{12}	G_6	$\lvert\{v; v \in N(R_{\text{3-étoile}}); d(v) \geq 3\}\rvert \geq 1$

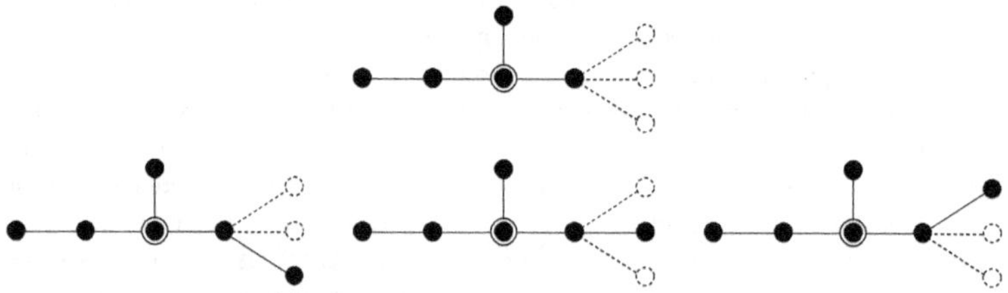

FIG. 4.3 – Trois permutations de G_9 partageant la même base commune.

4.3 Encodage de l'étiquetage

Dans le cadre de l'énumération de treelets pour des graphes non étiquetés, la première étape décrite dans la section 4.2 permet de calculer la distribution complète des treelets contenus dans les graphes. Toutefois, dans le cadre de graphes étiquetés, un treelet n'est pas seulement identifié par son information structurelle mais aussi par l'étiquetage associé à une structure donnée. Ainsi, deux treelets ayant une structure commune et un étiquetage différent correspondent à deux treelets différents. Dans le cadre de la chémoinformatique et des graphes moléculaires, chaque sommet est étiqueté par l'élément chimique de l'atome qu'il représente. Par conséquent, la fonction d'étiquetage d'un graphe moléculaire associe, à chaque atome, une étiquette parmi l'alphabet fini encodant l'ensemble des éléments chimiques. De la même manière, les arêtes sont étiquetées par un ensemble d'étiquettes fini (section 1.2.1). Dans la suite de ce manuscrit, nous restreignons donc notre étude aux graphes étiquetés par un alphabet d'étiquettes de nœuds et d'arêtes fini.

Afin de différencier deux treelets ayant une même structure mais un étiquetage différent, il est possible d'utiliser une des méthodes d'étiquetage de molécules [Morgan 65, Kuramochi et Karypis 04, Faulon et al. 04]. Ces méthodes calculent une représentation d'une molécule encodant à la fois la structure et l'étiquetage de la molécule et ce avec une complexité au mieux polynomiale. Cependant, ces méthodes ne permettent pas de séparer clairement l'information structurelle de l'information encodée par l'étiquetage. Le calcul de ces représentations induit donc un coût de calcul supplémentaire étant donné qu'elles ne permettent pas de réutiliser l'identification structurelle calculée lors de la première étape de l'énumération structurelle des treelets (section 4.2).

Dans cette section, nous proposons donc d'identifier chaque treelet par un code composé de deux parties : une première partie encodant l'information structurelle et définie par l'index de la structure du treelet (G_0, ..., G_{13}) et une seconde partie encodant l'étiquetage du treelet. Cette seconde partie est définie par une clé canonique correspondant à une suite d'étiquettes de nœuds et d'arêtes. La construction de cette séquence est spécifique à chaque structure et est définie de manière à ce que deux treelets aient un même code si et seulement s'ils sont isomorphes (définition 9, chapitre 1).

La définition de la clé est triviale pour les structures linéaires, c.-à-d. les chemins. Un chemin peut être associé à deux séquences encodant les deux parcours possibles du chemin dans le graphe. Ces séquences sont donc composées alternativement des étiquettes de nœuds et d'arêtes. Par convention, la clé associée à une structure linéaire est définie comme la séquence ayant le plus faible ordre lexicographique, définissant ainsi une clé unique pour un chemin donné.

Soit un treelet non linéaire $t = (V, E, \mu_t, \nu_t)$, où μ_t et ν_t encode respectivement les fonctions d'étiquetage des nœuds et des arêtes de t. La clé canonique définie pour ces structures non linéaires est basée sur le concept de connectivité étendue tel que défini par [Morgan 65]. Ce concept est basé sur une fonction d'étiquetage de nœuds $\lambda : V \to \mathbb{N}$, appelée étiquetage étendu. Comme décrit dans l'algorithme 5, cette fonction est définie par un processus itératif qui initialise chaque étiquette $\lambda(v)$ par le degré de v. Chaque nœud est ensuite ré-étiqueté par la somme des étiquettes λ de ses nœuds voisins. Ce processus est itéré tant que le nombre d'étiquettes distinctes augmente. On peut noter que le nombre d'itérations est borné par le nombre de nœuds du graphe puisque le nombre d'étiquettes distinctes possible est majoré par le nombre de nœuds du graphe. L'algorithme n'utilisant que la structure des graphes, l'ensemble des étiquettes obtenues est le même pour deux graphes isomorphes et est unique pour chaque structure d'arbre. La figure 4.4 montre l'étiquetage étendu calculé sur l'ensemble des structures correspondant aux treelets. Cet étiquetage étendu

Algorithme 5 : Algorithme de calcul de l'étiquetage étendu, tel que défini par Morgan.

Entrée : $G = (V, E)$
Sortie : Étiquetage étendu λ

$\lambda_i \leftarrow d(v_i), \forall v_i \in V$;
$\lambda' \leftarrow \lambda$;
$k \leftarrow$ nombre de λ_i différents;
$k_{+1} \leftarrow 0$;
do
  $k \leftarrow k_{+1}$;
  $\lambda \leftarrow \lambda'$;
  $\lambda'_i \leftarrow \sum_{v_j \in \Gamma v_i} \lambda_j, \forall v_i \in V$;
  $k_{+1} \leftarrow$ nombre de λ'_i différents.;
until $k < k_{+1}$;
return λ

correspond au degré des nœuds pour tous les treelets sauf pour G_9 et G_{10} où plusieurs itérations sont nécessaires pour différencier un maximum de nœuds.

En considérant l'étiquetage étendu de Morgan, deux nœuds adjacents v et v' d'un même treelet peuvent être comparés selon $\lambda(v)$ et $\lambda(v')$. Par conséquent, l'étiquetage étendu définit un ordre partiel entre des nœuds adjacents au sein d'un même treelet. Ce tri partiel peut être représenté par un arbre enraciné. Les treelets G_6 à G_{11} et G_{13} sont composés d'un unique sommet ayant une valeur d'étiquetage étendu maximale et les arbres associés sont donc enracinés sur ce nœud (figures 4.6(a) et 4.6(b)). Le treelet G_{12} possède deux sommets ayant une valeur d'étiquetage étendu maximale et situés sur les nœuds v_0 et v_3. Ce treelet est donc associé à deux arbres enracinés, chacun ayant pour racine v_0 ou v_3 (figures 4.6(c), 4.6(d) et 4.6(e)).

Notre processus de construction de la clé canonique d'un treelet est basé sur un parcours de l'arbre enraciné. La conception de la clé nécessite de trier les nœuds enfants de chaque nœud interne de l'arbre afin de définir un parcours unique de l'arbre et donc une clé unique. Cette étape de tri est effectuée par la récursion suivante : La clé de chaque feuille v, dénotée $clé(v)$, est définie par une étiquette vide. Pour chaque nœud v interne de l'arbre enraciné, considérons son ensemble de nœuds fils $\{v_1, \ldots, v_n\}$. Cet ensemble est premièrement trié selon $\lambda(v_i)$ et ensuite par la chaîne de caractère définie comme la concaténation

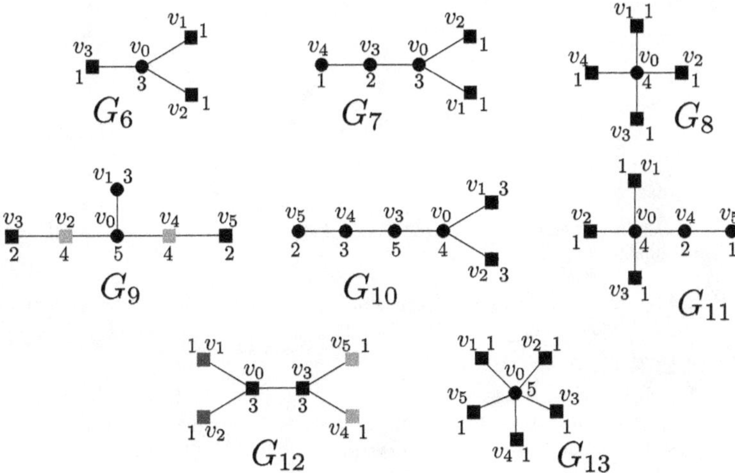

FIG. 4.4 – Structures non linéaires et l'étiquetage étendu de Morgan. La valeur de l'étiquette étendue est indiquée à proximité de chaque nœud. Les permutations possibles sont représentées par des nœuds en forme de carrés. Les différentes permutations possibles dans une même structure sont représentées par des niveaux de gris différents.

de $\nu_t(v, v_i)$, $\mu_t(v_i)$ et $clé(v_i)$. Considérant ce tri sur $\{v_1, \ldots, v_n\}$, la clé associée au nœud v est définie par :

$$clé(v) = \left(\bigodot_{i=1}^{n} \nu_t(v, v_i).\mu_t(v_i)\right).\bigodot_{i=1}^{n} clé(v_i), \tag{4.1}$$

où $\odot$ représente l'opérateur de concaténation. En utilisant cette récursion, l'étiquette de chaque nœud est encodée par la clé de son père. Afin de prendre en compte l'étiquette de la racine, la clé d'un arbre enraciné sur le nœud r est définie par $\mu_t(r).clé(r)$. Ce processus de calcul de clé pour un treelet est illustré par les algorithmes 6 et 7.

Les treelets G_6 à G_{11} sont encodés par un seul arbre enraciné et leurs clés canoniques sont donc définies comme la clé calculée à partir du parcours de l'arbre enraciné. Le treelet G_{12} est associé à deux arbres enracinés et donc deux clés. Par conséquent, la clé canonique d'un treelet G_{12} est définie comme la plus faible clé selon l'ordre lexicographique (algorithme 6, ligne 4).

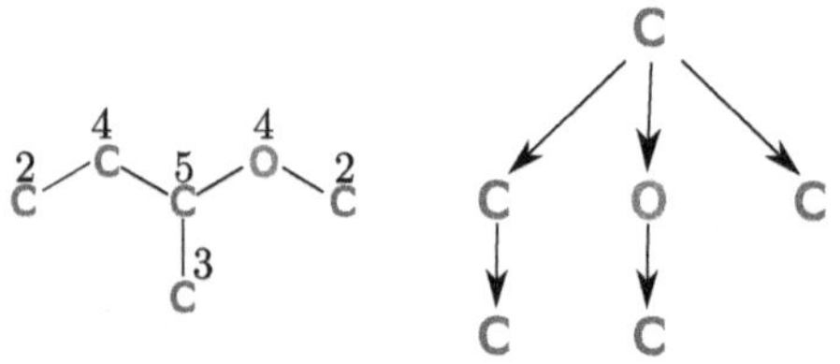

$G_9 - C1C1C1O1C1C$

(a) Treelet G_9 et étiquetage étendu de Morgan.

(b) Arbre enraciné associé.

(c) Code associé.

FIG. 4.5 – Exemple de construction d'une clé à partir d'un treelet G_9 étiqueté.

La clé de chaque treelet correspond à la suite d'étiquettes d'arêtes et de sommets rencontrées durant un parcours en profondeur effectué selon les valeurs d'étiquetage étendu calculées par la méthode de Morgan [Morgan 65], comme illustré dans la figure 4.5. Toutefois, à la différence de la représentation de Morgan, notre clé canonique n'inclut pas d'information structurelle, qui est encodée par l'index de la structure associée au treelet.

Algorithme 6 : Calcul de clé.

Entrée : Treelet $t = (V, E, \mu, \nu)$, λ

Sortie : Clé(t)

$R \leftarrow \{v \in V \mid \lambda(v) = \max_{u \in V} \lambda(u)\}$;

for $r_i \in R$ **do**

  clé(r_i) $\leftarrow \mu(r_i)$.clé-rec(r_i);

return $\min_{r_i \in R}$ *clé*(r_i)

4.4 Clé et isomorphisme de graphe

La clé canonique définie dans la section 4.3 est basée sur l'étiquetage étendu qui est lui-même basé sur la structure du treelet ainsi que sur les fonctions d'étiquetage définies sur les nœuds et les arêtes. Par conséquent, deux treelets isomorphes sont associés à une même clé canonique. Réciproquement, puisque la taille de la clé canonique correspond à la taille d'un treelet linéaire, deux treelets linéaires ayant la même clé sont isomorphes. Les treelets correspondant

Algorithme 7 : clé-rec(v).

Entrée : Treelet $t = (V, E, \mu, \nu)$, $\lambda, v \in V$
Sortie : Clé(v)

1 max $\leftarrow \max_{v \in V} \lambda(v)$;
2 **for** $k \leftarrow \{max, \ldots, 0\}$ **do**
3 $\quad \Gamma_k = \{v_i \in \Gamma^+(v) \mid \lambda(v_i) = k\}$;
4 $\quad n \leftarrow |\Gamma_k|$;
5 $\quad$ **for** $v_i \in \Gamma_k$ **do**
6 $\quad\quad$ clé_partielle(i) = $\nu(v, v_i).\mu(v_i)$.clé-rec(v_i);
7 $\quad$ clé_triée$[1, \ldots, n]$ = trier(clé_partielle) ;
8 $\quad$ clé = clé $\bigodot_{i=1}^{n}$ clé_triée(i);
9 **return** *clé*

aux structures G_0 à G_5 peuvent donc être uniquement déterminés par leur clé canonique.

Notre processus de construction de la clé triant en priorité les nœuds en fonction de leur étiquetage étendu, l'étiquette d'un nœud ayant une étiquette étendue unique sera située à une position fixe dans la clé associée à ce treelet. L'étiquette d'un tel nœud peut donc être retrouvée sans ambiguïté à partir de la clé canonique. Toutefois, un ensemble de nœuds fils $\{v_1, \ldots, v_n\}$ possédant les mêmes étiquettes étendues et ayant le même nœud parent v seront triés selon l'ordre lexicographique de la suite d'étiquettes de nœuds et d'arêtes $\nu_t(v, v_i)\mu_t(v_i)cl\acute{e}(v_i)$ (algorithme 7, ligne 7). Ce tri permet d'obtenir une clé unique pour deux treelets isomorphes mais ne permet pas de différencier les permutations entre les nœuds $\{v_1, \ldots, v_n\}$. Il est donc nécessaire de vérifier, pour chaque treelet, que les permutations de nœuds autorisées par notre code correspondent à un treelet isomorphe.

Les nœuds ayant une même étiquette étendue dans les structures G_6, G_7, G_8, G_{10}, G_{11}, G_{12} et G_{13} sont représentés dans la figure 4.4 par des carrés noirs (■). Pour chaque structure, les nœuds ayant une même étiquette étendue et un degré égal à 1 sont les nœuds fils de l'unique nœud auquel ils sont connectés. Par conséquent, notre clé ne différencie pas les permutations parmi ces nœuds. Puisque ces nœuds ont un degré égal à 1 et qu'ils sont connectés à un même nœud, n'importe quelle permutation échangeant deux de ces nœuds conduit à un treelet isomorphe. Par conséquent, les treelets correspondant aux structures de treelet G_6, G_7, G_8, G_{10}, G_{11}, G_{12} et G_{13} ayant un même index de structure et une même clé canonique sont isomorphes.

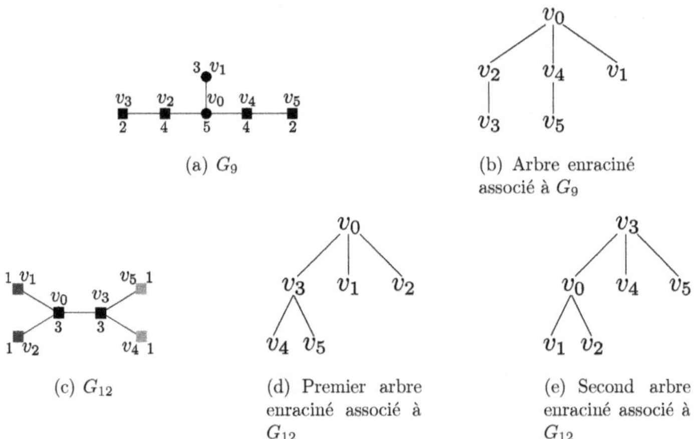

(a) G_9

(b) Arbre enraciné associé à G_9

(c) G_{12}

(d) Premier arbre enraciné associé à G_{12}

(e) Second arbre enraciné associé à G_{12}

FIG. 4.6 – Exemples de treelets non linéaires avec leur arbre enraciné associé. Les valeurs de λ sont indiquées à coté de chaque sommet sur les figures (a) et (c).

L'arbre enraciné associé au treelet G_9 ne permet pas de différencier les deux branches v_2v_3 et v_4v_5 (figure 4.6(b)) puisque v_2 et v_4 possèdent les mêmes étiquettes étendues. Toutefois, la permutation $\big((v_2, v_4), (v_3, v_5)\big)$ donne un graphe isomorphe (figure 4.6(a)). De la même manière, la clé canonique de G_{12} (figure 4.6(c)) ne permet pas de différencier les permutations (v_1, v_2) et (v_4, v_5) d'une part et $\big((v_0, v_3), (v_1, v_5), (v_2, v_4)\big)$ ainsi que leurs combinaisons d'autre part. Toutefois, comme illustré dans la figure 4.6(c), ces trois permutations conduisent à des treelets isomorphes. Ainsi, les treelets G_0 à G_{13} peuvent être identifiés par l'association de leur clé canonique et de l'index correspondant à leur structure. Ainsi deux treelets sont isomorphes si et seulement si les index identifiant leurs structures ainsi que les clés identifiant leurs étiquetages sont égaux. Par conséquent, l'association de l'index de structure (section 4.2) et de la clé canonique (section 4.3) permet d'associer chaque treelet étiqueté à un identifiant canonique.

4.5 Définition du noyau de treelets

Lorsque tous les treelets d'un graphe G ont été énumérés, un vecteur encodant le nombre d'occurrences de chaque treelet extrait de G peut être défini en se basant sur la clé (section 4.3) et sur l'index de structure de treelet (section 4.2). Chaque élément de ce vecteur est égal au nombre d'occurrences d'un treelet $t \in \mathcal{T}(G)$:

$$f(G) = (f_t(G))_{t \in \mathcal{T}(G)} \text{ avec } f_t(G) = |(t \subseteqq_p G)|, \tag{4.2}$$

où $\mathcal{T}(G)$ représente l'ensemble des treelets extraits de G. De la même manière, la fonction $\mathcal{X}_t : \mathcal{G} \to \{0, 1\}$ est définie par :

$$\mathcal{X}_t(G) = \begin{cases} 1 \text{ ssi } f_t(G) > 0 \\ 0 \text{ ssi } f_t(G) = 0. \end{cases} \tag{4.3}$$

En considérant un ensemble de graphes $D = \{G_0, \ldots, G_N\}$, l'ensemble de treelets $\mathcal{T}(D)$ est défini comme l'ensemble des treelets extraits de $\{G_0, \ldots, G_N\}$:

$$\mathcal{T}(D) = \bigcup_{G \in D} \mathcal{T}(G). \tag{4.4}$$

En considérant le plongement fourni par la fonction f, le noyau entre deux graphes peut être défini comme un noyau de convolution (section 2.4.4, équation 2.43) défini comme une zéro-extension sur l'ensemble des treelets extraits d'un ensemble de graphes D :

$$k_{treelet}(G, G') = \sum_{\substack{t \in \mathcal{T}(D) | \\ t \subseteq G, t \subseteq G'}} \mathcal{X}_t(G)\mathcal{X}_t(G')\ k\left(f_t(G), f_t(G')\right) \tag{4.5}$$

$$= \sum_{t \in \mathcal{T}(G) \cap \mathcal{T}(G')} k\left(f_t(G), f_t(G')\right), \tag{4.6}$$

où $k\left(f_t(G), f_t(G')\right)$ est un noyau entre le nombre d'occurrences de t dans G et G'. Le noyau k peut être défini comme n'importe quel noyau usuel (tableau 2.1). Le noyau introduit dans l'équation 4.5 est défini comme un produit de deux noyaux définis positifs. Le noyau de treelets est donc un noyau défini positif.

4.6 Complexité

L'énumération des treelets étant restreinte à des arbres, la complexité requise pour énumérer les treelets jusqu'à une taille de 5 (c.-à-d. G_0 à G_8) est

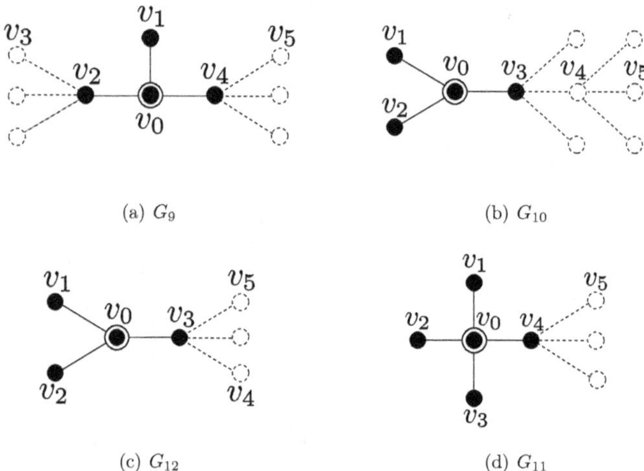

(a) G_9 (b) G_{10}

(c) G_{12} (d) G_{11}

FIG. 4.7 – Analyse du voisinage nécessaire pour énumérer les treelets ayant 6 sommets et basés sur une structure de treelets G_6 et G_8.

bornée par celle requise pour énumérer des graphlets de taille 5 [Shervashidze et al. 09] : $\mathcal{O}(nd^4)$, où n est égal au nombre de nœuds du graphe et d est égal au degré maximum du graphe. Considérons maintenant les treelets de taille 6. En utilisant une recherche en profondeur, l'ensemble des treelets linéaires peut être énuméré en $\mathcal{O}(nd^5)$. La détection des p-étoiles nécessite l'énumération de tous les sous-ensembles de p voisins pour chaque nœud du graphe, chaque énumération nécessitant $\mathcal{O}(nd^p)$ opérations, p étant le nombre de nœuds périphériques du treelet étoile. L'énumération des treelets G_6,G_8 et G_{13} peut donc être calculée en respectivement $\mathcal{O}(nd^3)$, $\mathcal{O}(nd^4)$ et $\mathcal{O}(nd^5)$ opérations. Les treelets énumérés à partir des structures de treelets G_6 nécessitent les opérations suivantes :

- G_9 : pour chaque paire de nœuds périphériques d'un G_6 (c.-à-d. v_2 et v_4 dans la figure 4.7(a)), énumérer toutes les paires de sommets (par exemple v_3 et v_5 dans la figure 4.7(a)), où chaque nœud appartient au voisinage de l'un des nœuds périphériques sélectionnés ;
- G_{10} : Pour chaque nœud périphérique, déterminer tous les chemins de longueur 2 (c.-à-d. v_4v_5 dans la figure 4.7(b)) commençant sur le nœud périphérique sélectionné ;

— G_{12} : Pour chaque nœud périphérique, (c.-à-d. v_3 dans G_{12}, figure 4.7(c)), énumérer toutes les paires de voisins (c.-à-d. v_4 et v_5 dans la figure 4.7(c)) du nœud périphérique sélectionné.

L'ensemble de ces opérations nécessite au maximum $\mathcal{O}(d^2)$ opérations. L'ensemble des treelets G_6 étant énuméré en $\mathcal{O}(nd^3)$, la complexité requise pour énumérer G_9, G_{10} et G_{12} est égale à $\mathcal{O}(nd^5)$ opérations. L'énumération des treelets correspondant au motif G_{11} est effectuée à partir d'une structure de treelets G_8 en sélectionnant un voisin de chaque nœud périphérique (figure 4.7(d)). Cette opération étant effectuée en $\mathcal{O}(d)$ et l'énumération des G_8 en $\mathcal{O}(nd^4)$, l'énumération de l'ensemble des treelets ayant pour structure G_{11} requiert donc $\mathcal{O}(nd^5)$ opérations. Par conséquent, l'énumération de tous les treelets non étiquetés est effectuée en $\mathcal{O}(nd^5)$. Puisque les treelets sont encodés par un ensemble de 14 structures finies, la complexité requise pour définir la clé canonique consiste à ordonner les différentes permutations possibles. Puisque ce nombre de permutations est fini et borné pour l'ensemble des 14 structures de treelets, la complexité nécessaire est constante. Par conséquent, la complexité totale nécessaire pour énumérer l'ensemble des treelets étiquetés reste égale à $\mathcal{O}(nd^5)$. En considérant le cadre de la chémoinformatique, où les graphes moléculaires ont un degré borné (section 1.2.1), la complexité de l'énumération de l'ensemble des treelets est donc linéaire avec le nombre de nœuds du graphe.

4.7 Sélection de treelets pertinents via MKL

Le noyau de treelets (équation 4.5) est défini comme une somme sur un ensemble de treelets $\mathcal{T}(D) = \{t_1, \ldots, t_n\}$ extraits d'un ensemble de graphes $D = \{G_1, \ldots, G_N\}$ constituant le jeu d'apprentissage. L'ensemble des treelets énumérés peut alors être important et comme discuté dans le chapitre 3, il est intéressant d'appliquer les méthodes d'apprentissage à noyaux multiples (section 3.4) dans le cadre de la chémoinformatique.

Le noyau de treelets, défini par l'équation 4.5, correspond à une somme sur un ensemble de treelets $\mathcal{T}(D)$ extraits d'un ensemble de graphes D. En considérant l'ensemble des graphes D fini, l'ensemble fini $\mathcal{T}(D)$. Donné un ordre quelconque sur l'ensemble $\mathcal{T}(D)$, le noyau de treelets peut être défini par une somme finie sur $\mathcal{T}(D)$:

$$k_w(G, G') = \sum_{i=1}^{|\mathcal{T}(D)|} k\left(f_{t_i}(G), f_{t_i}(G')\right), \tag{4.7}$$

où chaque treelet $t_i \subseteq \mathcal{T}(D)$ peut être assimilé à une variable à pondérer. Le noyau de treelets peut alors être adapté aux méthodes d'apprentissage à noyaux multiples (section 3.4) afin d'obtenir une pondération optimale de chaque treelet :

$$K_W(G,G') = \sum_{i=1}^{|\mathcal{T}(D)|} w_i * k\left(f_{t_i}(G), f_{t_i}(G')\right), \tag{4.8}$$

où w_i est le poids optimal calculé pour le treelet t_i en utilisant une méthode d'apprentissage à noyaux multiples définie dans la section 3.4. La contrainte sur la norme L_1 imposée par l'utilisation de ces méthodes induit une sélection parcimonieuse des treelets les plus pertinents pour un problème donné. Les treelets associés à un poids égal à 0 sont alors considérés comme non pertinents et supprimés du calcul du noyau.

4.8 Relation avec l'état de l'art

Le noyau de treelets défini dans cette section appartient à la famille des noyaux sur graphes basés sur des sacs de motifs et plus particulièrement ceux basés sur des motifs non linéaires et présentés dans la section 2.4.7. Cependant, le noyau de treelet diffère de ceux présentés dans la section 2.4.7 dont les caractéristiques sont synthétisées dans le tableau 2.2 sur plusieurs points :

— contrairement au noyau de graphlets (section 2.4.7), le noyau de treelet encode l'étiquetage des sous-structures et peut donc prendre en compte les éléments chimiques et les types de liaison atomique encodés dans le graphe moléculaire. Cette caractéristique est essentielle pour résoudre la plupart des problèmes posés en chémoinformatique ;

— contrairement au noyau de motifs d'arbres et au noyau Weisfeiler-Lehman, le noyau de treelets est basé sur un sac de motifs encodant un ensemble de sous-arbres et non un ensemble de motifs d'arbres. Cette caractéristique permet d'éviter le phénomène d'oscillation sans avoir recours à une transformation préalable du graphe. De plus, à la différence des noyaux Weisfeiler-Lehman, l'ensemble des treelets inclut tous les sous-arbres ayant au plus six nœuds et non seulement les sous-arbres formés de l'ensemble des nœuds à une distance inférieure à un r donné. Ceci permet d'encoder des chaînes linéaires d'atomes qui peuvent être particulièrement influentes pour certaines propriétés chimiques ;

— l'énumération explicite de l'ensemble des treelets présents dans un graphe donné permet de réduire la complexité du calcul de la matrice de Gram puisqu'il est nécessaire d'effectuer seulement N énumérations afin de calculer N^2 noyaux. De plus, l'énumération explicite de l'ensemble des treelets permet d'utiliser des méthodes d'apprentissage à noyaux multiples (section 4.7). Cette étape de sélection de variables peut permettre d'améliorer de manière significative la précision du modèle de prédiction, et ce en fonction d'un jeu de données et non *a priori* ;

- le noyau de treelets a une complexité linéaire avec le nombre de nœuds d'un graphe si les graphes ont un degré borné. Dans le cadre de la chémoinformatique, cette hypothèse est vérifiée (section 1.2.1) et le degré moyen des graphes moléculaires est généralement faible, ce qui permet de calculer efficacement ce noyau. Cette complexité est parmi la plus faible obtenue parmi l'ensemble des noyaux présentés dans la section 2.4.7 ;
- l'ensemble des treelets est limité aux sous-arbres ayant au plus 6 nœuds. Cette limite est induite par la nécessité de définir un encodage ad hoc de l'étiquetage qui soit efficace à calculer. Cependant, comme démontré expérimentalement par [Wale et al. 08], les sous-graphes ayant plus de 6 nœuds ne permettent pas d'améliorer significativement la précision de la prédiction ;
- le noyau de treelets est basé sur un ensemble de motifs acycliques. Par conséquent, ce noyau ne prend pas en compte l'information cyclique incluse dans les molécules. Cette limitation est abordée dans le chapitre 5.

Le noyau de treelets constitue donc un compromis intéressant entre la taille des sous-structures énumérées et la complexité requise pour leur énumération. De plus, la combinaison du noyau de treelets et des méthodes d'apprentissage multiple devrait permettre d'identifier des sous-structures pertinentes non connues *a priori* et augmenter significativement la qualité de la prédiction. À notre connaissance, cette combinaison n'avait pas été proposée auparavant.

4.9 Évaluation du noyau de treelets

Afin d'évaluer la pertinence des différentes caractéristiques du noyau de treelets, nous avons testé le noyau sur différents problèmes QSAR/QSPR proposés en chémoinformatique et présentés dans la section 1.2.2. Ces problèmes de prédiction correspondent à des problèmes de classification ou de régression et sont résolus, sauf mention contraire, en utilisant des SVM (section 2.3.1) pour les problèmes de classification et en utilisant des SVM (section 2.3.2) ou la régression de Tikhonov (section 2.3.3) pour les problèmes de régression. Dans les différents tableaux présentant les résultats, RMSE correspond à la racine carrée de l'erreur quadratique moyenne et les meilleurs résultats sont mis en évidence en gras.

La première expérience consiste à évaluer notre noyau sur un problème de régression correspondant au jeu de données Alcane , composé de 150 molécules représentées par des graphes acycliques et non étiquetés (voir section 1.2.2). Les résultats obtenus par 10-validation croisée et différentes méthodes sont présentés dans le tableau 4.2. La ligne 1 correspond au résultat obtenu par un réseau de neurones utilisant une représentation vectorielle encodant le nombre d'occurrences d'un ensemble de sous-graphes définis *a priori* [Cherqaoui et Villemin 94]. Les autres lignes correspondent à des noyaux sur graphes basés sur la distance d'édition (2 et lignes 3), sur des motifs linéaires (lignes 4 et 5) ou sur des motifs non linéaires (lignes 6, 7 et 8). Premièrement, nous pouvons noter que les noyaux basés sur la distance d'édition ne permettent pas de prédire correctement la température d'ébullition des alcanes. Ces résultats peuvent être expliqués par l'heuristique utilisée pour approximer la distance d'édition. Lorsqu'appliquée sur des graphes non étiquetés, cette heuristique revient à effectuer un appariement des sommets ayant un même degré. Ce manque d'informations discriminantes induit une estimation peu précise de la distance d'édition et donc une faible précision de la mesure de similarité. Deuxièmement, cette expérience montre également l'intérêt de l'utilisation de motifs non linéaires en plus des motifs linéaires. En effet, les noyaux basés sur des structures d'arbres permettent d'obtenir une meilleure précision que les noyaux basés sur des chemins ou des marches aléatoires qui comptent seulement le nombre de chemins ou de marches aléatoires ayant une longueur égale. De plus, le phénomène d'oscillation altère la précision de la prédiction des méthodes basées sur des marches aléatoires (ligne 5) ou sur des motifs d'arbres (ligne 6). On peut également noter que le noyau Weisfeiler-Lehman (ligne 7) prend en compte l'ensemble exhaustif des sommets à un rayon donné, ce qui ne permet pas d'encoder les chaînes d'atomes de carbone. Cependant, les chaînes d'atome de carbone constituent une information importante pour la prédiction de la température d'ébullition des alcanes. Par conséquent, la précision de prédiction obtenue par le noyau Weisfeiler-Lehman (ligne 7) est relativement faible par rapport à celle obtenue par exemple par les noyaux de motifs d'arbres ou le noyau de treelets (ligne 8), qui obtient les meilleurs résultats sur ce jeu de données.

La seconde expérience consiste à évaluer les performances des noyaux sur un problème consistant à prédire la température d'ébullition de 183 molécules acycliques composées d'hétéroatomes (section 1.2.2). Par conséquent, ces molécules sont représentées par des graphes acycliques et étiquetés. Les résultats obtenus en 10-validation croisée par différents noyaux sont présentés dans le tableau 4.3. Premièrement, comme observé dans l'expérience précédente, on constate que les noyaux basés sur des motifs linéaires ne

Méthode	Erreur moyenne (°C)	RMSE (°C)
1 Réseaux de neurones	3,11	3,70
2 Plongement empirique	5,27	7,10
3 Noyau gaussien sur la distance d'édition	5,42	10,01
4 Noyau de chemins	4,66	6,21
5 Noyau de marches aléatoires	10,61	16,28
6 Noyau de motifs d'arbres	2,41	3,48
7 Noyau Weisfeiler-Lehman	5,34	7,61
8 Noyau de treelets	**1,45**	**1,97**

TAB. 4.2 – Prédiction de la température d'ébullition d'alcanes.

permettent pas de prédire correctement la température d'ébullition (lignes 3 et 4). Par contre, les noyaux basés sur la distance d'édition (lignes 1 et 2) obtient de meilleurs résultats que sur le jeu de données de molécules non étiquetées. En effet, l'ajout d'information discriminante telle que l'étiquetage induit une meilleure approximation de la distance d'édition. Les noyaux basés sur des motifs non linéaires obtiennent également de bons résultats (lignes 5 et 7). Toutefois, le noyau Weisfeiler-Lehman, basé sur des motifs non linéaires, ne permet pas de prédire correctement la température d'ébullition des molécules puisque ce noyau prend en compte l'ensemble complet des sommets à un rayon donné. Ce noyau ne permet donc pas de prendre en compte les longues chaînes d'atomes de carbone qui ont une grande influence sur la température d'ébullition des molécules. Les lignes 8, 9 et 10 montrent l'intérêt de la pondération de treelets pour obtenir une meilleur prédiction. En effet, les méthodes de pondération de variables permettent d'améliorer les résultats obtenus par le noyau de treelet sans pondération (ligne 7). On observe que l'approche soustractive (ligne 9) obtient de meilleurs résultats que l'approche additive (ligne 8). En effet, l'approche additive ne permet pas d'améliorer la qualité de prédiction obtenue par le noyau de treelets. Cette différence peut s'expliquer par la contribution de sous-ensembles de treelets pertinents lorsque pris en compte simultanément (section 3.3.2). Enfin, la combinaison de méthodes d'apprentissage à noyaux multiples (section 3.4.1) et du noyau de treelets (ligne 10) permet d'obtenir les meilleurs résultats en calculant une pondération réelle et optimale de chaque treelet. L'intérêt des méthodes d'apprentissage à noyaux multiples peut être illustré en comparant les résultats obtenus par notre noyau de treelets et les résultats obtenus par [Cherqaoui et al. 4a] sur le même jeu de données. La méthode utilisée par [Cherqaoui et al. 4a] est basée sur un réseau de neurones utilisant le nombre d'occurrences de 20 structures choisies *a priori* et obtient une RMSE de $5,21°C$ en utilisant une procédure de *leave-one-out*. Cependant, ce résultat de prédiction est moins précis que celui obtenu par notre approche qui n'utilise pas un choix *a priori* de structures et qui est obtenu par une 10-validation croisée.

Les temps d'exécution requis pour le calcul des matrices de Gram (phase d'apprentissage) ainsi que pour la prédiction de la température d'ébullition d'une molécule sont présentés dans le tableau 4.4. Ces temps sont ceux obtenus sur une machine ayant un processeur quatre coeurs cadencés à 3.2 GHz. Les différents noyaux ont été implémentés en C++ avec les optimisations standards à l'exception du noyau Weisfeiler-Lehman implémenté en Matlab. L'algorithme d'énumération des treelets permet d'obtenir un faible temps de calcul de la matrice de Gram associé à l'ensemble d'apprentissage (ligne 7). De plus, grâce à l'énumération explicite de l'ensemble des treelets, le temps nécessaire pour prédire la température d'ébullition d'une nouvelle molécule est très faible (ligne 7). Les différentes méthodes de pondération permettent de réduire le nombre de treelets de 153 à entre 30 et 50 treelets pertinents. Les étapes de pondération de treelets permettent d'obtenir une meilleure précision au prix d'un plus long temps de calcul pour la phase d'apprentissage. Les méthodes itératives (lignes 8 et 9) prennent entre 2 et 3 heures de calcul tandis que la pondération optimale (ligne 10) seulement 70 secondes sur ce jeu de données. Toutefois, on peut noter que ce surplus de temps de calcul impacte seulement la phase d'apprentissage et non la prédiction d'une nouvelle molécule.

Les deux expériences suivantes correspondent à des problèmes de classification. La première consiste à prédire le caractère inhibiteur de 68 molécules. Bien que ces molécules comportent des cycles, l'information cyclique n'est pas particulièrement discriminante puisque toutes les molécules sont constituées de deux ensembles de cycles différents qui ne permettent pas de discriminer les molécules selon leur classe. Le tableau 4.5 présente les résultats obtenus par différents noyaux. De manière analogue aux problèmes de régression, les meilleurs résultats sont obtenus par des noyaux basés sur des motifs non linéaires (lignes 5 à 8) et l'étape de pondération de variable permet d'améliorer la précision de la classification (ligne 8). Les méthodes basées sur les motifs linéaires ne permettent pas de prédire précisément cette propriété (lignes 3 et 4). Les méthodes basées sur la distance d'édition obtiennent des résultats très différents selon la méthode utilisée. Le plongement empirique ne permet pas d'obtenir une bonne précision (ligne 1) alors que le noyau gaussien sur la distance d'édition obtient des résultats intermédiaires (ligne 2).

TAB. 4.3 – Prédiction de la température d'ébullition de molécules acycliques.

Méthode	RMSE ($°C$)
1 Plongement empirique	10,15
2 Noyau gaussien sur la distance d'édition	10,27
3 Noyaux de chemins	12,24
4 Noyau de marches aléatoires	18,72
5 Noyau de motifs d'arbres	11,02
6 Noyau Weisfeiler-Lehman	14,98
7 Noyau de treelets (TK)	6,45
8 TK avec approche additive	6,95
9 TK avec approche soustractive	5,53
10 TK avec MKL	**4,22**

TAB. 4.4 – Temps d'exécution (mesurés en secondes) obtenus sur le problème de prédiction de température d'ébullition de 183 molécules acycliques.

Méthode	Apprentissage	Prédiction
1 Plongement empirique	5,10	0,02
2 Noyau gaussien sur la distance d'édition	1,35	0,05
3 Noyaux de chemins	7,83	0,18
4 Noyau de marches aléatoires	19,10	0,57
5 Noyau Weisfeiler-Lehman	1,47	0,05
6 Noyau de motifs d'arbres	4,98	0,03
7 Noyau de treelets (TK)	**0,07**	**0,01**
8 TK avec approche additive	$\sim$ 3000	**0,01**
9 TK avec approche soustractive	$\sim$ 3000	**0,01**
10 TK avec MKL	70	**0,01**

TAB. 4.5 – Performances de différents noyaux sur un problème de prédiction du caractère inhibiteur de la monoamine oxydase des molécules.

	Méthode	Précision
1	Plongement empirique	78% (53/68)
2	Noyau gaussien sur la distance d'édition	90% (61/68)
3	Noyaux de chemins	80 % (55/68)
4	Noyau de marches aléatoires	82 % (56/68)
5	Noyau Weisfeiler-Lehman	93 % (63/68)
6	Noyau de motifs d'arbres	**96 % (65/68)**
7	Noyau de treelets	91 % (62/68)
8	Noyau de treelets avec MKL	94 % (64/68)

La deuxième expérience de classification correspond au jeu de données décrit dans la section 1.2.2. Ce jeu de données est composé d'un total de 2 000 molécules dont 1 500 constituent le jeu de test. Le tableau 4.6 présente les différents résultats obtenus. Les meilleurs résultats sont obtenus par la combinaison du noyau de treelets et des méthodes de pondération optimale (ligne 7). On peut noter que la précision obtenue par la combinaison du MKL et du noyau de treelets (ligne 6) est très bonne puisque seulement 4 molécules sont mal classifiées sur les 1 500. De plus, cette expérience permet d'observer la différence de précision entre les noyaux basés sur des motifs linéaires (lignes 1 et 2) et le noyau de treelet basé sur des arbres. Toutefois, le noyau Weisfeiler-Lehman, basé sur des motifs non linéaires, ne permet d'obtenir de bons résultats sur ce jeu de données. Ceci peut être expliqué par la grande diversité des molécules qui composent ce jeu de données. Étant donné que le noyau de Weisfeiler-Lehman prend en compte l'ensemble exhaustif du voisinage à un rayon r, les sous-arbres utilisés pour définir le sac de motifs sont alors trop discriminants ce qui induit une mesure de similarité peu précise. Le noyau de motifs d'arbres n'a pas été appliqué sur ce jeu de données parce que le code fourni par les auteurs ne permet pas de traiter des molécules ayant un degré maximum supérieur à 4. D'autre part, les méthodes basées sur la distance d'édition (lignes 3 et 4) obtiennent de bons résultats. Plus particulièrement, le noyau gaussien appliqué sur la distance d'édition (ligne 3) obtient les meilleurs résultats avec le noyau de treelets (ligne 7). Cette précision peut être expliquée par le fait que la distorsion induite par la distance d'édition approximative

TAB. 4.6 – Résultats obtenus sur le jeu de données AIDS.

	Méthode	**Précision**
1	Noyaux de chemins	98,5%
2	Noyau de marches aléatoires	98,5%
3	Noyau gaussien sur la distance d'édition	**99,7%**
4	Plongement empirique	98,2%
5	Noyau Weisfeiler-Lehman	96,8%
6	Noyau de treelets	99,1%
7	Noyau de treelets avec MKL	**99,7%**

ainsi que la régularisation de la matrice de Gram n'influent pas de manière significative la mesure de similarité encodée sur par la distance d'édition.

Le tableau 4.7 permet de mettre en évidence la pertinence de la taille limitée des treelets. Premièrement, on peut noter que la performance du noyau augmente avec le nombre de nœuds des treelets jusqu'à une taille de 4. Pour les treelets de taille 5 et 6, l'erreur de prédiction augmente de manière significative. Cette observation est due à l'ajout de sous-structures non pertinentes qui altèrent la précision de la prédiction. Cette observation est conforme avec l'hypothèse faite dans la section 3.1. L'utilisation des méthodes de pondération optimale permettent d'améliorer la précision de la prédiction au fur et à mesure que la taille des treelets augmente. Cependant, on observe une stagnation entre les treelets de taille 4, 5 et 6, ce qui est cohérent avec les observations faites par [Wale et al. 08] sur des jeux de données différents. Par conséquent, on peut faire l'hypothèse que l'ajout des structures de taille 7 ne permet pas un gain significatif de performances tandis que la prise en compte de structures de plus grande taille augmentera la complexité requise pour le calcul du noyau.

Ces différentes expériences permettent de mettre en avant l'intérêt de l'utilisation des motifs non linéaires pour la construction du sac de motifs utilisé pour définir le noyau. En effet, les motifs non linéaires permettent d'encoder plus d'information structurelle que les noyaux basés sur des motifs linéaires. Deuxièmement, les résultats obtenus mettent en évidence l'intérêt d'appliquer une pondération des treelets pour obtenir une mesure de similarité précise et optimale pour une propriété moléculaire particulière. À noter que les méthodes de pondération optimale sont applicables au noyau de treelets grâce à l'énumération explicite calculée par l'algorithme décrit dans les sections 4.2 et 4.3.

TAB. 4.7 – Résultats obtenus en considérant différentes tailles de treelets sur le jeu de données de molécules acycliques.

Jeu de treelets	RMSE ($°C$)	RMSE ($°C$) avec MKL
1 Treelets de taille 1	12,44	11,97
2 Treelets de taille 2	11,65	10,99
3 Treelets de taille 3	6,25	5,53
4 Treelets de taille 4	**5,30**	4,27
5 Treelets de taille 5	6,01	4,26
6 Treelets de taille 6	6,45	**4,22**

4.10 Conclusion

Le noyau de treelets défini dans ce chapitre est un noyau basé sur un sac de motifs encodant l'information structurelle d'un graphe moléculaire par un ensemble de motifs non linéaires. L'utilisation de motifs non linéaires au lieu de motifs linéaires permet de prendre en compte une grande partie de l'information structurelle encodée par un graphe moléculaire. L'information d'étiquetage des graphes moléculaires est aussi encodée dans le noyau ce qui permet de prendre en compte les éléments chimiques des atomes et les types de liaison atomique dans la mesure de similarité entre graphes moléculaires. L'ensemble des structures est fini et limité à 14 structures différentes correspondant à l'ensemble des sous-arbres ayant au plus 6 nœuds. Ce sous-ensemble limité de structures permet de définir un algorithme d'énumération explicite efficace et de représenter chaque graphe par l'ensemble des treelets le composant. L'énumération explicite de l'ensemble des treelets pour chaque graphe moléculaire permet l'utilisation de méthodes d'apprentissage automatique à noyaux multiples, ce qui permet de ne garder que les treelets pertinents pour une propriété donnée. Cette étape de pondération de treelets permet également d'obtenir une prédiction précise lors de l'utilisation du noyau pour résoudre des problèmes QSAR/QSPR. Toutefois, l'espace de représentation associé au noyau est de très grande dimension. En effet, si l'on considère un ensemble de N étiquettes de nœuds, le nombre de treelets possibles est égal à $\Gamma_N^1 + \Gamma_N^2 + \Gamma_N^3 + 2\Gamma_N^4 + 3\Gamma_N^5 + 6\Gamma_N^6$, où Γ_N^k est égal au nombre de sous-ensembles possibles de répétitions de taille k parmi N. Dans le contexte de la chémoinformatique, le nombre d'éléments chimiques est égal à 118, ce qui correspond donc à un espace de représentation théorique ayant plus de $\Gamma_{118}^6 \simeq 4,25 \times 10^9$ dimensions.

Chapitre 5

Noyaux et systèmes cycliques

Sommaire

5.1 Introduction

L'ensemble des cycles d'une molécule constitue une caractéristique importante de celles-ci. En effet, chaque cycle d'une molécule réduit le degré de liberté des atomes ce qui a pour effet de modifier le nombre de conformations et, par conséquent, d'influencer certaines propriétés moléculaires. Les cycles correspondent donc à des sous-structures importantes pour les chimistes organiciens au même titre que les groupes fonctionnels pour prévoir la réactivité et/ou les propriétés physiques et biologiques des molécules. Le système cyclique d'une molécule est défini par les relations d'adjacence entre les cycles. Il encode donc une information plus fine qu'un ensemble de cycles et permet de caractériser certaines familles de molécules ayant des propriétés communes (benzène, cyclohexane, indol, ...). Par conséquent, l'étude de l'information cyclique et plus particulièrement du système cyclique des molécules est une étape primordiale dans la conception de méthodes QSAR/QSPR.

De nombreuses études ont été menées afin d'étudier l'information cyclique incluse dans les molécules. Une part importante de ces études consiste à représenter l'information cyclique d'une molécule par un ensemble de cycles défini *a priori*. L'énumération des cycles d'un graphe n'étant pas un problème trivial, une multitude de méthodes a été proposée afin d'énumérer plus ou moins efficacement des ensembles de cycles d'un graphe moléculaire [Wipke et Dyott 75, Read 75, Downs et al. 89, Hanser et al. 96, Gleiss 01]. Une première approche consiste à énumérer l'ensemble exhaustif des cycles simples (définition 15) inclus dans le graphe moléculaire. Cette énumération permet de calculer un ensemble de cycles unique pour un graphe moléculaire donné. Cependant, cette énumération est généralement coûteuse en temps de calcul puisque le nombre de cycles simples peut augmenter exponentiellement avec le nombre de nœuds du graphe. De plus, l'ensemble exhaustif des cycles simples comporte généralement plus de cycles qu'il est nécessaire pour décrire l'information cyclique d'une molécule. D'autres approches ont été proposées afin d'énumérer un nombre réduit de cycles. Ces méthodes constituent un domaine important de la recherche en chimie et plus particulièrement de la chémoinformatique. L'ensemble de ces méthodes n'est pas décrit en détail dans ce manuscrit mais le lecteur pourra se référer à [Downs et al. 89] pour obtenir une étude de référence traitant de l'énumération des différents ensembles de cycles d'une molécule.

La plupart des noyaux sur graphes basés sur des sacs de sous-structures utilisent des ensembles de motifs linéaires ou des motifs d'arbres. Ces différents motifs permettent de capturer une grande partie de l'information structurelle encodée dans les graphes moléculaires. Cependant, l'utilisation de ces types de motifs ne permet pas de capturer explicitement l'information cyclique incluse dans les graphes moléculaires.

Afin de prendre en compte l'information cyclique dans le calcul d'un noyau sur graphes, [Fröhlich et al. 05] a proposé un noyau basé sur un appariement optimal entre deux représentations moléculaires encodant les groupes fonctionnels de chaque molécule. Les groupes fonctionnels sont définis comme des ensembles d'atomes chimiquement pertinents et peuvent correspondre à différents types de cycles. Ils permettent donc de prendre en compte une partie de l'information cyclique dans le calcul de la mesure de similarité. Cependant, comme démontré par [Vert 08], la mesure de similarité définie par l'appariement optimal entre deux ensembles de groupes fonctionnels ne définit pas un noyau défini positif, ce qui restreint donc l'utilisation de cette mesure de similarité avec des méthodes à noyaux.

Une autre approche, proposée par [Horváth et al. 04], consiste à extraire l'ensemble des cycles simples du graphe (section 2.4.8). La similarité entre les graphes est alors encodée par une combinaison de deux noyaux, chaque noyau encodant soit la similarité acyclique, soit la similarité cyclique. La similarité cyclique des deux graphes moléculaires est déduite du nombre de cycles simples en commun. Bien que permettant la prise en compte d'une partie de l'information cyclique, cette méthode comporte deux principaux désavantages :

— premièrement, l'énumération de l'ensemble des cycles simples d'un graphe est un problème NP-Difficile ;
— deuxièmement, déduire la similarité cyclique de graphes moléculaires à partir du nombre de cycles en commun encode seulement une partie de l'information cyclique. En effet, le noyau de motifs cycliques proposé par [Horváth et al. 04] ne permet pas de prendre en compte les relations d'adjacence entre les différents cycles.

Dans ce chapitre, nous proposons d'étendre le noyau de treelets à la comparaison de graphes moléculaires composés de cycles. Cette extension est basée sur deux représentations moléculaires encodant un ensemble de cycles de manière explicite. Ce sous-ensemble de cycles est défini par l'ensemble des cycles pertinents [Vismara 95, Vismara 97] défini dans la section 5.2. La section 5.3 définit le graphe de cycles pertinents. Cette première représentation moléculaire permet d'encoder le système cyclique d'une molécule. La section 5.4 définit l'hypergraphe de cycles pertinents permettant d'encoder explicitement le système cyclique ainsi que les parties acycliques d'une molécule dans une même représentation. Enfin, la section 5.5 permet d'évaluer la pertinence de l'ajout des informations cycliques dans le calcul de noyau sur graphes pour la chémoinformatique.

5.2 Cycles pertinents

Dans cette section, nous montrons que l'ensemble des cycles d'une molécule peut être muni d'une structure d'espace vectoriel et donc être généré à partir d'une base de cycles. La notion de base de cycles permet à son tour de définir l'ensemble des cycles pertinents [Vismara 95, Vismara 97]. Les cycles pertinents sont utilisés dans l'ensemble de ce chapitre afin de définir les différentes représentations moléculaires permettant d'encoder explicitement l'information cyclique des molécules.

5.2.1 Base de cycles

Un cycle est défini par un chemin dont les extrémités correspondent à un même nœud (définition 15). [Vismara 95] définit l'ensemble des cycles de manière plus large en y incluant les cycles disjoints et le cycle vide.

Définition 43 (Ensemble des cycles $\mathcal{C}(G)$ [Vismara 95]). *Soit un graphe $G \in \mathcal{G}$. L'ensemble $\mathcal{C}(G)$ est défini comme l'ensemble des sous-graphes C de G dont tous les sommets sont de degré pair.*

Donné un graphe $G = (V, E, \mu, \nu)$, un cycle $C \in \mathcal{C}(G)$ correspond donc à un sous-graphe $C = (V_C, E_C, \mu, \nu)$ de G où chaque nœud $v \in V_C$ a un degré pair. En considérant l'ensemble des arêtes $E = \{e_1, \ldots, e_{|E|}\}$, chaque cycle $C \sqsubseteq G$ peut être représenté par un vecteur $\boldsymbol{C} \in \{0,1\}^{|E|}$ défini par :

$$\forall i \in \{1, \ldots, |E|\}, \boldsymbol{C}(i) = \begin{cases} 1 \text{ si } e_i \in E_C \\ 0 \text{ sinon.} \end{cases} \tag{5.1}$$

Cette représentation vectorielle permet d'encoder la présence ou l'absence de chaque arête $e \in E$ dans un cycle $C \sqsubseteq G$. L'addition de deux cycles C_1 et C_2 est définie par la différence symétrique de leurs ensembles d'arêtes. Par conséquent, l'addition de deux cycles peut être encodée par une opération booléenne OU-exclusif élément à élément entre les deux représentations vectorielles des cycles additionnés [Gould 57, Vismara 97] :

$$\forall C_1, C_2 \in \mathcal{C}(G), C_1 + C_2 = \phi^{-1}(\boldsymbol{C_1} \oplus \boldsymbol{C_2}), \tag{5.2}$$

où ϕ est l'application bijective de $\mathcal{C}(G)$ dans $\{0,1\}^{|E|}$ et $\oplus$ correspond à l'opération booléenne OU-exclusif.

L'addition de plusieurs cycles permet alors d'obtenir un nouveau cycle de l'ensemble des cycles $\mathcal{C}(G)$. Par exemple, le cycle enveloppant les cycles C_1 et C_2 dans la figure 5.1 peut être obtenu par $C_1 + C_2$.

L'ensemble des cycles $\mathcal{C}(G)$ permet de définir un groupe abélien $(\mathcal{C}(G), +)$ avec :

- l'opérateur d'addition $+$ défini dans l'équation 5.2 ;
- l'élément neutre $\emptyset$ correspondant au graphe vide ;
- l'opposé d'un cycle est le cycle lui-même.

On peut alors définir un espace vectoriel $(\mathcal{C}(G), +, \cdot)$, appelé l'espace des cycles de G, sur le corps des booléens $\mathbb{Z}/_2\mathbb{Z}$ avec :

$$\forall C \in \mathcal{C}(G), 0 \cdot C = \emptyset \text{ et } 1 \cdot C = C.$$

L'espace des cycles correspond alors à un un sous-espace de $\{0,1\}^{|E|}$ [Vismara 97].

Définition 44 (Base de cycles). *Soit un graphe $G = (V, E)$ et l'ensemble des cycles $\mathcal{C}(G)$ associé. Un ensemble de cycles $\mathcal{B}(G) = \{C_1, \ldots, C_N\} \subseteq \mathcal{C}(G)$ est une base de cycles de G si la famille des vecteurs $\{\boldsymbol{C_1}, \ldots, \boldsymbol{C_N}\}$ associée aux cycles $\{C_1, \ldots, C_N\}$ correspond à une base dans l'espace des cycles de G.*

La taille $l(\mathcal{B}(G))$ d'une base de cycles $\mathcal{B}(G)$ est définie par :

$$l(\mathcal{B}) = \sum_{c \in \mathcal{B}} l(c), \tag{5.3}$$

où $l(c)$ représente la taille du cycle c.

Une base de cycles $\mathcal{B}(G)$ d'un graphe G constitue donc un ensemble de cycles libre et générateur de $\mathcal{C}(G)$. Afin de manipuler une quantité minimale d'information, il est intéressant de chercher à calculer une base de cycles de taille minimale.

Définition 45 (Base de cycles de taille minimale). *Soit un graphe G. Une base de cycles $\mathcal{B}(G)$ est minimale s'il n'existe pas de base de cycles $\mathcal{B}'(G)$ telle que $l(\mathcal{B}'(G)) < l(\mathcal{B}(G))$.*

Partant de ce principe, plusieurs algorithmes de calcul d'une base de cycles de taille minimale ont été proposés afin de pouvoir énumérer des ensembles de cycles particuliers. L'ensemble des cycles énuméré est alors utilisé pour encoder l'information cyclique de la molécule. Une approche pour calculer une base de cycles consiste à calculer un arbre couvrant $T = (V_T, E_T)$ d'un graphe moléculaire $G = (V, E)$. Chaque cycle appartenant à une base peut alors être obtenu en ajoutant exactement une arête $e \in E \setminus E_T$. L'ensemble des cycles obtenus constituent une base de cycles [Kirchhoff 47]. La base de cycles calculée est alors réduite pour obtenir une base de cycles de taille minimale. Cependant, il a été démontré par [Deo et al. 82] que le calcul d'une base de cycles de taille minimale utilisant un arbre couvrant est un problème NP-Complet.

Une autre approche consiste à énumérer une base de cycles de taille minimale mais pas nécessairement associée à un arbre couvrant du graphe moléculaire. [Horton 87] a proposé un algorithme permettant de calculer une base de cycles minimale ayant une complexité polynomiale par rapport au nombre de nœuds du graphe moléculaire. Notons toutefois qu'une base de cycles de taille minimale n'est pas nécessairement unique. En effet, plusieurs bases de cycles distinctes et de taille minimale peuvent être retrouvées à partir d'un même graphe moléculaire.

La définition d'une base de cycles permet de calculer un ensemble de cycles encodant l'information cyclique d'une molécule. Une première approche pour définir un ensemble de cycles consiste donc à générer l'ensemble exhaustif des cycles inclus dans la molécule [Gibbs 69]. Cependant, comme discuté dans l'introduction, l'ensemble exhaustif des cycles ne correspond généralement pas à une information pertinente d'un point de vue chimique. D'autres approches ont été proposées afin de définir des ensembles réduits de cycles ayant une meilleure interprétation d'un point de vue chimique [Downs et al. 89].

5.2.2 Définition des cycles pertinents

Les cycles pertinents constituent un ensemble de cycles définis par [Vismara 97]. Cet ensemble de cycles a été défini à partir de l'hypothèse qu'un cycle chimiquement pertinent ne peut pas être obtenu à partir de la somme de cycles de plus petite taille.

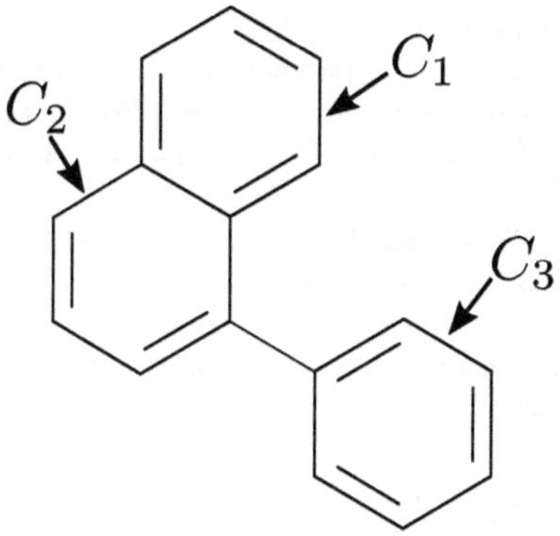

FIG. 5.1 – C_1, C_2 et C_3 constituent l'ensemble des cycles pertinents du graphe moléculaire.

Définition 46 (Cycle pertinent (figure 5.1)). *Soit un graphe G, l'ensemble de cycles $\mathcal{C}(G)$, ainsi que l'espace des cycles associé à $\mathcal{C}(G)$. Un cycle $C \in \mathcal{C}(G)$ est un cycle pertinent si et seulement si $\nexists\{C_1, \dots, C_k\} \in \mathcal{C}(G)$ tel que $C = C_1 + \dots + C_k$ et $\forall i \in \{1, \dots, k\}, |\boldsymbol{C_i}| < |\boldsymbol{C}|$.*

Un cycle pertinent correspond donc à un cycle ne pouvant pas être représenté par une somme de cycles plus petits. On peut noter que la notion de cycles pertinents est proche de celle de base de cycles de taille minimale. De fait, [Vismara 95] a démontré que l'ensemble des cycles pertinents correspond à l'union des bases de cycles de taille minimale.

Définition 47 (Ensemble de cycles pertinents). *Soit un graphe G, l'ensemble des cycles pertinents d'un graphe G, noté $\mathcal{C}_{\mathcal{R}}(G)$, est défini comme l'union des bases de taille minimale :*

$$\mathcal{C}_{\mathcal{R}}(G) = \bigcup \mathcal{B}_i \mid l(\mathcal{B}_i) = \min_{\mathcal{B} \in \mathcal{B}(G)} l(\mathcal{B}). \tag{5.4}$$

Cette définition de l'ensemble des cycles pertinents permet de mettre en évidence deux particularités intéressantes. Premièrement, l'ensemble des cycles pertinents correspond donc à une union de bases de cycles. Par conséquent, l'ensemble des cycles pertinents permet de représenter l'ensemble des cycles d'une molécule. Deuxièmement, on a souligné dans la section précédente qu'une base de cycles minimale n'est pas nécessairement unique pour un graphe. Toutefois, l'ensemble des cycles pertinents est défini comme l'union des bases de taille minimale. Cet ensemble définit donc un ensemble unique de cycles pour un graphe G.

Afin d'énumérer l'ensemble des cycles pertinents d'un graphe moléculaire, [Vismara 97] a proposé un algorithme inspiré de l'algorithme défini par [Horton 87]. L'algorithme utilisé pour calculer l'ensemble des cycles pertinents consiste à calculer un premier ensemble de cycles à partir duquel sont extraits les cycles pertinents. Cet algorithme permet d'énumérer l'ensemble des cycles pertinents en un temps polynomial par rapport au nombre de nœuds du graphe.

Nous avons choisi de caractériser l'information cyclique d'un graphe par l'ensemble des cycles pertinents pour plusieurs raisons :

- cet ensemble de cycles est défini à partir d'une hypothèse générique et n'est donc pas spécifique à une propriété moléculaire particulière. L'utilisation d'un ensemble de cycles *ad hoc* n'est pas souhaitable étant donné que cela réduirait le domaine d'application de nos noyaux ;
- l'ensemble de cycles pertinents permet la représentation de l'ensemble des cycles de la molécule par combinaison de cycles pertinents ;

— Les propriétés des cycles pertinents excluent qu'un tel cycle puisse être inclus dans un autre. Cette propriété définit des relations d'adjacence naturelles entre les cycles pertinents ;
— l'ensemble des cycles pertinents est unique pour une molécule. Cette propriété est primordiale afin d'éviter un biais dans la comparaison de l'information cyclique de deux molécules ;
— [Vismara 95] a proposé un algorithme efficace pour énumérer cet ensemble de cycles.

On peut également noter que le noyau de motifs cycliques a été adapté aux cycles pertinents afin de réduire la complexité induite par l'énumération de l'ensemble des cycles [Horváth 05].

5.3 Graphe de cycles pertinents

5.3.1 Définition

Le noyau sur graphes proposé par [Horváth 05] est basé sur un ensemble de sous-structures incluant l'ensemble des cycles pertinents afin de définir une mesure de similarité encodant une partie de l'information cyclique. Comme spécifié dans l'introduction et dans la section 2.4.8, cette approche est une des rares approches prenant en compte explicitement l'information cyclique dans le calcul d'un noyau sur graphes. Cette approche déduit la similarité de deux graphes moléculaires du nombre de cycles pertinents qu'ils ont en commun. Toutefois, ce noyau ne permet pas de comparer les systèmes cycliques formés par les relations d'adjacence des cycles. Par conséquent, il peut être intéressant de définir un noyau sur graphes comparant les systèmes cycliques afin de définir une mesure de similarité plus précise.

Le système cyclique d'une molécule peut être représenté par le graphe de cycles pertinents, introduit par [Vismara 95] et que nous adaptons légèrement pour la comparaison de graphes moléculaires.

Définition 48 (Graphe de cycles pertinents (figure 5.2)). *Soit un graphe $G = (V, E, \mu, \nu)$. Le graphe de cycles pertinents associé à G, noté $G_\mathcal{C}(G)$, est défini par un graphe $G_\mathcal{C}(G) = (V_\mathcal{C}, E_\mathcal{C}, \mu_\mathcal{C}, \nu_\mathcal{C})$ tel que :*
— *chaque nœud $v \in V_\mathcal{C}$ correspond à un cycle pertinent $c_v \in \mathcal{C}_\mathcal{R}(G)$;*
— *Deux nœuds $(u, v) \in V_\mathcal{C}^2$ sont connectés par une arête $(u, v) \in E_\mathcal{C}$ si les cycles c_u et c_v correspondants partagent au minimum un nœud dans G.*

Le graphe de cycles pertinents permet de représenter le système cyclique d'une molécule en encodant explicitement chaque cycle pertinent par un nœud.

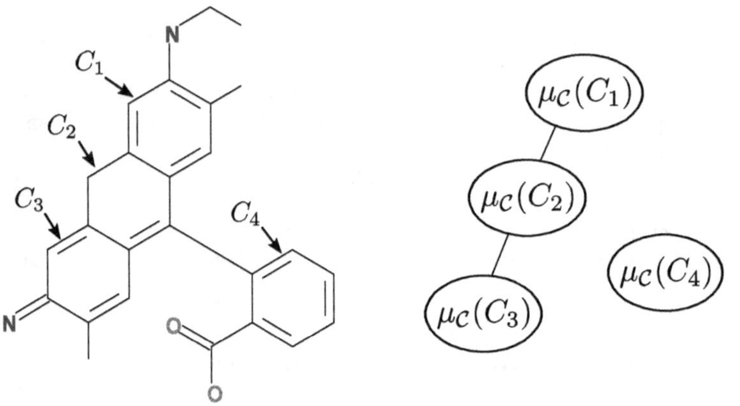

(a) Graphe moléculaire G.

(b) Graphe de cycles pertinents $G_{\mathcal{C}}(G)$

FIG. 5.2 – Un graphe moléculaire et son graphe de cycles pertinents associé.

Chaque nœud $v \in V_{\mathcal{C}}$ est associé à un ensemble $c_V(v) \subseteq V$ défini par les nœuds du cycle c de G associé à v. Par conséquent, deux nœuds u et v sont connectés par une arête $e = (u, v) \in E_{\mathcal{C}}$ si et seulement si $c_V(u) \cap c_V(v) \neq \emptyset$. Similairement, $c_E(v) \subseteq E$ encode l'ensemble des arêtes composant le cycle pertinent c associé à v. Dans la définition du graphe de cycles pertinents introduite par [Vismara 95], les fonctions d'étiquetage du graphe de cycles pertinents sont définies par :

— $\mu_{\mathcal{C}}(v) = |c_V(v)|$ pour les nœuds v encodant un cycle pertinent ;
— $\nu_{\mathcal{C}}(e) = (|c_V(v) \cap c_V(u)|, |c_E(v) \cap c_E(u)|)$ pour chaque $e = (u, v) \in E_{\mathcal{C}}$.

Les fonctions d'étiquetage originalement définies par [Vismara 95] permettent d'encoder la taille des cycles et des intersections entre les cycles. Dans le cadre de la comparaison de molécules encodées par des graphes moléculaires étiquetés, il paraît intéressant d'encoder également les éléments chimiques ainsi que les types de liaisons atomiques. Par conséquent, nous définissons les fonctions d'étiquetage $\mu_{\mathcal{C}}$ et $\nu_{\mathcal{C}}$ de la manière suivante :

— $\mu_{\mathcal{C}}(v)$: le cycle pertinent c encodé par v peut être associé à une séquence d'étiquettes d'arêtes et de nœuds rencontrés durant un parcours de c dans G. Afin d'obtenir une séquence d'étiquettes invariante aux permutations cycliques, $\mu_{\mathcal{C}}(v)$ est définie par la séquence ayant le plus faible ordre lexicographique ;

— $\nu_{\mathcal{C}}(e)$: une arête $e = (u, v) \in E_{\mathcal{C}}$ est associée à chaque chemin partagé par deux cycles adjacents. Afin de définir une étiquette canonique, l'étiquette $\nu_{\mathcal{C}}(e)$ est définie par la séquence d'étiquettes de nœuds et d'arêtes ayant le plus faible ordre lexicographique parmi les deux parcours possibles du chemin. On notera que deux cycles pertinents adjacents partagent généralement un unique chemin connexe.

La représentation moléculaire définie par le graphe de cycles pertinents permet d'encoder le système cyclique d'une molécule de manière explicite. Chaque sommet correspond alors à un cycle pertinent et chaque cycle dans G correspond à une composante connexe de $G_{\mathcal{C}}(G)$. L'ensemble des cycles d'une molécule peut alors être retrouvé par la combinaison de cycles adjacents. Par exemple dans la figure 5.2, le cycle enveloppe formé par les cycles C_1, C_2 et C_3 est encodé par le chemin $C_1 - C_2 - C_3$ inclus dans $G_{\mathcal{C}}(G)$.

5.3.2 Noyau sur graphes de cycles pertinents

Le graphe de cycles pertinents permet d'encoder le système cyclique d'une molécule en encodant explicitement chaque cycle pertinent par un nœud. Par conséquent, la similarité des systèmes cycliques de deux molécules peut être encodée par une mesure de similarité de leurs graphes de cycles pertinents respectifs. Dans le cadre des noyaux sur graphes, cette mesure de similarité peut être définie par l'application du noyau de treelets sur les graphes de cycles pertinents au lieu des graphes moléculaires originaux. Ce noyau est alors défini par :

$$\begin{aligned} k_{\mathcal{C}}(G, G') &= k_{\mathcal{T}}(G_{\mathcal{C}}(G), G_{\mathcal{C}}(G')) && (5.5) \\ &= \sum_{\substack{t_{\mathcal{C}} \in \mathcal{T}(G_{\mathcal{C}}(G)) \\ \cap \mathcal{T}(G_{\mathcal{C}}(G'))}} k(f_{t_{\mathcal{C}}}(G_{\mathcal{C}}(G)), f_{t_{\mathcal{C}}}(G_{\mathcal{C}}(G'))), && (5.6) \end{aligned}$$

où $k_{\mathcal{T}}$ correspond à notre noyau de treelets défini dans l'équation 4.5 et $f_{t_{\mathcal{C}}}(G_{\mathcal{C}}(G))$ correspond au nombre d'occurrences du treelet $t_{\mathcal{C}}$ dans $G_{\mathcal{C}}(G)$.

En utilisant le noyau défini dans l'équation 5.5, l'ensemble des treelets extraits n'encodent plus les relations d'adjacence entre les atomes mais les relations d'adjacence entre les cycles pertinents. On peut également noter que ce noyau inclut l'information cyclique encodée par le noyau de motifs cycliques (section 2.4.8). En effet, le noyau de motifs cycliques peut être retrouvé à partir du noyau de treelets appliqué sur le graphe de cycles pertinents en restreignant l'ensemble des treelets à la structure G_0 (figure 4.1) et en définissant k par un noyau intersection. La prise en compte des autres treelets permet d'encoder les relations d'adjacence entre les cycles pertinents.

Toutefois, le noyau défini par l'équation 5.5 calcule seulement la similarité des systèmes cycliques des molécules. Par conséquent, de manière similaire au noyau de motifs cycliques (section 2.4.8), le noyau de treelets appliqué sur le graphe de cycles pertinents peut être combiné à un noyau encodant la similarité acyclique des graphes moléculaires, tel que notre noyau de treelets appliqué sur le graphe moléculaire original. Le noyau complet est alors défini par :

$$k(G, G') = k_{\mathcal{T}}(G,G') + \lambda k_{\mathcal{C}}(G, G'). \tag{5.7}$$

Ce noyau permet d'encoder à la fois l'information cyclique et l'information acyclique dans la mesure de similarité. Le paramètre λ de l'équation 5.7 permet de pondérer la contribution de l'information cyclique dans la valeur du noyau. Ce paramètre peut être réglé selon l'influence de l'information cyclique sur la propriété à prédire. Ce réglage peut être effectué par validation croisée ou par les méthodes d'apprentissage à noyaux multiples (section 3.4). Toutefois, notons que dans le cas de l'utilisation de méthodes d'apprentissage à noyaux multiples, la contrainte de parcimonie doit être assouplie afin d'assurer que les deux noyaux soient pris en compte.

Le noyau défini dans l'équation 5.7 encode donc une mesure de similarité définie par une somme de deux sous-noyaux. Chaque sous-noyau encode exclusivement l'information cyclique ou acyclique encodée par les graphes moléculaires. Cette approche permet donc de séparer clairement la similarité cyclique de la similarité acyclique des molécules. Cette caractéristique est intéressante puisque qu'elle permet d'adapter le noyau à la propriété à prédire.

5.4 Hypergraphe de cycles pertinents

5.4.1 Définition

Le graphe de cycles pertinents présenté dans la section précédente permet de séparer l'information cyclique et acyclique mais ne permet pas d'encoder les relations d'adjacence entre les cycles et les parties acycliques de la molécule. Par exemple, le graphe de cycles pertinents ne permet pas d'encoder les relations d'adjacence entre un cycle et ses substituants (C_3 et N dans la figure 5.2). Par conséquent, ces relations d'adjacence ne sont pas encodées dans notre mesure de similarité.

Afin de prendre les relations d'adjacence entre les parties cycliques et acycliques d'un graphe moléculaire, une première approche consiste à ajouter les nœuds et arêtes composant la partie acyclique au graphe de cycles pertinents. Toutefois, cette première approche ne permet pas de représenter certains cas où un atome est connecté à plusieurs cycles pertinents. Comme illustré dans la figure 5.3(a), le nœud étiqueté O est connecté par une unique arête à deux cycles différents dans le graphe moléculaire. Cette relation d'adjacence ne peut pas être encodée par un graphe étant donné qu'une arête $e = (u, v)$ encode seulement la relation d'adjacence entre les deux sommets u et v. Par conséquent, nous proposons dans la suite de définir une représentation moléculaire sous forme d'un hypergraphe afin d'encoder les relations d'adjacence impliquant deux nœuds ou plus.

Nous rappelons tout d'abord au lecteur que les notions d'hypergraphe et d'hypergraphe orienté ont été définies dans la section 1.1, définitions 21 et 22. Dans cette section, nous définissons l'ensemble des hyperarêtes E d'un hypergraphe orienté $H = (V, E)$ comme un ensemble $E = E^e \cup E^h$. Cet ensemble est défini par l'union d'un ensemble d'arêtes $E^e \subset V \times V$ et un ensemble d'hyperarêtes $E^h \subset \mathcal{P}(V) \times \mathcal{P}(V)$ où $\mathcal{P}(V)$ encode l'ensemble des parties de V. Une hyperarête orientée $e = (s_u, s_v) \in E^h$ avec $s_u = \{u_1, \dots, u_i\}$ et $s_v = \{v_1, \dots, v_j\}$ permet d'encoder une relation d'adjacence entre les deux ensembles de nœuds $\{u_1, \dots, u_i\}$ et $\{v_1, \dots, v_j\}$ (figure 5.3(c)). Dans la suite de cette section, nous considérons que s'il existe une hyperarête orientée $e = (s_1, s_2) \in E$ alors il existe $e' = (s_2, s_1) \in E$ et e et e' sont considérées comme une même et unique hyperarête. Les hyperarêtes orientées permettent de définir une relation d'adjacence entre deux ensembles de nœuds distincts. Par conséquent, l'utilisation d'hyperarêtes orientées permet d'encoder les relations d'adjacence entre un atome acyclique et un ensemble de cycles, chaque cycle étant encodé par un nœud.

En considérant le graphe de cycles pertinents défini dans la section 5.3, l'ensemble des cycles pertinents $C_{\mathcal{R}}(G)$ est associé à un ensemble $V_{C_{\mathcal{R}}} \subseteq V$ correspondant à l'union des nœuds inclus dans un cycle :

$$V_{C_{\mathcal{R}}} = \{u \in c_V(v) \mid v \in V_{\mathcal{C}}\}. \tag{5.8}$$

De manière similaire, l'ensemble des arêtes incluses dans un cycle pertinent est encodé par l'ensemble $E_{C_{\mathcal{R}}}$ défini par :

$$E_{C_{\mathcal{R}}} = \{e \in c_E(v) \mid v \in V_{\mathcal{C}}\}. \tag{5.9}$$

Le graphe de cycles pertinents encode donc l'ensemble des nœuds et arêtes d'un graphe G inclus dans un cycle. Par conséquent, les parties du graphe moléculaire manquantes dans le graphe de cycles pertinents correspondent à l'ensemble des parties acycliques, c.-à-d. à l'ensemble des nœuds et arêtes non inclus dans un cycle. Ces ensembles sont respectivement définis par le complément de $V_{C_{\mathcal{R}}}$ dans V et le complément de $E_{C_{\mathcal{R}}}$ dans E.

Afin d'encoder les parties cycliques et acycliques dans une seule représentation, nous proposons de définir l'hypergraphe de cycles pertinents $H_{CH}(G) = (V_{CH}, E_{CH}, \mu_{CH}, \nu_{CH})$. L'ensemble des nœuds V_{CH} est défini par l'union de deux sous-ensembles :

— un premier sous-ensemble V_C encodant l'ensemble des cycles pertinents et correspondant donc à la partie cyclique de la molécule ;

— et un second sous-ensemble $\{V \setminus V_{C_\mathcal{R}}\}$ contenant l'ensemble des atomes non inclus dans un cycle pertinent et correspondant donc à la partie acyclique de la molécule.

Pour l'ensemble des nœuds V_{CH}, nous pouvons définir une fonction $p : V \to \mathcal{P}(V_{CH})$ définie par :

$$p(u) = \begin{cases} \{u\} \text{ si } u \notin V_{C_\mathcal{R}}, \\ \{v \in V_C \mid u \in c_V(v)\} \text{ sinon.} \end{cases} \tag{5.10}$$

La valeur de la fonction $p(u)$ encode donc soit l'ensemble des cycles incluant l'atome u, soit l'atome u lui-même. Comme pour les nœuds, l'ensemble des hyperarêtes $E_{CH} = E^e_{CH} \cup E^h_{CH}$ est composé de deux sous-ensembles encodant chacun soit l'information cyclique, soit l'information acyclique de la molécule :

— l'ensemble des arêtes E^e_{CH} est composé par :

  — les arêtes entre les nœuds encodant des cycles pertinents. Ces arêtes correspondent aux arêtes E_C définies dans le graphe de cycles pertinents ;

  — les arêtes $e = (p(u), p(v))$ tel que $(u, v) \in E \setminus E_{C_\mathcal{R}}$, $|p(u)| = 1$ et $|p(v)| = 1$. Cet ensemble d'arêtes correspond aux arêtes du graphe moléculaire G encodant trois types de relations d'adjacence :

    — une arête entre deux atomes acycliques ;

    — une arête entre deux cycles pertinents (par exemple C_2 et C_4 dans la figure 5.2) ;

    — ou une arête connectant un atome acyclique de G et un cycle pertinent (C_3 et N dans la figure 5.2).

— l'ensemble des hyperarêtes $e = (p(u), p(v)) \in E^h_{CH}$ est défini tel que $(u, v) \in E \setminus E_{C_\mathcal{R}}$ et $|p(u)| > 1$ ou $|p(v)| > 1$. Cet ensemble d'hyperarêtes permet d'encoder les cas spéciaux décrits dans la figure 5.3 où une arête du graphe moléculaire connecte au minimum deux cycles pertinents à une autre partie de la molécule. Cette arête connecte deux ensembles de nœuds correspondants à $s_1 = p(u)$ et $s_2 = p(v)$ et est donc encodée par une hyperarête $e = (s_1, s_2) \in E^h_{CH}$.

La fonction d'étiquetage μ_{CH} correspond à la fonction d'étiquetage de nœuds μ_C du graphe de cycles pertinents (section 5.3) pour chaque nœud $v \in V_C$ correspondant à un cycle pertinent, et à la fonction d'étiquetage de nœud μ

du graphe moléculaire original dans le cas contraire. De manière similaire, la fonction d'étiquetage d'arête ν_{CH} est définie par la fonction d'étiquetage $\nu_{\mathcal{C}}$ du graphe de cycles pertinents pour chaque arête encodant une relation d'adjacence entre deux cycles et à la fonction d'étiquetage d'arêtes ν du graphe moléculaire original sinon. Les hyperarêtes de l'hypergraphe de cycles pertinents correspondent aux arêtes connectant au moins deux cycles pertinents à une autre partie du graphe moléculaire. Par conséquent, l'étiquette associée à une hyperarête $e \in E^h_{CH}$ correspond à l'étiquette de l'arête correspondante dans le graphe moléculaire original.

L'hypergraphe de cycles pertinents (figure 5.3(c)) encode l'ensemble des nœuds $v \in V$ inclus dans le graphe moléculaire G soit par un nœud encodant un cycle pertinent, soit par un nœud correspondant à v lui-même si v n'est pas inclus dans un cycle. De manière similaire, chaque liaison atomique encodée par une arête $e \in E$ dans le graphe moléculaire G est encodée dans l'hypergraphe de cycles pertinents. De plus, nous pouvons noter que l'ensemble des nœuds incidents à une hyperarête définit un clique :

Théorème 2. *Soit un graphe $G = (V, E)$ et l'hypergraphe de cycles pertinents associé $H_{CH}(G) = (V_{CH}, E_{CH})$. Si $\exists e = (s_1, s_2) \in E^h_{CH}$ et c_1, $c_2 \in V_{CH}$, $c_1 \neq c_2$, tel que $\{c_1, c_2\} \subseteq s_1$ ou $\{c_1, c_2\} \subseteq s_2$, alors $(c_1, c_2) \in E^e_{CH}$, c.-à-d. c_1 est adjacent à c_2.*

DÉMONSTRATION. Assumons que $\{c_1, c_2\} \subseteq s_1$. Par construction de l'ensemble des hyperarêtes E^h_{CH}, $\exists e = (u, v) \in E$ tel que $\{c_1, c_2\} \subseteq p(u) = s_1$. Par définition de la fonction p et étant donné que $c_1, c_2 \in C_{\mathcal{R}}(G)$, on a $u \in c_V(c_1) \cap c_V(c_2)$. Par définition du graphe de cycles pertinents, $(c_1, c_2) \in E_{\mathcal{C}} \subseteq E^e_{CH}$. □

À la différence du graphe de cycles pertinents, l'hypergraphe de cycles pertinents permet d'encoder les relations d'adjacence entre un cycle et ses substituants. Cette représentation permet donc d'encoder plus d'informations (cyclique et acyclique) que le graphe de cycles pertinents qui encode exclusivement le système cyclique de la molécule. De plus, contrairement au graphe de cycles pertinents, l'hypergraphe de cycles pertinents permet d'encoder l'ensemble de la molécule.

5.4.2 Noyau sur hypergraphe de cycles pertinents

La section précédente définit une nouvelle représentation moléculaire sous forme d'un hypergraphe. Afin d'appliquer des méthodes QSAR/QSPR utilisant cette représentation moléculaire, il est nécessaire de définir un noyau sur hypergraphes de cycles pertinents. Un hypergraphe permet d'encoder des

O S S N—C

(a) Graphe moléculaire G incluant des cycles.

C_1–C_2

(b) Graphe de cycles pertinents $G_C(G)$.

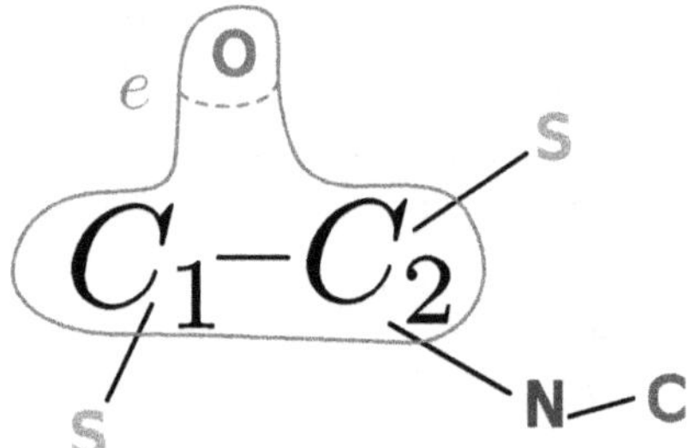

(c) Hypergraphe de cycles pertinents $H_{CH}(G)$. L'hyperarête e encode une relation d'adjacence entre l'atome O d'une part et C_1 et C_2 d'autre part.

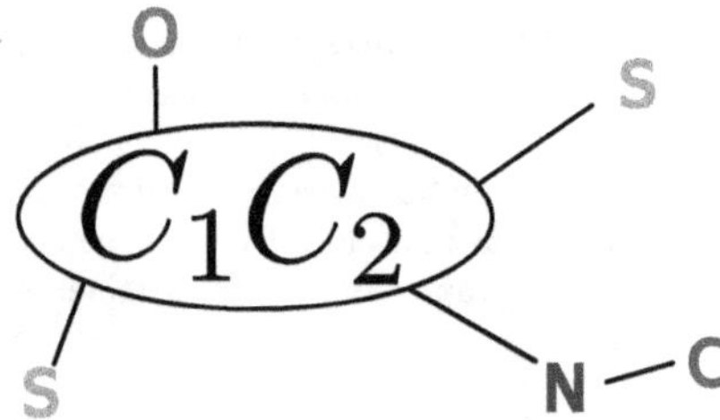

(d) Graphe de cycles pertinents réduit $G_{RC}(G)$.

FIG. 5.3 – Différentes représentations d'une même molécule.

relations d'adjacence globales et définies entre des ensembles de nœuds. Inversement, le noyau de treelets est défini sur des graphes où les relations d'adjacence sont définies localement entre deux nœuds élémentaires.

Une hyperarête $e = (s_1, s_2) \in E^h_{CH}$ encode une relation d'adjacence globale entre les deux ensembles de nœuds s_1 et s_2. Cette relation globale peut être représentée par une relation locale entre deux nœuds n_1 et n_2 encodant respectivement s_1 et s_2. Ces nœuds peuvent être naturellement obtenus par la fusion de l'ensemble s_1 d'une part et la fusion de l'ensemble s_2 d'autre part. Cette opération de fusion revient alors à transformer les hyperarêtes en arêtes.

Une relation d'équivalence $\sim$ entre les nœuds $c \in V_{RH}$ est définie par la clôture transitive de la relation R définie par :

$$c_1 \, R \, c_2 \Leftrightarrow \exists e = (s_1, s_2) \in E_{CH} \,|\, \{c_1, c_2\} \subseteq s_1 \text{ ou } \{c_1, c_2\} \subseteq s_2. \tag{5.11}$$

En considérant la relation d'équivalence $\sim$, nous pouvons définir la classe d'équivalence $\bar{c} = \{c'; c \sim c'\}$ d'un nœud $c \in V_{CH}$. Intuitivement, deux cycles partageant une même hyperarête appartiennent à une même classe d'équivalence. En appliquant une opération de contraction sur chaque classe $\bar{c}$, nous définissons le graphe de cycles pertinents réduit (figure 5.3(d)) $G_{RC}(G) = (V_{RC}, E_{RC}, \mu_{RC}, \nu_{RC})$ associé à un graphe G par :

- $V_{RC} = \{\bar{c} \mid c \in V_{CH}\}$;
- $E_{RC} = \{e = (\bar{c_1}, \bar{c_2}) \mid (c_1, c_2) \in E_{CH}, c_1 \nsim c_2\}$. Intuitivement, l'ensemble des arêtes E_{RC} correspond à l'union des arêtes usuelles $E^e_{CH} \in H_{CH}$ et la transformation des hyperarêtes $E^h_{CH} \in H_{CH}$ en arêtes usuelles.

La fonction d'étiquetage $\mu_{RC}(\bar{c})$, $c \in V_{CH}$, est définie par une séquence d'étiquettes de nœuds et d'arêtes rencontrées durant un parcours en profondeur d'un arbre couvrant de $\bar{c}$ dans $G_{RC}(G)$. Étant donné que les nœuds c et c' partageant une hyperarête sont adjacents (théorème 2), un tel arbre couvrant existe obligatoirement. Afin de définir une fonction d'étiquetage canonique à chaque nœud du graphe de cycles pertinents réduit, la séquence d'étiquettes est définie comme la séquence ayant le plus petit ordre lexicographique parmi toutes les séquences possibles.

Le graphe de cycles pertinents réduit défini dans le paragraphe précédent correspond donc à un graphe usuel. Par conséquent, cette nouvelle représentation moléculaire peut être comparée en utilisant un noyau sur graphes classique. Afin d'encoder les relations d'adjacence entre un cycle et ses substituants, nous proposons d'utiliser le noyau de treelets défini dans le chapitre 4. Notre mesure de similarité d'hypergraphes de cycles pertinents est alors définie par un noyau de treelets appliqué sur l'union de deux ensembles de treelets :

- le premier ensemble de treelets (figure 5.4(a)) est défini par l'ensemble des treelets $\mathcal{T}_1 = \mathcal{T}(V_{CH}, E^e_{CH})$ extrait du sous-graphe (V_{CH}, E^e_{CH})

de l'hypergraphe de cycles pertinents. Le sous-graphe (V_{CH}, E^e_{CH}) correspond à une sous-structure de H_{CH} qui n'inclut aucune hyperarête $e \in E^h_{CH}$. Ce sous-graphe correspond donc à un graphe usuel dont on peut extraire un ensemble de treelets en utilisant l'algorithme défini dans les sections 4.2 et 4.3. Étant donné que l'ensemble des treelets $\mathcal{T}_1$ n'inclut pas les hyperarêtes, cet ensemble de treelets ne permet pas d'encoder les relations d'adjacence entre un ensemble de cycles pertinents et une autre partie de la molécule correspondant aux cas particuliers illustrés dans la figure 5.3 ;

— ces cas particuliers sont encodés par les hyperarêtes $e \in E^h_{CH}$ dans l'hypergraphe H_{CH} et correspondent à des arêtes usuelles dans le graphe de cycles pertinents réduit G_{RC}. Ces cas particuliers peuvent donc être encodés par les treelets inclus dans le graphe de cycles pertinents réduit. Par conséquent, le second sous-ensemble de treelets $\mathcal{T}_2$ est défini par l'ensemble des treelets extraits du graphe de cycles pertinents réduit G_{RC} (figure 5.4(b)). Afin de limiter la redondance des informations encodées par les deux ensembles de treelets $\mathcal{T}_1$ et $\mathcal{T}_2$, l'ensemble des treelets $\mathcal{T}_2$ est réduit aux treelets contenant au minimum une arête correspondant à une hyperarête $e_h \in E^h_{CH}$ dans l'hypergraphe de cycles pertinents.

Enfin, nous définissons l'ensemble des treelets $\mathcal{T}_{CR}(G)$ associé à un graphe moléculaire G par $\mathcal{T}_1 \cup \mathcal{T}_2$. Notre extension du noyau de treelets est ensuite définie par un noyau de treelets appliqué sur l'ensemble des treelets $\mathcal{T}_{CR}$:

$$k_{RH}(G, G') = \sum_{t \in \mathcal{T}_{CR}(G) \cap \mathcal{T}_{CR}(G')} k(f_t(G), f_t(G')). \qquad (5.12)$$

Similairement au noyau de treelets, cette formulation du noyau permet d'utiliser les méthodes d'apprentissage à noyaux multiples afin d'extraire des sous-structures pertinentes composées d'un ou plusieurs cycles ainsi que de leurs substituants respectifs.

L'adaptation du noyau de treelets à la comparaison d'hypergraphes de cycles pertinents permet de définir une mesure de similarité basée entre autres sur la comparaison des sous-structures composées d'un cycle et de ses substituants. On peut noter qu'une partie importante des sous-structures pertinentes en chimie correspond à des sous-structures composées d'un cycle et d'un substituant particulier. Ce type de sous-structure peut alors être encodée par un treelet appartenant à $\mathcal{T}_{CR}$. Le noyau d'hypergraphes de cycles pertinents permet donc d'encoder une information cyclique plus fine que celle encodée par le noyau sur graphes de cycles pertinents. De plus, le noyau d'hypergraphes de cycles pertinents inclut également une partie de la similarité acyclique des molécules et définit donc une mesure de similarité de l'ensemble de la molécule.

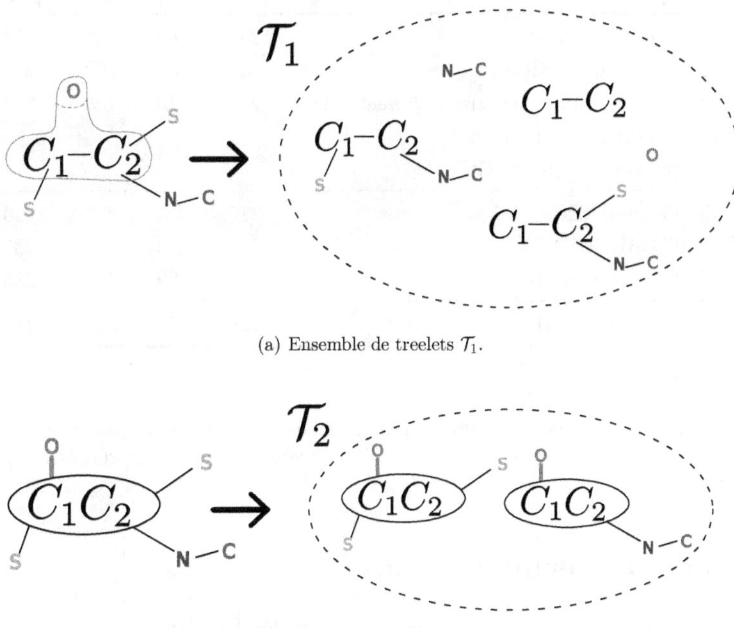

(a) Ensemble de treelets $\mathcal{T}_1$.

(b) Ensemble de treelets $\mathcal{T}_2$.

FIG. 5.4 – Exemples non exhaustifs de treelets inclus dans $\mathcal{T}_1$ et $\mathcal{T}_2$ extraits de H_{CH} et G_{RC}. Les treelets de l'ensemble $\mathcal{T}_1$ n'encodent pas la relation d'adjacence entre l'atome O et les deux cycles C_1 et C_2. Les treelets de l'ensemble $\mathcal{T}_2$ encodent quant à eux la relation d'adjacence entre l'atome O et les deux cycles C_1 et C_2. Toutefois, les treelets n'encodant pas cette relation ne sont pas inclus dans T_2.

TAB. 5.1 – Prédiction de classification sur le jeu de données PTC.

Noyau		# de prédictions correctes			
		MM	FM	MR	FR
1	Noyau de treelets (TK)	208	205	209	212
2	Noyaux de motifs cycliques	209	207	202	228
3	TK sur graphe de cycles pertinents (TC)	211	210	203	232
4	TK sur hypergraphe de cycles pertinents (TCH)	217	224	207	233
5	TK avec MKL	217	224	223	250
6	TC avec MKL	216	213	212	237
7	TCH avec MKL	**225**	229	215	239
8	TK avec λTCH	**225**	**230**	**224**	**252**

Toutefois, ce noyau ne permet pas d'encoder les sous-structures composées d'une sous-partie d'un cycle étant donné que chaque cycle est représenté par un nœud.

5.5 Expérimentations

Le tableau 5.1 montre le nombre de molécules correctement classifiées sur un problème de classification basé sur le *Predictive Toxicity Challenge* (section 1.2.2) défini sur quatre classes d'animaux (MM, FM, MR et FR). Le tableau 5.1 contient le nombre de molécules correctement classifiées plutôt que la précision obtenue afin de mettre en évidence les différences entre chaque méthode. En effet, le problème de prédiction du caractère cancérigène d'une molécule est une propriété difficile à prédire compte tenu de la variabilité des êtres vivants sur lesquels sont effectués les expériences [Toivonen et al. 03]. Par conséquent, les pourcentages obtenus par les différentes méthodes QSAR sont peu représentatifs et nous avons choisi de représenter le nombre de molécules correctement classifiées pour plus de clarté.

Cette expérience permet de mettre en évidence la pertinence de la prise en compte de l'information cyclique des molécules. La première ligne du tableau correspond au noyau de treelets qui encode seulement une similarité acyclique des molécules. Les trois lignes suivantes correspondent à différents noyaux encodant trois niveaux de l'information cyclique des molécules :

- le noyau de motifs cycliques définis sur les cycles pertinents (ligne 2) ;
- le noyau sur graphes de cycles pertinents (ligne 3) défini dans la section 5.3.2 ;
- et le noyau sur hypergraphes de cycles pertinents (ligne 4) défini dans la section 5.4.2.

Ces trois noyaux permettent d'encoder une information cyclique de plus en plus fine. Les lignes correspondantes dans le tableau 5.1 montrent que l'ajout de l'information cyclique de manière explicite ainsi que les relations d'adjacence entre les cycles et entre les cycles et parties acycliques permettent d'améliorer la qualité de la prédiction. En effet, on observe que le noyau sur graphes de cycles pertinents obtient systématiquement de meilleurs résultats que le noyau de motifs cycliques. De la même manière, le noyau sur hypergraphes de cycles pertinents permet d'améliorer la précision obtenue par le noyau sur graphes de cycles pertinents.

Comme observé dans les expériences décrites dans la section 4.9, l'utilisation des méthodes d'apprentissage à noyaux multiples permet de sélectionner un ensemble de treelets pertinents et par conséquent d'améliorer la précision de la classification. Les lignes 5 à 7 du tableau 5.1 montrent les résultats obtenus par l'utilisation de méthodes d'apprentissage à noyaux multiples avec les différents noyaux décrits dans cette section. On observe que l'utilisation de méthodes d'apprentissage à noyaux multiples permet d'améliorer la précision obtenue par le noyau défini sur les graphes de cycles pertinents et le noyau défini sur les hypergraphes de cycles pertinents. Toutefois, on peut noter que l'utilisation des méthodes d'apprentissage à noyaux multiples avec le noyau de treelets permet d'obtenir de meilleurs résultats que ceux obtenus par le noyau sur hypergraphes de cycles pertinents sur deux classes d'animaux. On peut donc en déduire que certaine caractéristiques acycliques et/ou sous-parties de cycles sont plus importantes pour les deux classes d'animaux où le noyau de treelets obtient les meilleurs résultats. À l'inverse, la propriété cancérigène sur les deux autres classes d'animaux semble être plus dépendante des caractéristiques cycliques des molécules étant donné que le noyau sur hypergraphes de cycles pertinents obtient de meilleurs résultats que le noyau de treelets.

L'étape de pondération de variables permet de réduire l'ensemble des treelets extrait du graphe moléculaire original de 3 500 treelets à 150 treelets pertinents. L'ensemble des treelets extrait des hypergraphes de cycles pertinents est composé d'environ 5 700 treelets dont environ 600 sont composés d'une hyperarête transformée en arête. Les différentes applications de pondération de variables appliquées pour chaque type d'animal permettent en moyenne de

TAB. 5.2 – Prédiction de classification sur le jeu de données MUTAG.

	Noyau	**Précision**
1	Noyau de treelets (TK)	77,11%
2	TK sur hypergraphe de cycles pertinents	78,31%
3	TK avec MKL	77,71%
4	TK sur hypergraphe de cycles pertinents avec MKL	**78,90%**

réduire l'ensemble de treelet à 25 treelets pertinents, dont $1,2$ incluent une hyperarête transformée. On peut enfin noter que cette étape de pondération sélectionne à la fois des treelets de taille 6 et des treelets non linéaires ce qui permet de valider la pertinence de l'ensemble des treelets pour encoder un graphe moléculaire.

Afin de concevoir une mesure de similarité plus précise, il est intéressant de combiner une mesure de similarité acyclique avec une mesure de similarité cyclique. Le noyau correspondant à la ligne 8 du tableau 5.1 est défini par la combinaison pondérée du noyau de treelets et du noyau de treelets sur hypergraphes de cycles pertinents. Ce noyau peut alors être adapté selon les caractéristiques de chaque propriété. Il est donc logique que ce dernier noyau obtienne les meilleurs résultats parmi l'ensemble des noyaux testés. Cependant, on peut noter que dans cette expérience, ce noyau revient à sélectionner le meilleur noyau parmi les deux pour chaque classe d'animal.

Le tableau 5.2 présente les résultats obtenus sur le problème de classification défini sur le jeu de données *Mutagenicity* (section 1.2.2). Cette seconde expérience permet, tout comme la première, de mettre en évidence l'intérêt de la prise en compte de l'information cyclique des molécules. En effet, la représentation de la molécule sous forme d'un hypergraphe de cycles pertinents (ligne 2) permet d'obtenir une meilleure précision de classification que le noyau de treelets appliqué sur le graphe moléculaire (ligne 1). Cette observation est également faite sur la combinaison du noyau de treelets avec les méthodes d'apprentissage à noyaux multiples (lignes 3 et 4). On peut également noter que la combinaison du noyau de treelets et des méthodes d'apprentissage à noyaux multiples (ligne 3) ne permet pas d'obtenir la précision obtenue par le noyau de treelets appliqué sur l'hypergraphe de cycles pertinents (ligne 2). Cette observation permet de mettre en évidence la pertinence d'encoder le système cyclique des molécules de manière explicite.

5.6 Conclusion

Les représentations moléculaires définies dans ce chapitre permettent d'encoder explicitement l'information cyclique incluse dans les molécules. Le graphe de cycles pertinents, dont la définition est en grande partie issue des travaux de [Vismara 95], permet d'encoder les relations d'adjacence entre les cycles pertinents d'un graphe moléculaire. Cette première représentation permet de représenter le système cyclique de la molécule. L'hypergraphe de cycles pertinents, défini dans la section 5.4, permet de représenter la totalité de la molécule en encodant le système cyclique de cette dernière de manière explicite. Cette nouvelle représentation moléculaire permet d'encoder les relations d'adjacence entre cycles, entre parties acycliques et enfin entre cycles et parties acycliques. Les relations d'adjacence entre cycles et parties acycliques sont particulièrement intéressantes étant donné qu'elles encodent les associations de cycle/substituants qui ont une grande influence sur certaines propriétés moléculaires.

Afin de pouvoir utiliser ces représentations moléculaires dans une méthode QSAR/QSPR, nous avons choisi d'adapter le noyau de treelets à la comparaison de graphes et d'hypergraphes de cycles pertinents. L'utilisation du noyau de treelet sur le graphe de cycles pertinents est directe étant donné que le graphe de cycles pertinents correspond à un graphe usuel composé de nœuds et d'arêtes munis d'étiquettes définies par des séquences de caractères. À l'inverse, l'utilisation du noyau de treelets sur l'hypergraphe de cycles pertinents nécessite une transformation de l'hypergraphe en graphe usuel.

L'utilisation du noyau de treelets sur ces deux représentations moléculaires permet de définir une mesure de similarité entre graphes moléculaires prenant explicitement en compte les informations cycliques des molécules. Ces deux noyaux permettent d'étendre le domaine d'application du noyau de treelets aux molécules cycliques, qui constituent une part importante des molécules biologiquement actives. L'ensemble des treelets extraits de chaque représentation définie dans ce chapitre permet de comparer les systèmes cycliques des molécules en encodant les relations d'adjacence entre cycles ainsi que les relations d'adjacence entre un cycle et ses substituants. À notre connaissance, la prise en compte de ces dernières relations d'adjacence dans le calcul d'un noyau sur graphes n'avait pas été proposée auparavant.

Comme montré par les expériences effectuées, la prise en compte de l'information cyclique dans la définition d'un noyau sur graphes moléculaires permet d'obtenir une meilleure précision de classification qu'un noyau encodant uniquement une information acyclique sur certains jeux de données. De plus, comme attendu, la représentation moléculaire complète définie par l'hypergraphe de cycles pertinents permet d'obtenir de meilleurs résultats que la simple représentation du système cyclique de la molécule par le graphe de cycles pertinents.

On peut enfin noter que le cadre des noyaux permet de combiner plusieurs noyaux. Cette possibilité est intéressante car elle permet de combiner une mesure de la similarité acyclique et une mesure de la similarité cyclique des molécules. Un noyau défini par une telle combinaison peut alors être adapté selon la propriété à prédire.

Chapitre 6

Noyaux et distance d'édition

Sommaire

6.1 Introduction

Les noyaux basés sur sacs de motifs, et particulièrement le noyau de treelets présenté dans le chapitre 4, permettent de définir une mesure de similarité entre graphes moléculaires basée sur un ensemble de similarités locales. Cette approche locale permet d'extraire des sous-structures chimiquement pertinentes qui permettent de prédire de manière précise une propriété moléculaire donnée.

La distance d'édition entre graphes, présentée dans la section 1.3.4, permet de calculer une mesure de dissimilarité globale entre graphes. Cette mesure de dissimilarité est basée sur un ensemble d'opérations d'édition qui définissent un chemin d'édition permettant de transformer un graphe de départ en un graphe cible. La somme des coûts associés à chaque opération d'édition définit le coût d'édition associé à un chemin d'édition. La distance d'édition entre deux graphes est alors définie par le coût d'édition minimal parmi les chemins d'édition possibles. Cependant, comme discuté dans la section 1.3.4, la distance d'édition entre graphes ne correspond pas à une distance dans un espace euclidien. Par conséquent, la définition d'un noyau à partir de cette distance n'est pas triviale. Les différentes approches [Neuhaus et Bunke 07], présentées dans la section 2.4.1, définissent soit des noyaux non définis positifs dont l'utilisation est limitée, soit des représentations vectorielles encodant un graphe par sa distance à un ensemble de graphes références.

Dans ce chapitre, nous présentons de nouvelles relations entre les noyaux sur graphes et la distance d'édition en définissant deux approches utilisant la distance d'édition pour le calcul d'un noyau sur graphes. Premièrement, nous proposons dans la section 6.2 un nouveau noyau basé sur un opérateur de régularisation construit à partir de la distance d'édition entre graphes. Ce noyau permet alors de définir une mesure de la similarité globale de deux graphes moléculaires. Deuxièmement, la section 6.3 définit une extension du noyau de treelets visant à inclure la comparaison de treelets non isomorphes mais similaires. Cette extension permet d'encoder une mesure de similarité locale plus souple que celle encodée par le noyau de treelets. Cette extension est basée sur la distance d'édition entre treelets et une nouvelle relation entre la distance d'édition et les sous-graphes structurels communs maximums est démontrée.

6.2 Noyau laplacien

Les noyaux triviaux définis dans [Neuhaus et Bunke 07] permettent de définir des mesures de similarité basées sur la distance d'édition. Cependant, ces différents noyaux ne sont pas définis positifs ce qui limite leur usage avec les méthodes à noyaux (section 2.4.1). [Riesen 09] a proposé un noyau sur graphes indirectement basé sur la distance d'édition. L'approche utilisée consiste à représenter chaque graphe par un vecteur encodant l'ensemble des distances d'édition entre le graphe encodé et un ensemble de graphes références. Chaque graphe est alors associé à une représentation vectorielle explicite et le produit scalaire entre deux représentations vectorielles définit donc un noyau défini positif. Cependant, ce noyau utilise seulement de manière indirecte la distance d'édition entre graphes et le choix de l'ensemble de graphes références conditionne l'efficacité de la méthode (section 2.4.1).

6.2.1 Problème de minimisation

Dans cette section, nous proposons de définir un noyau sur graphe basé sur la distance d'édition entre graphes. La méthode utilisée pour calculer ce noyau est basée sur le problème de minimisation adressé par les méthodes à noyaux tel que défini par [Steinke et Schölkopf 08]. En considérant une matrice de Gram $\boldsymbol{K}$ associée à un jeu de N graphes $D = \{G_0, \dots, G_N\}$, chaque graphe étant associé à une propriété y_i, $i \in \{1, \dots, N\}$, le problème de minimisation adressé par les méthodes à noyaux peut être défini par :

$$\boldsymbol{f}^\star = \arg\min_{\boldsymbol{f}\in\mathbb{R}^N} C\ Loss(\boldsymbol{f}, \boldsymbol{y}, \boldsymbol{K}) + \boldsymbol{f}^t\boldsymbol{K}^{-1}\boldsymbol{f}, \tag{6.1}$$

où $Loss(\boldsymbol{f}, \boldsymbol{y}, \boldsymbol{K})$ correspond à une fonction encodant l'attache aux données. Chaque coordonnée f_i correspond à une valeur associée à chaque graphe $G_i \in D$. Par conséquent, le vecteur $\boldsymbol{f}$ associe chaque graphe du jeu de graphes $D = \{G_0, \dots, G_N\}$ à une valeur réelle. Comme spécifié par [Steinke et Schölkopf 08], le terme $\boldsymbol{f}^t\boldsymbol{K}^{-1}\boldsymbol{f}$ dans l'équation 6.1 correspond à un terme de régularisation qui permet de contre-balancer le terme $Loss(\boldsymbol{f}, \boldsymbol{y}, \boldsymbol{K})$ encodant l'attache aux données. Le terme C permet alors de pondérer l'importance de l'attache aux données par rapport au terme de régularisation. La matrice inverse de $\boldsymbol{K}$, ou simplement la matrice pseudo-inverse si $\boldsymbol{K}$ n'est pas inversible, correspond alors à un opérateur de régularisation sur l'ensemble des vecteurs de dimension N et donc sur l'ensemble des fonctions réelles définies sur $\{G_1, \dots, G_N\}$ et encodées par $\boldsymbol{f}$. Réciproquement, l'inverse (ou pseudo inverse) d'un opérateur de régularisation semi-défini positif correspond à un noyau. Par conséquent, un noyau sur l'ensemble de graphes $\{G_1, \dots, G_N\}$ peut être défini à partir de l'inverse d'un opérateur de régularisation.

6.2.2 Laplacien de graphe

Afin de définir l'opérateur de régularisation, nous considérons une matrice d'adjacence $\boldsymbol{W} \in \mathbb{R}^{N\times N}$ définie par :

$$W_{ij} = \exp\left(-\frac{d_{edit}(G_i, G_j)}{\sigma}\right), \tag{6.2}$$

où la fonction $d_{edit} : \mathcal{G}^2 \to \mathbb{R}$ correspond à la distance d'édition entre graphes (section 1.3.4) et $\sigma \in R_+^*$ est une variable du noyau gaussien appliquée sur la distance d'édition. La matrice d'adjacence $\boldsymbol{W}$ encode un graphe complet où chaque sommet correspond à un graphe de l'ensemble D et chaque arête est pondérée par la similarité entre les deux graphes encodés par les sommets incidents à l'arête. Deux graphes proches et associés à une faible distance d'édition seront alors connectés par une arête associée à un poids élevé. Inversement, deux graphes fortement dissimilaires seront connectés par une arête ayant un poids proche de 0. Le laplacien $\boldsymbol{l}$ du graphe encodé par la matrice d'adjacence $\boldsymbol{W}$ est défini par :

$$\boldsymbol{l} = \boldsymbol{\Delta} - \boldsymbol{W}, \tag{6.3}$$

où $\boldsymbol{\Delta}$ est une matrice diagonale définie par :

$$\Delta_{i,i} = \sum_{j=1}^{N} W_{i,j}. \tag{6.4}$$

En considérant le laplacien $\boldsymbol{l}$ comme un opérateur de régularisation, le terme de régularisation de l'équation 6.1 défini par $\boldsymbol{f}^t\boldsymbol{l}\boldsymbol{f}$ revient alors à calculer :

$$\boldsymbol{f}^t\boldsymbol{l}\boldsymbol{f} = \sum_{i,j=1}^{N} W_{ij}(f_i - f_j)^2. \tag{6.5}$$

Minimiser l'équation 6.1 en considérant l'opérateur de régularisation défini par le laplacien revient donc à minimiser le terme d'attache aux données et à calculer un vecteur $\boldsymbol{f}$ associant deux graphes à deux valeurs proches si leur distance d'édition est faible, c.-à-d. si les deux graphes sont fortement similaires.

Toutefois, d'après la théorie spectrale des graphes [Chung 97], le laplacien $\boldsymbol{l}$ correspond à une matrice symétrique, semi-définie positive et dont la valeur propre minimale est égale à 0. Par conséquent la matrice $\boldsymbol{l}$ n'est pas inversible. Afin de résoudre ce problème, nous proposons d'utiliser le laplacien régularisé $\tilde{\boldsymbol{l}}$ tel que défini par [Smola et Kondor 03] :

$$\tilde{\boldsymbol{l}} = \boldsymbol{I} + \lambda \boldsymbol{l}. \tag{6.6}$$

Cette étape de régularisation consiste à rajouter une valeur réelle positive sur la diagonale du laplacien afin de définir une matrice définie positive et par conséquent inversible. Cette étape de régularisation permet alors d'utiliser le laplacien régularisé comme un opérateur de régularisation dans le problème à minimiser. Le terme de régularisation de l'équation 6.1 défini par $\boldsymbol{f}^t\tilde{\boldsymbol{l}}\boldsymbol{f}$ revient alors à calculer :

$$\boldsymbol{f}^t\tilde{\boldsymbol{l}}\boldsymbol{f} = \|\boldsymbol{f}\|^2 + \lambda \sum_{i,j=1}^{N} W_{ij}(f_i - f_j)^2. \tag{6.7}$$

L'utilisation du laplacien régularisé comme opérateur de régularisation induit une pénalité sur la norme au carré des vecteurs $\boldsymbol{f}$ en plus des contraintes induites par l'utilisation du laplacien (équation 6.5). Cette pénalité permet de calculer des vecteurs f lisses interpolant les valeurs $\boldsymbol{y}$ associées à chaque graphe.

De la même manière, l'opérateur de régularisation peut être défini par le laplacien régularisé et normalisé $\tilde{\boldsymbol{L}}$:

$$\tilde{\boldsymbol{L}} = \boldsymbol{\Delta}^{-\frac{1}{2}}\tilde{\boldsymbol{l}}\boldsymbol{\Delta}^{-\frac{1}{2}}. \tag{6.8}$$

Dans ce cas, le terme de régularisation est égal à :

$$\boldsymbol{f}^t\tilde{\boldsymbol{L}}\boldsymbol{f} = \sum_{i=1}^{n} \frac{f_i^2}{\Delta_{ii}} + \lambda \sum_{j=1}^{n} \frac{W_{ij}}{\sqrt{\Delta_{ii}\Delta_{jj}}}(f_i - f_j)^2. \tag{6.9}$$

La minimisation du terme de régularisation correspondant à l'équation 6.9 conduit aux mêmes observations que la minimisation du terme de régularisation associé au laplacien non normalisé (équation 6.7) mais permet également de relativiser la similarité encodée par W_{ij} par rapport à Δ_{ii} et Δ_{jj}. Autrement dit, un graphe fortement similaire à l'ensemble du jeu de données sera associé à un faible coefficient.

6.2.3 Définition du noyau

En reprenant la définition d'un problème de minimisation donné par l'équation 6.1, l'inverse de l'opérateur de régularisation défini dans la section précédente correspond à un noyau défini sur l'ensemble des graphes $\{G_1, \dots, G_N\}$. L'opérateur de régularisation défini par la matrice $\tilde{\boldsymbol{l}}$ est inversible étant donné que le laplacien régularisé correspond à une matrice définie positive (équation 6.6). Par conséquent, il est possible de définir un noyau à partir de l'inverse de l'opérateur de régularisation $\tilde{\boldsymbol{l}}$ étant donné que l'inverse d'une matrice symétrique et définie positive est symétrique et définie positive. Le noyau laplacien régularisé est alors défini sur l'ensemble $\{G_1, \dots, G_N\}$ par la matrice de Gram $\boldsymbol{K_{un}}$:

$$\boldsymbol{K_{un}} = \tilde{\boldsymbol{l}}^{-1}. \tag{6.10}$$

En considérant l'opérateur de régularisation défini par le laplacien régularisé et normalisé $\tilde{\boldsymbol{L}}$, le noyau laplacien régularisé et normalisé basé sur $\tilde{\boldsymbol{L}}$ est défini par une zéro-extension de la matrice de Gram calculée :

$$\boldsymbol{K_{norm}} = \left(\boldsymbol{\Delta}^{-\frac{1}{2}}\tilde{\boldsymbol{l}}\boldsymbol{\Delta}^{-\frac{1}{2}}\right)^{-1} \tag{6.11}$$

$$\boldsymbol{K_{norm}} = \boldsymbol{\Delta}^{\frac{1}{2}}\tilde{\boldsymbol{l}}^{-1}\boldsymbol{\Delta}^{\frac{1}{2}}. \tag{6.12}$$

6.2.4 Mise à jour de la matrice de Gram

Considérons premièrement le noyau basé sur le laplacien régularisé et non normalisé (équations 6.10 et 6.6). Donné un ensemble d'apprentissage $D = \{G_1, \ldots, G_N\}$, la prédiction d'un nouveau graphe $G \notin D$ nécessite la mise à jour du laplacien $\boldsymbol{l}$ défini sur D afin d'y inclure le nouveau graphe G. Le calcul de la matrice de Gram incluant le nouveau graphe G nécessite alors de recalculer l'inverse du laplacien mis à jour. Cette opération d'inversion de matrice possède une complexité en $\mathcal{O}((N+1)^3)$, où N correspond au nombre de graphes dans le jeu d'apprentissage D. Cette première approche est donc coûteuse en temps de calcul, en particulier si le jeu d'apprentissage est composé d'un nombre important de graphes. Par conséquent, il est intéressant d'étudier si une mise à jour moins coûteuse de la matrice de Gram est possible.

En considérant le laplacien régularisé $\tilde{\boldsymbol{l}}_{\boldsymbol{N}} = (\boldsymbol{I} + \lambda(\boldsymbol{\Delta_N} - \boldsymbol{W_N}))$ défini sur le jeu d'apprentissage D, le laplacien mis à jour $\tilde{\boldsymbol{l}}_{\boldsymbol{N+1}}$ défini sur $D \cup \{G\}$ est égal à :

$$\tilde{\boldsymbol{l}}_{\boldsymbol{N+1}} = \begin{pmatrix} \tilde{\boldsymbol{l}}_{\boldsymbol{N}} - \boldsymbol{\delta_N} & \boldsymbol{B} \\ \boldsymbol{B}^t & 1 - \sum_i^N B_i \end{pmatrix}, \tag{6.13}$$

où $\boldsymbol{B} \in \mathbb{R}^N$ avec $B_i = -\lambda \exp\left(\frac{-d_{edit}(G,G_i)}{\sigma}\right)$. Le vecteur $\boldsymbol{B}$ est donc calculé à partir des poids entre le nouveau graphe G et chaque graphe G_i du jeu d'apprentissage $D = \{G_1, \ldots, G_N\}$. $\boldsymbol{\delta_N}$ correspond à une matrice diagonale définie par $(\delta_N)_{i,i} = B_i$.

La plus petite valeur propre de la matrice $\tilde{\boldsymbol{l}}_{\boldsymbol{n+1}}$ est strictement supérieure à 0 du fait de l'étape de régularisation. La matrice $\tilde{\boldsymbol{l}}_{\boldsymbol{n+1}}$ est donc inversible, et l'inverse de cette matrice peut être calculé en utilisant une inversion par bloc :

$$\boldsymbol{K_{un}} = (\tilde{\boldsymbol{l}}_{\boldsymbol{n+1}})^{-1} = \begin{pmatrix} \boldsymbol{\Gamma} & \boldsymbol{\Theta} \\ \boldsymbol{\Lambda} & \Phi \end{pmatrix} \text{ avec } \begin{cases} \boldsymbol{\Gamma} &= \boldsymbol{E}^{-1} + \Phi \boldsymbol{E}^{-1}\boldsymbol{B}\boldsymbol{B}^t\boldsymbol{E}^{-1} \\ \boldsymbol{\Theta} &= -\boldsymbol{E}^{-1}\boldsymbol{B}\Phi \\ \boldsymbol{\Lambda} &= -\Phi\boldsymbol{B}^t\boldsymbol{E}^{-1} \\ \Phi &= (1 - \sum_i^N B_i - \boldsymbol{B}^t\boldsymbol{E}^{-1}\boldsymbol{B})^{-1} \end{cases} \tag{6.14}$$

où $\boldsymbol{E} = \tilde{\boldsymbol{l}}_{\boldsymbol{N}} - \boldsymbol{\delta_N}$ et Φ correspond à un scalaire.

Le calcul de la matrice de Gram mise à jour (équation 6.14) revient alors à calculer l'inverse de la matrice $\boldsymbol{E} = \tilde{\boldsymbol{l}}_{\boldsymbol{N}} + \boldsymbol{\delta_N}$. La matrice $\boldsymbol{E}^{-1}$ peut être efficacement estimée par un développement à l'ordre p de $(\boldsymbol{I} - \tilde{\boldsymbol{l}}_{\boldsymbol{N}}^{-1}\boldsymbol{\delta_N})^{-1}$:

$$(\tilde{\boldsymbol{l}}_{\boldsymbol{N}} - \boldsymbol{\delta_N})^{-1} = \tilde{\boldsymbol{l}}_{\boldsymbol{N}}^{-1}(\boldsymbol{I} - \tilde{\boldsymbol{l}}_{\boldsymbol{N}}^{-1}\boldsymbol{\delta_N})^{-1} \approx \sum_{k=0}^{p} \boldsymbol{l_N}^{-k-1}\boldsymbol{\delta_N}^k. \tag{6.15}$$

Afin de s'assurer que la somme définie dans l'équation 6.15 converge, le terme $\|\tilde{\boldsymbol{l}}_{\boldsymbol{N}}^{-1}\boldsymbol{\delta}_{\boldsymbol{N}}\|$ doit être strictement inférieur à 1. Cette contrainte est satisfaite si $\lambda < 1$:

$$\|\tilde{\boldsymbol{l}}_{\boldsymbol{N}}^{-1}\boldsymbol{\delta}_{\boldsymbol{N}}\| \leq \|\tilde{\boldsymbol{l}}_{\boldsymbol{N}}^{-1}\|\|\boldsymbol{\delta}_{\boldsymbol{N}}\| \leq \|\boldsymbol{\delta}_{\boldsymbol{N}}\| \leq \lambda \max_{i=\{1,\ldots,N\}} \exp\left(\frac{-d_{edit}(G,G_i)}{\sigma}\right). \quad (6.16)$$

De plus, l'erreur d'estimation est inférieure à ε pour tout p supérieur à :

$$\frac{\log(2\varepsilon)}{\log\left(\max_{i=\{1,\ldots,N\}} \exp\left(\frac{-d_{edit}(G,G_i)}{\sigma}\right)\right)}. \quad (6.17)$$

L'équation 6.15 permet d'estimer l'inverse de $(\tilde{\boldsymbol{l}}_{\boldsymbol{N}} - \boldsymbol{\delta}_{\boldsymbol{N}})$ à partir de l'ensemble des matrices $\boldsymbol{l}_{\boldsymbol{N}}^{-k-1}$ et $\boldsymbol{\delta}_{\boldsymbol{N}}^{k}$, $k \in \{0,\ldots,K\}$. Étant donné que l'ensemble des matrices $\boldsymbol{l}_{\boldsymbol{N}}^{-k-1}$ dépend exclusivement de l'ensemble de graphes D constituant l'ensemble d'apprentissage, cet ensemble de matrices peut être pré-calculé étant donné qu'il est invariant pour tout nouveau graphe à inclure dans la matrice de Gram. Ainsi, la complexité du calcul de l'inverse de $(\tilde{\boldsymbol{l}}_{\boldsymbol{N}} - \boldsymbol{\delta}_{\boldsymbol{N}})$, et donc de la matrice de Gram mise à jour, est borné par les $p+1$ multiplications de matrices de dimension $N \times N$. Le calcul de notre nouveau noyau peut donc être effectué en $\mathcal{O}((p+1)N^2)$ opérations au lieu des $\mathcal{O}((N+1)^3)$ opérations requises par l'inversion du laplacien régularisé mis à jour. La complexité est donc réduite si $p < N$.

Étant donné que le noyau basé sur le laplacien régularisé et normalisé (équation 6.9) peut être calculé à partir de l'inverse du laplacien régularisé, il peut aussi être calculé efficacement directement à partir du noyau basé sur le laplacien régularisé :

$$\tilde{\boldsymbol{L}} = \boldsymbol{\Delta}^{-\frac{1}{2}}\tilde{\boldsymbol{l}}\boldsymbol{\Delta}^{-\frac{1}{2}}. \quad (6.18)$$

L'inverse de $\tilde{\boldsymbol{L}}$ est défini par :

$$\tilde{\boldsymbol{L}}^{-1} = \boldsymbol{\Delta}^{\frac{1}{2}}\tilde{\boldsymbol{l}}^{-1},\boldsymbol{\Delta}^{\frac{1}{2}} \quad (6.19)$$

et on obtient donc :

$$\boldsymbol{K}_{\boldsymbol{norm}} = \boldsymbol{\Delta}^{\frac{1}{2}}\boldsymbol{K}_{\boldsymbol{un}}\boldsymbol{\Delta}^{\frac{1}{2}}. \quad (6.20)$$

Par conséquent, la mise à jour de la matrice de Gram associée au noyau laplacien régularisé et normalisé peut être calculée à partir de la mise à jour de la matrice de Gram associée au noyau laplacien normalisé $\boldsymbol{K}_{\boldsymbol{un}}$.

Le noyau laplacien défini dans cette section permet de définir un noyau défini positif basé sur la distance d'édition entre graphes. Ce noyau correspond donc à une mesure de similarité globale entre les graphes, obtenue à partir de la mesure de dissimilarité globale encodée par la distance d'édition entre graphes. Ce noyau est donc complémentaire avec les noyaux basés sur sacs de motifs et le noyau de treelets en particulier (chapitre 4), où la mesure de similarité est basée sur un ensemble de similarités locales.

L'utilisation d'une distance ne correspondant pas à un noyau encodant un produit scalaire dans un espace euclidien n'est pas triviale. Pour répondre à cette problématique, le noyau laplacien est basé sur une approche du problème à minimiser où le noyau est défini à partir de l'inverse d'un opérateur de régularisation. L'utilisation du laplacien comme opérateur de régularisation permet d'intégrer la distance d'édition dans le calcul d'un noyau défini positif entre graphes.

Cependant, ce noyau étant basé sur une inversion d'une matrice correspondant à l'opérateur de régularisation, la mise à jour de la matrice de Gram nécessite l'inversion d'une matrice dont la taille augmente avec le nombre de graphes considérés. Afin de réduire la complexité liée à cette étape, nous avons proposé un algorithme permettant de calculer efficacement la matrice Gram mise à jour. La mise à jour de la matrice de Gram requiert alors $\mathcal{O}((p+1)N^2)$ opérations au lieu des $\mathcal{O}((N+1)^3)$ opérations requises par l'inversion d'une matrice $N \times N$, où p correspond à l'ordre du développement utilisé pour estimer l'inverse du laplacien. Cette approche est donc moins coûteuse si $p < N$. Expérimentalement, la valeur de p est inférieure à 10 pour une approximation de $K \in \mathbb{R}^{68\times 68}$ avec une précision inférieure à $\varepsilon = 10^{-8}$.

6.3 Noyau inter-treelets

Les différents noyaux basés sur des sacs de sous-structures définissent la similarité de deux graphes moléculaires à partir de la similarité des deux ensembles de sous-structures (section 2.4.4). La similarité entre les deux ensembles de sous-structures est généralement calculée par la similarité des distributions de chaque structure p dans les deux ensembles. La comparaison de ces ensembles de sous-structures est donc déduite de la similarité des distributions de paires de sous-structures isomorphes extraites de chaque graphe.

Cependant, le principe de similarité (voir Introduction, page 4) est basé sur l'hypothèse que deux molécules similaires possèdent des propriétés similaires. Ce principe peut être transposé aux ensembles de sous-structures utilisés par les noyaux basés sur sacs de motifs. On peut en effet faire l'hypothèse que deux sous-structures similaires ont une influence similaire sur une ou des propriétés moléculaires. La restriction de la comparaison d'ensembles de sous-structures aux sous-structures strictement isomorphes ne permet pas de prendre en compte cette information. Récemment, [Shervaszide 12] a proposé une première approche visant à inclure la comparaison de sous-structures non isomorphes dans le noyau Weisfeiler-Lehman (section 2.4.7). Cette approche est basée sur une mesure de similarité d'ensemble, le coefficient de Jaccard, qui permet de comparer deux sous-structures similaires mais pas strictement isomorphes. Cette approche permet d'associer à un même motif des ensembles de sommets à une distance topologique donnée s'ils sont suffisamment semblables selon la similarité mesurée par le coefficient de Jaccard. Toutefois, comme discuté dans la section 2.4.7, le noyau Weisfeiler-Lehman est seulement basé sur un sous-ensemble des motifs d'arbres extraits des graphes qui ne permet pas de prendre en compte les chemins.

6.3.1 Définition du noyau inter-treelets

Afin de définir un noyau intégrant la comparaison de sous-structures non isomorphes, rappelons tout d'abord le cadre général des noyaux basés sur des sacs de motifs. Ces noyaux sont définis comme des noyaux de convolution de la manière suivante (équation 2.41) :

$$k(G,G') = \sum_{\substack{\{(p,f_p(G)),\\ p\in\mathcal{P},p\subseteq G\}}} \sum_{\substack{\{(p',f'_p(G)),\\ p'\in\mathcal{P},p'\subseteq G\}}} k_1(p,p').k_2(f_p(G),f_p(G')), \tag{6.21}$$

où le noyau k_1 encode la similarité entre les deux sous-structures p et p' et k_2 encode la similarité entre les propriétés des ensembles de structures p et p' incluses dans G et G'. Les noyaux basés sur des sacs de sous-structures présentés dans la section 2.4.4 ainsi que le noyau de treelets (chapitre 4) sont définis avec un noyau k_1 correspondant à une fonction de Dirac (équation 2.39). Le noyau $k_1(p,p')$ est égal à 1 si et seulement si p et p' sont isomorphes. Ce noyau restreint alors la comparaison des sacs de sous-structures à la comparaison des paires de sous-structures isomorphes. Par conséquent, l'extension de la comparaison aux treelets non isomorphes revient à définir un noyau k_1 plus souple et permettant la comparaison de sous-structures non isomorphes. En suivant le principe de similarité, il est pertinent que ce noyau encode la similarité entre les deux structures comparées. Ainsi une paire de sous-structures similaires sera associée à un poids élevé, et par conséquent à une forte contribution dans le calcul du noyau. Inversement, une paire de sous-structures dissimilaires n'aura pas ou peu d'influence dans le calcul du noyau.

Afin d'étendre le noyau de treelets à la comparaison de treelets non isomorphes, le noyau k_1 de l'équation 6.21 doit être défini de manière à encoder une mesure de similarité entre treelets. L'utilisation des noyaux basés sur des sacs de sous-structures paraît difficile étant donné la taille limitée des treelets. Une autre approche consiste à définir la similarité entre treelets à partir de la distance d'édition entre graphes (section 1.3.4).

6.3.2 Distance d'édition exacte entre treelets

Le calcul de la distance d'édition entre graphes est un problème NP-Difficile (section 1.3.4). Afin de réduire sa complexité, les auteurs de [Riesen et Bunke 09b] ont proposé un calcul approximatif de cette distance en $\mathcal{O}(N^3)$, où N correspond au nombre de nœuds des graphes. Cependant, la distance d'édition calculée est approximative et sous-optimale. Dans cette section, nous proposons de définir un algorithme de calcul de la distance d'édition exacte dans le cadre d'ensembles de graphes encodés par un nombre limité de structures. Cet algorithme peut alors être utilisé pour définir une mesure de similarité entre treelets étant donné que les treelets sont encodés par un ensemble de 14 structures. Dans la suite de cette section, nous restreignons notre étude aux ensembles de graphes D tel que pour n'importe quel graphe $G = (V, E, \mu, \nu) \in D$, chaque structure (V, E) correspond à une structure parmi un ensemble fini composé de n structures $B = \{(V_1, E_1), \ldots, (V_n, E_n)\}$. Nous démontrons, dans la suite de cette section, que cette restriction permet de définir une méthode de calcul d'une distance d'édition exacte dans un temps raisonnable.

Afin de définir notre algorithme de calcul de la distance d'édition exacte, nous rappelons tout d'abord que les notions de sous-graphe structurel commun maximum et maximal ont été définies dans la section 1.3.3, définitions 23 et 24. La distance d'édition entre deux graphes est définie par le coût minimal associé à un chemin d'édition optimal permettant de transformer un graphe en un graphe cible (section 1.3.4). Le chemin d'édition est composé par un ensemble d'opérations d'insertion, de substitution et de suppression de nœuds et d'arêtes. La distance d'édition et les chemins d'édition pouvant être définis de diverses manières, nous définissons plusieurs contraintes :

- Les coûts d'édition associés à chaque type d'opération d'édition sont définis comme des fonctions constantes et positives. Nous considérerons donc les coûts suivants :
  - c_{vi} correspond au coût d'insertion d'un nœud ;
  - c_{vd} correspond au coût de suppression d'un nœud ;
  - c_{vs} correspond au coût de substitution d'un nœud.

  De la même manière, les coûts c_{ei}, c_{ed} et c_{es} correspondent aux coûts d'insertion, de suppression et de substitution des arêtes.

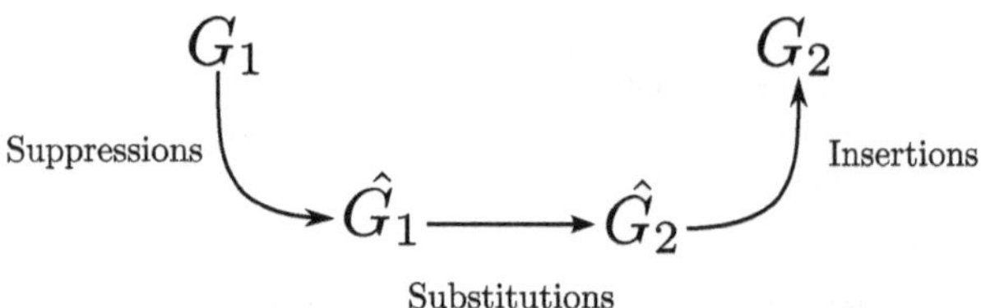

FIG. 6.1 – Séquence de type d'opérations d'édition composant un chemin d'édition.

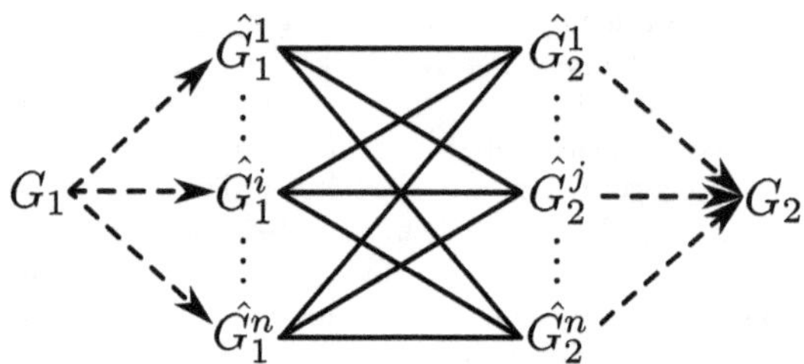

FIG. 6.2 – Différents chemins d'édition possibles passant par des sous-graphes structurels communs maximums $\{\hat{G}_1^1, \ldots, \hat{G}_1^n\}$ et $\{\hat{G}_2^1, \ldots, \hat{G}_2^n\}$. Les lignes en pointillés représentent des opérations structurelles, les lignes pleines à des opérations de substitutions.

- les coûts associés aux opérations d'édition sont définis comme des coûts symétriques : le coût associé à une opération d'insertion équivaut au coût d'une opération de suppression ;
- les chemins d'édition sont indépendants ([Brun et al. 12]) :
  - Un nœud ou une arête ne peut pas être à la fois substitué et supprimé ;
  - Un nœud ou une arête ne peut pas être à la fois substitué et inséré ;
  - Un nœud ou une arête inséré ne peut plus être supprimé ;
  - Un nœud ou une arête peut être substitué au plus une fois.

La séquence d'opérations d'édition composant un chemin d'édition transformant un graphe $G_1 = (V_1, E_1, \mu_1, \nu_1)$ en un graphe $G_2 = (V_2, E_2, \mu_2, \nu_2)$ peut être ordonnée et représentée par une suite de suppressions, de substitutions et d'insertions (figure 6.1). La première séquence permet de transformer le graphe initial G_1 en un de ses sous-graphes $\hat{G}_1$ en supprimant un ensemble de nœuds correspondant à $V_1 \setminus \hat{V}_1$ et un ensemble d'arêtes correspondant à $E_1 \setminus \hat{E}_1$. La deuxième séquence correspond à un ensemble d'opérations de substitution qui permettent de transformer $\hat{G}_1$ en $\hat{G}_2$. Cet ensemble de substitutions correspond à un appariement un-à-un entre les ensembles de nœuds $\hat{V}_1$ et $\hat{V}_2$ d'une part et entre les ensembles d'arêtes $\hat{E}_1$ et $\hat{E}_2$ d'autre part. Les substitutions correspondant à un appariement entre deux éléments ayant une même étiquette sont définies comme des substitutions neutres et sont donc associées à un coût égal à 0, étant donné qu'elles n'encodent aucune modification des graphes. La dernière séquence d'opérations correspond à un ensemble d'opérations d'insertion qui permettent de transformer $\hat{G}_2$ en G_2. $\hat{G}_2$ correspond alors à un sous-graphe de G_2. Une remarque intéressante est que l'ensemble des opérations transformant $\hat{G}_1$ en $\hat{G}_2$ est composée exclusivement d'opérations de substitution qui ne modifient pas la structure des graphes. Par conséquent, $\hat{G}_1$ et $\hat{G}_2$ ont une structure commune et correspondent donc à deux sous-graphes de G_1 et G_2 structurellement isomorphes.

En reprenant les différentes étapes d'un chemin d'édition (figure 6.1) et les coûts définis précédemment, le coût $\gamma(P)$ associé à un chemin d'édition P est égal à :

$$\gamma(P) = |V_1 - \hat{V}_1|c_{vd} + |E_1 - \hat{E}_1|c_{ed} + V_f c_{vs} + E_f c_{es} + |V_2 - \hat{V}_2|c_{vi} + |E_2 - \hat{E}_2|c_{ei}, \quad (6.22)$$

où V_f, resp. E_f, correspond au nombre de substitutions non neutres sur les nœuds, resp. arêtes, nécessaires pour transformer $\hat{G}_1$ en $\hat{G}_2$. [Bunke 99] a montré que si les coûts sont définis tels que $c_{vd} + c_{vi} < c_{vs}$ et $c_{es} < c_{vs}$, alors $\hat{G}_1 \simeq \hat{G}_2$ correspond à un sous-graphe commun maximum de G_1 et G_2.

Toutefois, cette relation ne peut pas être utilisée pour définir un algorithme efficace de la distance d'édition exacte. En effet, le problème du plus grand sous-graphe commun maximum entre deux graphes est un problème NP-Complet. De plus, l'hypothèse faite sur l'ensemble des graphes ne permet pas un pré-calcul efficace du sous-graphe commun maximum étant donné que le sous-graphe commun maximum de deux graphes dépend à la fois de la structure et de l'étiquetage des graphes.

La définition d'un coût de substitution comme supérieur à une paire d'opérations de suppression et d'insertion revient à supprimer les opérations de substitution du chemin d'édition. En effet, en considérant une relation entre coûts telle que définie par [Bunke 99], une substitution peut être avantageusement remplacée par un couple de suppression et d'insertion. L'étiquette de l'élément peut alors être changée par les deux opérations. Par conséquent, nous proposons d'étudier une définition inverse de la relation entre les coûts, c.-à-d. définir un coût de substitution moins important que le coût associé à un couple de suppression et d'insertion.

Proposition 5. *Donné deux graphes G_1 et G_2, soit δ_v le nombre de nœuds d'un de leur sous-graphe commun maximum et δ_e le nombre maximal d'arêtes de leurs sous-graphes structurels communs. Si $\frac{c_{vd}+c_{vi}}{c_{vs}} \geq \delta_v + \frac{c_{es}}{c_{vs}}\delta_e$ et $\frac{c_{ed}+c_{ei}}{c_{es}} \geq \delta_e + \frac{c_{vs}}{c_{es}}\delta_v$, alors le graphe $\hat{G}_1$ obtenu par l'ensemble des opérations de suppression d'un chemin d'édition optimal entre G_1 et G_2 est un sous-graphe structurel commun maximal de G_1 et G_2.*

Démonstration. La preuve de cette proposition peut être retrouvée dans [Brun et al. 12]. □

En considérant deux graphes G_1 et G_2, la proposition 5 assure qu'un chemin d'édition optimal permettant de transformer G_1 en G_2 passe par l'un des sous-graphes structurels communs maximaux de G_1 et G_2. À l'inverse du sous-graphe commun maximum, le sous-graphe structurel commun maximal dépend uniquement de la structure des deux graphes G_1 et G_2 et non de leurs étiquetages. Par conséquent, l'ensemble des sous-graphes structurels communs maximaux peut être pré-calculé pour l'ensemble des paires de structures appartenant à B^2. Néanmoins, le nombre de sous-graphes structurels communs maximaux peut être très élevé ce qui limite un pré-calcul efficace. Toutefois, un ensemble de structures réduit correspond aux sous-graphes structurels communs maximums. Similairement aux sous-graphes structurels communs maximaux, les sous-graphes structurels communs maximums dépendent uniquement de la structure des deux graphes comparés et sont plus facilement pré-calculables. Par conséquent, nous proposons de définir de nouvelles contraintes sur les coûts d'édition permettant d'assurer que le chemin d'édition optimal passe par un sous-graphe structurel commun maximum.

Proposition 6. *Supposons que $c_{ed} = c_{ei} = 0$ et $c_{es} \leq c_{vs}$. Donné deux graphes G_1 et G_2, soit δ_v le nombre de nœuds d'un de leurs sous-graphes structurels communs maximums et par δ_e le nombre maximal d'arêtes des sous-graphes structurels communs maximums. Alors, si $\frac{c_{vd}+c_{vi}}{c_{vs}} \geq \delta_v + \delta_e$, le graphe $\hat{G}_1$ obtenu par l'ensemble des opérations de suppression d'un chemin d'édition optimal entre G_1 et G_2 est un sous-graphe structurel commun maximum de G_1 et G_2.*

Démonstration. La preuve de cette proposition peut être retrouvée dans [Brun et al. 12]. □

La proposition 6 assure que, sous certaines conditions définies sur les coûts d'édition, un chemin d'édition optimal entre deux graphes G_1 et G_2 passe par un de leurs sous-graphes structurels communs maximums. Intuitivement, une opération de substitution sera toujours privilégiée plutôt que la combinaison d'une opération de suppression et d'une opération d'insertion.

Considérons le cas où G_1 et G_2 ont un seul sous-graphe structurel commun maximum $\hat{G} = (\hat{V}, \hat{E})$. Soit $\{\hat{G_1^0}, \ldots, \hat{G_1^i}, \ldots, \hat{G_1^{n_1}}\}$ et $\{\hat{G_2^0}, \ldots, \hat{G_2^i}, \ldots, \hat{G_2^{n_2}}\}$ les ensembles de sous-graphes de G_1 et G_2 structurellement isomorphes à $\hat{G}$ (figure 6.2). Selon la proposition 6, un chemin d'édition optimal P permettant de transformer G_1 en G_2 passe par un $\hat{G_1^i}$ et un $\hat{G_2^j}$. Le coût associé au chemin d'édition P peut alors être décomposé en deux parties :

$$\gamma(P) = \gamma_{struc}(P) + \gamma_{label}(P), \tag{6.23}$$

où :

— $\gamma_{struc}(P)$ correspond au coût structurel associé aux opérations d'insertion et de suppression ;

— $\gamma_{label}(P)$ correspond au coût associé aux opérations de substitution nécessaires pour transformer $\hat{G_1^i}$ en $\hat{G_2^j}$.

En reprenant l'équation 6.22 définissant le coût associé à un chemin, nous obtenons :

$$\gamma_{struc}(P) = |V_1 - \hat{V_1}|c_{vd} + |E_1 - \hat{E_1}|c_{ed} + |V_2 - \hat{V_2}|c_{vi} + |E_2 - \hat{E_2}|c_{ei}, \tag{6.24}$$

$$\gamma_{label}(P) = V_f c_{vs} + E_f c_{es}. \tag{6.25}$$

Pour tout $i \in \{1, \ldots, n_1\}$, étant donné que $\hat{G_1^i} \sqsubseteq G_1$, nous avons $\hat{V_1^i} \subseteq V_1$ et $\hat{E_1^i} \subseteq E_1$. Par conséquent :

$$|\hat{V_1^i} - V_1| = |V_1| - |\hat{V_1^i}| = |V_1| - |\hat{V}| \tag{6.26}$$

$$|\hat{E_1^i} - E_1| = |E_1| - |\hat{E_1^i}| = |E_1| - |\hat{E}|. \tag{6.27}$$

Les mêmes égalités peuvent être obtenues pour G_2 et $\hat{G_2^j}$ pour tout $j \in \{1, \ldots, n_2\}$. Le coût structurel associé au chemin d'édition P est alors égal à :

$$\gamma_{struc}(P) = |V_1|c_{vd} + |V_2|c_{vi} + |E_1|c_{ed} + |E_2|c_{ei} - |\hat{V}|(c_{vd} + c_{vi}) - |\hat{E}|(c_{ed} + c_{ei}). \tag{6.28}$$

Le calcul du coût de substitution $\gamma_{label}(P)$ (équation 6.25) revient à calculer le nombre de substitutions non neutres de nœuds V_f et le nombre de substitutions non neutres d'arêtes E_f permettant de transformer $\hat{G_1^i}$ en $\hat{G_2^j}$.

Le calcul du nombre de substitutions non neutres revient à trouver l'appariement entre deux graphes $\hat{G_1^i}$ sur $\hat{G_2^j}$ qui minimise le nombre d'étiquettes différentes. Notons par $\Phi(\hat{G})$ l'ensemble des automorphismes structurels de $\hat{G}$.

En considérant deux sous-graphes $\hat{G}_1^i$ et $\hat{G}_2^j$, chaque automorphisme $\phi \in \Phi(\hat{G})$ encode un appariement de $\hat{G}_1^i$ sur $\hat{G}_2^j$ et chaque paire de nœuds appariés $(v, \phi(v))$ encode une opération de substitution de l'étiquette du nœud v de G_1^i sur l'étiquette du nœud $\phi(v)$ de G_2^j. De manière similaire pour les arêtes, chaque paire d'arêtes appariées encode une substitution entre les étiquettes des deux arêtes. Pour un chemin d'édition $P_{i,j,\phi}$ associé au triplet $(\hat{G}_1^i, \hat{G}_2^j, \phi)$, le nombre de substitutions non neutres V_f et E_f induites par $P_{i,j,\phi}$ est égal à :

$$V_f(P_{i,j,\phi}) = |\{v \in \hat{V}_1 \mid \hat{\mu}_1^i(v) \neq \hat{\mu}_2^j(\phi(v)\}| \tag{6.29}$$

$$E_f(P_{i,j,\phi}) = |\{(v, v') \in \hat{E}_1 \mid \hat{\nu}_1^i(v, v') \neq \hat{\nu}_2^j(\phi(v), \phi(v'))\}|. \tag{6.30}$$

Le coût de substitution associé au chemin d'édition $P_{i,j,\phi}$ est alors égal à :

$$\gamma_{label}(P_{i,j,\phi}) = V_f(P_{i,j,\phi})c_{ns} + E_f(P_{i,j,\phi})c_{es}. \tag{6.31}$$

Le chemin d'édition optimal $P^\star$ est alors défini par le chemin minimisant le coût de substitution :

$$P^\star = P_{i^\star, j^\star, \phi^\star} \text{ avec } (i^\star, j^\star, \phi^\star) = \underset{\substack{(i,j,\phi)\in\{1,\dots,n_1\} \\ \times\{1,\dots,n_2\}\times\Phi(\hat{G})}}{\arg\min} \gamma_{label}(P_{i,j,\phi}). \tag{6.32}$$

Étant donné que le coût structurel $\gamma_{struct}(P_{i,j,\phi})$ est équivalent pour tout $(i, j, \phi) \in \{1, \dots, n_1\} \times \{1, \dots, n_2\} \times \Phi(\hat{G})$ (équation 6.28), $P^\star$ correspond au chemin d'édition associé à un coût minimal. Par conséquent, sous les contraintes définies sur les coûts d'édition, le chemin d'édition associé à la distance d'édition est celui qui passe par la paire de sous-graphes structurels communs maximums qui minimise le nombre de substitutions non neutres à effectuer (équation 6.32).

Cet algorithme permet alors de calculer une distance d'édition exacte et peut être appliquée dans le cadre de la comparaison de treelets étant donné que l'ensemble des treelets est associé à seulement 14 structures. De plus, la restriction des chemins d'éditions à ceux préservant la connectivité des arbres intermédiaires permet d'obtenir une limite plus faible sur le ratio entre les coûts de substitution et d'insertion/suppression.

Proposition 7. *Soit deux treelets T_1, $T_2 \in \mathcal{T}$, si $\frac{c_{vd}+c_{vi}}{c_{vs}} \geq \delta_v$ et $\frac{c_{ed}+c_{ei}}{c_{es}} \geq \delta_v - 1$, alors l'arbre $\hat{T}_1$ obtenu par l'ensemble des opérations de suppression d'un chemin d'édition optimal entre T_1 et T_2 est un sous-arbre structurel commun maximum de T_1 et T_2.*

DÉMONSTRATION. La preuve de cette proposition peut être retrouvée dans [Brun et al. 12]. □

Étant donné que l'ensemble des treelets est défini par l'ensemble des arbres ayant au plus 6 nœuds, le sous-graphe structurel commun maximum de deux treelets T_1 et T_2 est un treelet. L'ensemble des sous-arbres et automorphismes possibles pour toute paire de treelets peut être facilement pré-calculé étant donné que l'on doit seulement considérer 14 structures. Par conséquent, le calcul de la distance d'édition exacte entre deux treelets revient à comparer au plus $\max_{(i,j)\in\{0,\ldots,13\}^2}(n_i * n_j * |\Phi(\hat{T}_{ij})|)$ séquences d'étiquettes où $\hat{T}_{ij}$ correspond au sous-arbre structurel commun maximum des treelets T_i et T_j et n_i et n_j correspondent au nombre de sous-arbres de T_i et T_j isomorphes à $\hat{T}_{ij}$. La valeur de ce produit est limité à 120 sur l'ensemble des treelets ce qui induit une complexité en $\mathcal{O}(1)$ pour le calcul de la distance d'édition exacte entre treelets. On peut noter, que sans la restriction à un ensemble de structures de treelets, le calcul de la distance d'édition sur un ensemble d'arbres étiquetés et non enracinés est un problème NP-Complet [Zhang et al. 92].

Donné un jeu d'apprentissage $D = \{G_0, \ldots, G_N\}$ et un ensemble de treelets $\mathcal{T}(D) = \{t_1, \ldots, t_m\}$ extraits des graphes de D, nous pouvons définir une matrice de similarité $\boldsymbol{K_{ted}} \in \mathbb{R}^{m\times m}$ définie par un noyau gaussien appliqué sur la distance d'édition exacte :

$$\boldsymbol{K_{ted}} = \left(e^{-\frac{d^2(t_i,t_j)}{\sigma}}\right)_{(i,j)\in\{1,\ldots,m\}^2}. \tag{6.33}$$

Étant donné que la distance d'édition ne définit pas une distance euclidienne (section 1.3.4), la matrice $\boldsymbol{K_{ted}}$ peut ne pas être semi-définie positive. Par conséquent, la matrice $\boldsymbol{K_{ted}}$ ne correspond pas obligatoirement à un noyau défini positif sur $\mathcal{T}(D)$. Afin de définir un noyau valide, nous définissons une matrice de Gram $\boldsymbol{K}$ sur $\mathcal{T}(D)$ par la régularisation de $\boldsymbol{K_{ted}}$:

$$\boldsymbol{K} = \boldsymbol{K_{ted}} - \boldsymbol{I}\lambda_m, \tag{6.34}$$

où λ_m correspond à la plus petite valeur propre négative de $\boldsymbol{K_{ted}}$. Par conséquent, la matrice $\boldsymbol{K}$ est semi-définie positive et définit donc un noyau défini positif sur $\mathcal{T}(D)$. On peut noter que cette étape de régularisation, coûteuse en temps de calcul, doit seulement être effectuée une seule fois puisque ce noyau est seulement défini sur l'ensemble des treelets extraits d'un jeu d'apprentissage et donc connu *a priori*. Afin de pouvoir être appliqué sur n'importe quel jeu de test, nous définissons un noyau k' entre treelets comme une adaptation de la zéro-extension du noyau défini par la matrice de Gram $\boldsymbol{K}$

(équation 6.34) où deux treelets isomorphes sont considérés comme similaires, y compris dans le cas où le treelet n'est pas inclus dans le jeu d'apprentissage :

$$k'(t,t') = \begin{cases} K_{(i,j)} \text{ si } t = t_i \in \{t_1,\ldots,t_m\} \text{ et } t' = t_j \in \{t_1,\ldots,t_m\}, \\ 1 \text{ si } t \simeq t' \text{ et } t \notin \{t_1,\ldots,t_m\}, \\ 0 \text{ sinon.} \end{cases} \tag{6.35}$$

La définition de ce noyau inter-treelets permet d'étendre le noyau de treelets défini dans le chapitre 4 en incluant la comparaison de la distribution de motifs similaires mais pas nécessairement isomorphes. Cette extension permet alors de prendre en compte la similarité induite par deux sous-structures composées d'ensembles d'atomes légèrement différents mais ayant une influence similaire sur une propriété moléculaire que l'on cherche à prédire.

6.3.3 Noyau inter-treelets et MKL

Le noyau défini dans la section précédente permet de pondérer chaque paire de treelets $(t_i, t_j) \in \mathcal{T}(D) = \{t_1, \ldots, t_m\}^2$ par une mesure de leur influence, définie *a priori* par la distance d'édition exacte calculée sur l'ensemble τ_D. Une autre approche consiste à remplacer la distance d'édition par un calcul optimal de la pondération de chaque paire de treelets selon une propriété à prédire. À l'instar de la combinaison du MKL et du noyau de treelets (section 4.7), il peut être intéressant de calculer la pondération de chaque paire $(t_i, t_j) \in \mathcal{T}(D)^2$ de manière optimale en utilisant les méthodes d'apprentissage automatique à noyaux multiples définies dans la section 3.4.

Une première approche consiste à associer un sous-noyau $k_{t_i,t_j}(G,G') = k(f_{t_i}(G), f_{t_j}(G'))$ à chaque paire de treelets $(t_i, t_j) \in \mathcal{T}(D)^2$ à pondérer :

$$k_{ITKmkl}(G,G') = \sum_{(t_i,t_j)\in\tau^2} w^\star(t_i,t_j) * k(f_{t_i}(G), f_{t_j}(G')) \tag{6.36}$$

$$k_{ITKmkl}(G,G') = \sum_{(t_i,t_j)\in\tau^2} w^\star(t_i,t_j) * k_{t_i,t_j}(G,G'), \tag{6.37}$$

où $w^\star(t_i, t_j)$ correspond à la pondération optimale calculée pour la paire de treelets (t_i, t_j) par une méthode d'apprentissage à noyaux multiples. Cependant, chaque sous-noyau de l'équation 6.36 ne définit pas un noyau valide sur l'ensemble de graphes puisque chaque sous-noyau $k_{t_i,t_j}(G,G')$ ne définit pas un noyau symétrique.

Proposition 8 (Le noyau $k_{t_i,t_j}(G,G')$ n'est pas symétrique.).

DÉMONSTRATION.

$$k_{t_i,t_j}(G,G') = k(f_{t_i}(G), f_{t_j}(G'))$$

$$k_{t_i,t_j}(G',G) = k(f_{t_i}(G'), f_{t_j}(G)),$$

or :

$$k(f_{t_i}(G), f_{t_j}(G')) \neq k(f_{t_i}(G'), f_{t_j}(G)),$$

et par conséquent :

$$k_{t_i,t_j}(G,G') \neq k_{t_i,t_j}(G',G).$$

□

Chaque sous-noyau défini par $k_{t_i,t_j}(G,G')$ ne peut donc pas être utilisé pour calculer une pondération optimale de chaque paire de treelets. Afin de définir un noyau symétrique, chaque sous-noyau peut être défini de la manière suivante :

$$k^S_{t_i,t_j}(G,G') = k_{t_i,t_j}(G,G') + k_{t_j,t_i}(G,G'). \tag{6.38}$$

Proposition 9 (Le noyau $k^S_{t_i,t_j}(G,G')$ est symétrique).

DÉMONSTRATION.

$$\begin{aligned}
k^S_{t_i,t_j}(G,G') &= k_{t_i,t_j}(G,G') + k_{t_j,t_i}(G,G') \\
k^S_{t_i,t_j}(G,G') &= k(f_{t_i}(G), f_{t_j}(G')) + k(f_{t_j}(G), f_{t_i}(G')) \\
k^S_{t_i,t_j}(G,G') &= k(f_{t_j}(G), f_{t_i}(G')) + k(f_{t_i}(G), f_{t_j}(G')) \\
k^S_{t_i,t_j}(G,G') &= k(f_{t_i}(G'), f_{t_j}(G)) + k(f_{t_j}(G'), f_{t_i}(G)) \\
k^S_{t_i,t_j}(G,G') &= k_{t_i,t_j}(G',G) + k_{t_j,t_i}(G',G) \\
k^S_{t_i,t_j}(G,G') &= k^S_{t_i,t_j}(G',G)
\end{aligned}$$

□

Le noyau défini par l'équation 6.38 définit une fonction symétrique mais ne définit pas un noyau défini positif. Le non-respect de cette dernière propriété peut être démontrée par la théorie des noyaux d'appariement.

Noyaux d'appariement

Les noyaux d'appariement, tels que définis [Shin et Kuboyama 08] et appelés *mapping kernels* en anglais, correspondent à une généralisation des noyaux de convolution (section 2.4.4). Un noyau de convolution est basé sur la combinaison de sous-noyaux permettant de comparer l'ensemble exhaustif des paires $(x_i, y_j) \in \{x_1, \dots, x_n\} \times \{y_1, \dots, y_m\}$ encodant deux objets x et y respectivement décomposables en $\{x_1, \dots, x_n\}$ et $\{y_1, \dots, y_m\}$. Les noyaux d'appariement sont basés sur le même principe mais permettent de définir un noyau défini positif comparant seulement un sous-ensemble des paires $(x_i, y_j) \in \{x_1, \dots, x_n\} \times \{y_1, \dots, y_m\}$.

Définition 49 (Système d'appariement transitif [Shin et Kuboyama 08]). *Un système d'appariement $\mathcal{M}$ est un triplet $(\mathcal{X}, \{\mathcal{X}'_x \mid x \in \mathcal{X}\}, \{M_{x,y} \subseteqq \mathcal{X}'_x \times \mathcal{X}'_y \mid (x, y) \in \mathcal{X}^2\})$ tel que $|M_{x,y}| < \infty$ et $(y', x') \in M_{x,y}$ si $(x', y') \in M_{y,x}$.*

Un système d'appariement $\mathcal{M}$ est un système d'appariement transitif si et seulement si $(x'_1, x'_2) \in M_{x_1,x_2} \wedge (x'_2, x'_3) \in M_{x_2,x_3} \Rightarrow (x'_1, x'_3) \in M_{x_1,x_3}$ pour $x_i \in \mathcal{X}$ et $x'_i \in \mathcal{X}'_{x_i}$.

Théorème 3 (Noyau d'appariement [Shin et Kuboyama 08]). *Soit un noyau $k : \mathcal{X}' \times \mathcal{X}' \to \mathbb{R}$ un noyau défini positif sur $\mathcal{X}'$ et un système d'appariement transitif $\mathcal{M}$. Le noyau d'appariement :*

$$k_m(x, y) = \sum_{(x', y') \in M_{x',y'}} k(x', y') \tag{6.39}$$

est alors défini positif.

Réciproquement, si $k_m(x, y)$ est défini positif, alors le système d'appariement est un système d'appariement transitif.

Proposition 10 (Le noyau $k^S_{t_i,t_j}(G, G')$ n'est pas défini positif).

DÉMONSTRATION.

Symétrie. Le système d'appariement correspondant au noyau $k^S_{t_i,t_j}(G, G')$ est défini par l'ensemble $M^{t_i,t_j}_{G,G'} = \{(f_{t_i}(G), f_{t_j}(G')); (f_{t_j}(G), f_{t_i}(G'))\}$. Par conséquent, si $(x', y') \in M^{t_i,t_j}_{G,G'}$, alors :

$$\begin{aligned} x' &= f_{t_i}(G) \text{ ou } f_{t_j}(G) \\ y' &= f_{t_i}(G') \text{ ou } f_{t_j}(G'). \end{aligned}$$

L'ensemble symétrique de $M_{G,G'}^{t_i,t_j}$ correspond à :

$$M_{G',G}^{t_i,t_j} = \{(f_{t_i}(G'), f_{t_j}(G)); (f_{t_j}(G'), f_{t_i}(G))\}.$$

Nous avons donc $(x', y') \in M_{G,G'}^{t_i,t_j} \Rightarrow (y', x') \in M_{G',G}^{t_i,t_j}$ et par conséquent le noyau défini dans l'équation 6.38 est un noyau d'appariement.

Transitivité. Soit $(x', y') \in M_{G,G'}^{t_i,t_j}$ et $(y', z') \in M_{G',G''}^{t_i,t_j}$. Le système d'appariement correspondant au noyau $k_{t_i,t_j}^S(G, G')$ est transitif si et seulement si $(x', z') \in M_{G,G''}^{t_i,t_j} = \{(f_{t_i}(G), f_{t_j}(G'')); (f_{t_j}(G), f_{t_i}(G''))\}$.

Soit $(x', y') \in M_{G,G'}^{t_i,t_j}$ et $(y', z') \in M_{G',G''}^{t_i,t_j}$. Si nous définissons $x' = f_{t_i}(G)$, alors nous avons $y' = f_{t_j}(G')$ et donc $z' = f_{t_i}(G'')$. Symétriquement, si nous définissions $x' = f_{t_j}(G)$, nous avons alors $y' = f_{t_i}(G')$ et donc $z' = f_{t_j}(G'')$.

Par conséquent $(x', z') \notin M_{G,G''}^{t_i,t_j}$ et le système d'appariement associé au noyau $k_{t_i,t_j}^S(G, G')$ n'est donc pas transitif. D'après le théorème 3, $k_{t_i,t_j}^S(G, G')$ n'est donc pas un noyau défini positif. □

Le théorème 3 permet de démontrer que le noyau défini par l'équation 6.38 n'est pas défini positif (proposition 10). Cependant, La théorie des noyaux d'appariement nous indique également comment compléter notre noyau k_{t_i,t_j}^S afin d'obtenir un noyau défini positif.

$$k_{t_i,t_j}^M(G, G') = k_{t_i,t_j}(G, G') + k_{t_j,t_i}(G, G') + k_{t_i,t_i}(G, G') + k_{t_j,t_j}(G, G'). \quad (6.40)$$

Proposition 11 (Le noyau $k_{t_i,t_j}^M(G, G')$ est un noyau défini positif).

DÉMONSTRATION.

Symétrie. Le système d'appariement associé au noyau $k_{t_i,t_j}^M(G, G')$ est défini par l'ensemble :

$$M_{G,G'}^{t_i,t_j} = \{(f_{t_i}(G), f_{t_j}(G')); (f_{t_j}(G), f_{t_i}(G')); (f_{t_i}(G), f_{t_i}(G'),); (f_{t_j}(G), f_{t_j}(G')\}.$$

L'ensemble symétrique de $M_{G,G'}^{t_i,t_j}$ est défini par :

$$M_{G',G}^{t_i,t_j} = \{(f_{t_i}(G'), f_{t_j}(G)); (f_{t_j}(G'), f_{t_i}(G)); (f_{t_i}(G'), f_{t_i}(G)); (f_{t_j}(G'), f_{t_j}(G))\}.$$

Par conséquent :

$$(y', x') \in M_{G',G}^{t_i,t_j} \text{ si } (x', y') \in M_{G,G'}^{t_i,t_j}.$$

Le système d'appariement défini par l'ensemble $M_{x,y}^{G,G'}$ et symétrique et le noyau $k_{t_i,t_j}^M(G, G')$ associé à $M_{x,y}^{G,G'}$ définit bien un noyau d'appariement.

Transitivité. Soit $(x', y') \in M_{G,G'}^{t_i,t_j}$ et $(y', z') \in M_{G',G''}^{t_i,t_j}$, alors :

$$\begin{aligned}M_{G,G'}^{t_i,t_j} =&\{(f_{t_i}(G), f_{t_j}(G')); (f_{t_j}(G), f_{t_i}(G')); (f_{t_i}(G), f_{t_i}(G')); (f_{t_j}(G), f_{t_j}(G'))\}\\ M_{G',G''}^{t_i,t_j} =&\{(f_{t_i}(G'), f_{t_j}(G'')); (f_{t_j}(G'), f_{t_i}(G'')); (f_{t_i}(G'), f_{t_i}(G'')); (f_{t_j}(G'), f_{t_j}(G''))\}\end{aligned}$$

Si $(x', y') \in M_{G,G'}^{t_i,t_j}$, alors :

$$\begin{aligned}x' =& f_{t_i}(G) \text{ ou } f_{t_j}(G)\\ \Rightarrow y' =& f_{t_i}(G') \text{ ou } f_{t_j}(G')\\ \Rightarrow z' =& f_{t_i}(G'') \text{ ou } f_{t_j}(G''),\end{aligned}$$

et nous avons donc :

$$\begin{aligned}&\Rightarrow (x', z') \in \{((f_{t_i}(G), f_{t_i}(G'')); f_{t_i}(G), f_{t_j}(G'')); (f_{t_j}(G), f_{t_i}(G'')); ; (f_{t_j}(G), f_{t_j}(G''))\}\\ &\Rightarrow (x', z') \in M_{G,G''}^{t_i,t_j}.\end{aligned}$$

Par conséquent le système d'appariement $M_{G,G'}^{t_i,t_j}$ est transitif. Le noyau d'appariement défini par $k_{t_i,t_j}^{M}(G, G')$ correspond donc à un noyau défini positif. □

On peut également noté que le noyau défini dans l'équation 6.40 correspond à un noyau de convolution défini par :

$$k_{t_i,t_j}^{M}(G, G') = \sum_{x' \in \{f_{t_i}(G), f_{t_j}(G)\}} \sum_{y' \in \{f_{t_i}(G'), f_{t_j}(G')\}} k(x', y'). \tag{6.41}$$

Le noyau défini par l'équation 6.40 correspond donc à un noyau défini positif (proposition 11) et peut être utilisé en tant que sous-noyau encodant la similarité de deux graphes selon la similarité du nombre d'occurrences de deux treelets non isomorphes. Ce noyau permet donc, contrairement au noyau de treelets défini dans le chapitre 4, de prendre en compte la similarité du nombre d'occurrences de deux treelets non isomorphes dans deux graphes. Toutefois, chaque sous-noyau encodant la similarité selon une paire de treelets inclut également la similarité du nombre d'occurrences de t dans G et G' d'une part, et de t' dans G et G' d'autre part. Ce noyau ne permet donc pas de séparer clairement la similarité du nombre d'occurrences d'une paire de treelets isomorphes de la similarité du nombre d'occurrences d'une paire de treelets non isomorphes.

Plongement empirique via noyaux

Une autre approche pour définir un noyau défini positif est basée sur la méthode de plongement empirique définie par [Riesen et al. 07] (section 2.4.1). Cette deuxième approche consiste à définir un plongement explicite des graphes par un vecteur encodant la similarité entre le graphe encodé et un ensemble de graphes. La similarité des représentations vectorielles encode alors la similarité des graphes encodés.

Donné un jeu d'apprentissage $D = \{G_1, \ldots, G_m\}$ et une paire de treelets $(t_i, t_j) \in \mathcal{T}(D)^2$, chaque graphe $G \in \mathcal{G}$ est encodé par une représentation vectorielle calculée par une fonction de plongement $\Phi_{t_i,t_j} : \mathcal{G} \to \mathbb{R}^m$ définie par :

$$\Phi_{t_i,t_j}(G) = (k_{t_i,t_j}(G, G_1) + k_{t_j,t_i}(G, G_1), \ldots, k_{t_i,t_j}(G, G_m) + k_{t_j,t_i}(G, G_m)). \tag{6.42}$$

Afin de définir une mesure de similarité symétrique, chaque élément du vecteur est défini comme une somme des deux noyaux k_{t_i,t_j} et k_{t_j,t_i}. Le noyau encodant la similarité de deux graphes G et G' selon une paire de treelets (t_i, t_j) est défini comme le produit scalaire des projections $\boldsymbol{\Phi}_{t_i,t_j}(\boldsymbol{G})$ et $\boldsymbol{\Phi}_{t_i,t_j}(\boldsymbol{G'})$ des deux graphes :

$$k^{ekm}_{t_i,t_j}(G, G') = \langle \boldsymbol{\Phi}_{t_i,t_j}(\boldsymbol{G}), \boldsymbol{\Phi}_{t_i,t_j}(\boldsymbol{G'}) \rangle. \tag{6.43}$$

Étant donné que ce noyau est défini comme un produit scalaire entre deux représentations vectorielles explicites, il est trivialement défini positif.

Cette seconde définition de noyau permet d'encoder la similarité entre deux graphes selon une paire de treelets donnée. À la différence du noyau précédemment défini dans la section 6.3.3, cette mesure de similarité n'inclut pas la similarité du nombre d'occurrences de chaque treelet dans les deux graphes à comparer. Toutefois, la similarité est déduite de la similarité à un ensemble de graphes arbitraire, ce qui peut altérer la précision de la mesure de similarité.

6.4 Expérimentations

Les expériences de cette section permettent d'évaluer les performances de prédiction obtenues par le noyau laplacien basé sur la distance d'édition approximative définie dans la section 6.2 et le noyau inter-treelets défini dans la section 6.3.

La première expérience correspond au problème de la température d'ébullition de molécules acycliques (section 1.2.2). Le tableau 6.1 montre les résultats obtenus par les différentes méthodes présentées dans ce chapitre. D'une part, on peut observer que le noyau laplacien (ligne 6) obtient des résultats similaires aux autres méthodes basées sur la distance d'édition approximative (lignes 4 et 5). Toutefois, on peut conclure que la distance d'édition ne semble pas être particulièrement efficace pour prédire la température d'ébullition de molécules acycliques étant donné que les différentes méthodes basées sur la distance d'édition obtiennent des résultats intermédiaires. D'autre part, on peut observer que l'inclusion de la comparaison de treelets non isomorphes (lignes 7, 8 et 9) permet d'améliorer les résultats obtenus par le noyau de treelets sans pondération de variables. Ceci permet de valider l'hypothèse faite sur l'intérêt de la comparaison de treelets légèrement dissimilaires. De plus, on observe une performance légèrement meilleure lorsque la distance d'édition est calculée de manière exacte (ligne 8) grâce à l'algorithme décrit dans la section 6.3.2 que lorsque la distance est calculée de manière sous-optimale (ligne 7). On observe également une amélioration du temps de calcul puisque la matrice de Gram associée au noyau inter-treelet basé sur une distance d'édition approximative requiert $3,72$ secondes de calcul alors que la méthode basée sur notre distance d'édition exacte requiert $3,24$ secondes de calcul. D'autre part, on observe que l'utilisation d'algorithme d'apprentissage à noyaux multiples sur le noyau inter-treelets (ligne 9) permet d'améliorer les résultats obtenus par la pondération basée sur la distance d'édition exacte. Le meilleur résultat est obtenu par la définition du sous-noyau par le plongement empirique défini dans la section 6.3.3. L'utilisation du sous-noyau défini dans la section 6.3.3 permet d'obtenir une RMSE de 5,52, soit une précision légèrement inférieure. Toutefois, on note que l'ajout des paires de treelets non isomorphes ne permet pas d'améliorer les résultats obtenus par le noyau de treelets (ligne 3). Ceci peut être dû à deux raisons : premièrement, le noyau inter-treelets est basé sur une somme de sous-noyaux où chaque sous-noyau n'encode pas exactement la similarité du nombre d'occurrences de deux treelets non isomorphes (section 6.3.3). Deuxièmement, l'ajout de l'ensemble des paires de treelets non isomorphes induit une grande quantité de sous-noyaux à pondérer dont une majorité n'a pas de pertinence chimique. Par conséquent, l'algorithme d'apprentissage à noyaux multiples peut être sujet à un sur-apprentissage en considérant comme pertinents des sous-noyaux n'ayant aucune pertinence chimique.

Ce phénomène est illustré dans le tableau 6.2 montrant les résultats obtenus par un noyau inter-treelets sur le même problème de prédiction que la première expérience. Pour information, le sous-noyau utilisé par le noyau inter-treelets testé est défini comme le plongement empirique (section 6.3.3) d'un noyau gaussien sur la distance d'édition. Chaque ligne du tableau 6.2 correspond à

TAB. 6.1 – Prédiction de la température d'ébullition de molécules acycliques.

	Méthode	**RMSE (°C)**
1	Noyaux de chemins	12,24
2	Noyau de treelets (TK)	6,45
3	TK avec MKL	**4,22**
4	Plongement empirique	10,15
5	Noyau gaussien sur la distance d'édition	10,27
6	Noyau laplacien	11,99
7	Noyau inter-treelets avec distance d'édition approximative	6,09
8	Noyau inter-treelets avec distance d'édition exacte	5,89
9	Noyau inter-treelets avec MKL	5,29

un noyau inter-treelets basé sur un sous-ensemble de paires de treelets composé des paires de treelets isomorphes et des n paires de treelets non isomorphes les plus similaires selon la distance d'édition. On peut alors remarquer que l'ajout des 10 paires de treelets les plus similaires obtient de meilleurs résultats que la simple prise en compte des paires de treelets isomorphes. Toutefois, l'ajout de plus de paires de treelets (jusqu'à 9 453) dégrade la qualité de la prédiction, tout en permettant de diminuer l'erreur d'apprentissage. Par conséquent, les paires de treelets considérées comme pertinentes pour le jeu d'apprentissage ne le sont pas pour la prédiction. On peut donc en déduire que cette sélection est due au hasard induit par le grand nombre de sous-noyaux à pondérer, et non à leur pertinence chimique.

Le tableau 6.3 montre les différents résultats obtenus par le noyau laplacien ainsi que par les noyaux intégrant la comparaison du nombre d'occurrences de treelets non isomorphes sur le problème de prédiction du caractère inhibiteur de la monoamine oxydase (section 1.2.2). À l'instar des observations faites sur la première expérience, les noyaux inter-treelets (lignes 7, 8 et 9) permettent d'améliorer les résultats obtenus par le noyau de treelets (ligne 2) et obtiennent des résultats similaires à la combinaison du noyau de treelets et des méthodes d'apprentissage à noyaux multiples (ligne 3). Comme pour la précédente expérience, le calcul d'une pondération optimale de chaque paire de treelets (ligne 9) ne permet pas d'améliorer les résultats obtenus par la combinaison du noyau de treelets et des méthodes d'apprentissage à noyaux multiples. On observe également que le noyau basé sur la distance d'édition exacte obtient une

TAB. 6.2 – Prédiction de la température d'ébullition de molécules acycliques par un noyau inter-treelets. La mention top n désigne l'ajout des n paires de treelets les plus similaires.

Méthode	**RMSE** ($°C$)	
	prédiction	**apprentissage**
Treelets isomorphes + top 1	5,38	2,68
Treelets isomorphes + top 5	5,07	2,60
Treelets isomorphes + top 10	**4,69**	2,60
Treelets isomorphes + top 50	4,99	2,51
Treelets isomorphes + top 250	5,21	2,42
Treelets isomorphes + top 500	5,01	2,38
Treelets isomorphes + top 2000	5,43	2,01
Treelets isomorphes + top 4000	5,42	1,92
Treelets isomorphes + tous	6,31	**1,64**

meilleure précision que le noyau basé sur une distance d'édition approximative. Le noyau laplacien (ligne 6) obtient des résultats similaires au noyau gaussien appliqué sur la distance d'édition approximative (ligne 5) tout en garantissant que le noyau calculé est défini positif. On peut également noter que la méthode basée sur un plongement empirique des graphes n'obtient pas de bons résultats sur ce jeu de données.

Enfin, le tableau 6.4 montre les résultats obtenus sur le jeu de données AIDS (section 1.2.2). On observe que le noyau laplacien (ligne 6) obtient de meilleurs résultats que le noyau basé sur un plongement empirique des graphes (ligne 5) sans toutefois obtenir d'aussi bons résultats qu'un noyau gaussien appliqué sur la distance d'édition (ligne 4). Comme observé sur le problème de prédiction de la température d'ébullition de molécules acycliques, l'ajout de la comparaison de treelets non isomorphes permet d'améliorer les résultats obtenus par le noyau de treelets, sans toutefois atteindre la précision de la combinaison du noyau de treelets et du MKL. On peut noter également, une précision légèrement meilleure pour le noyau inter-treelets basé sur notre distance d'édition exacte. De plus, ce jeu de données étant composé d'un grand nombre de molécules très diversifiées, le nombre de treelets extraits du jeu d'apprentissage est élevé et égal à 4 865 treelets. Ce grand nombre de treelets permet de mettre en évidence le gain de complexité obtenu par notre méthode de calcul d'une distance d'édition exacte. En effet, le calcul de la matrice de distance entre chaque

TAB. 6.3 – Performances obtenues par différents noyaux sur le problème de prédiction du caractère inhibiteur de la monoamine oxydase des molécules.

	Méthode	**Précision**
1	Noyaux de chemins	80 % (55/68)
2	Noyau de treelets	91 % (62/68)
3	Noyau de treelets avec MKL	**94 % (64/68)**
4	Plongement empirique	78% (53/68)
5	Noyau gaussien sur la distance d'édition	90% (61/68)
6	Noyau laplacien	90% (61/68)
7	Noyau inter-treelets avec distance d'édition approximative	93% (63/68)
8	Noyau inter-treelets avec distance d'édition exacte	**94% (64/68)**
9	Noyau inter-treelets avec MKL	93% (63/68)

TAB. 6.4 – Résultats obtenus sur le jeu de données AIDS.

	Méthode	**Précision**
1	Noyaux de chemins	98,5%
2	Noyau de treelets	99,1%
3	Noyau de treelets avec MKL	**99,7%**
4	Noyau gaussien sur la distance d'édition	**99,7%**
5	Plongement empirique	98,2%
6	Noyau Laplacien	99,3%
7	Noyau inter-treelets avec distance d'édition approximative	99,4%
8	Noyau inter-treelets avec distance d'édition exacte	99,5%

paire de treelets est effectuée en 167 secondes en utilisant notre algorithme (section 6.3.2) contre 878 secondes en utilisant la méthode définie par [Riesen et Bunke 09b]. Ce grand nombre de treelets induit cependant une trop grande complexité pour la pondération des paires de treelets non isomorphes par MKL puisqu'il faut alors considérer plus d'un million de sous-noyaux.

6.5 Conclusion

Ce chapitre présente différentes méthodes permettant de combiner la distance d'édition entre graphes et le cadre des noyaux sur graphes, et plus particulièrement le noyau de treelets défini dans le chapitre 4. La première contribution, définie dans la section 6.2, utilise une approche différente des noyaux basés sur sacs de motifs afin de définir un noyau sur graphes basé sur la distance d'édition. Cette approche est basée sur une formulation du problème où le noyau est défini comme l'inverse d'un opérateur de régularisation basé sur la distance d'édition. Le noyau ainsi défini encode une mesure de similarité globale des graphes moléculaires, au lieu d'un ensemble de similarités locales dans le cadre de noyaux basés sur sacs de sous-structures. Le calcul du noyau nécessite l'inversion de l'opérateur de régularisation défini sur l'ensemble des graphes. Par conséquent, la prédiction d'une nouvelle molécule requiert la mise à jour de l'opérateur de régularisation et donc une inversion de celui-ci afin de calculer le noyau. Cette inversion étant coûteuse, nous avons proposé dans la section 6.2.4 un algorithme de mise à jour de la matrice de Gram ayant une complexité réduite par rapport à une inversion brute de l'opérateur de régularisation.

La deuxième contribution correspond à une extension du noyau de treelets visant à introduire la comparaison du nombre d'occurrences de treelets non strictement isomorphes. En considérant l'hypothèse que des sous-structures similaires puissent avoir une influence similaire sur certaines propriétés moléculaires, le noyau inter-treelets défini dans la section 6.3 inclut la comparaison du nombre d'occurrences de deux treelets non isomorphes. L'hypothèse étant faite sur l'intérêt de la comparaison de treelets similaires, chaque sous-noyau comparant le nombre d'occurrences de deux treelets est pondéré par la similarité des deux treelets. Le calcul de la similarité de deux treelets est basé sur la distance d'édition entre graphes. Afin de définir une mesure de similarité précise et efficace à calculer, nous avons proposé dans la section 6.3.2 un algorithme permettant de calculer efficacement une distance d'édition exacte entre treelets. Cet algorithme est basé sur une nouvelle relation entre la distance d'édition d'une part et les sous-graphes structurels communs maximums d'autre part.

Les expériences effectuées dans ce chapitre permettent de tirer différentes conclusions sur les deux noyaux définis. Premièrement, le noyau laplacien obtient des résultats mitigés sur l'ensemble des jeux de données. Cependant, on observe que l'ensemble des noyaux calculant une mesure de similarité basée sur la distance d'édition obtiennent également des résultats mitigés. Ces résultats peuvent s'expliquer par l'utilisation d'une distance d'édition approximative qui induit une dégradation de la mesure de dissimilarité, et par conséquent de la mesure de similarité. De plus, la distance d'édition définit une mesure de similarité globale. Cependant, les propriétés moléculaires sont généralement influencées par un ensemble de sous-structures locales des graphes moléculaires correspondant à des sous-structures chimiquement pertinentes. Toutefois, le noyau laplacien a l'avantage de définir un noyau défini positif contrairement au noyau gaussien qu'il est nécessaire de régulariser pour obtenir une matrice de Gram semi-définie positive. La régularisation de la matrice de Gram induit une dégradation de la mesure de similarité qui peut être plus ou moins importante selon le jeu de données. Inversement, le noyau laplacien permet de définir une mesure de similarité plus stable. En effet, l'étape de régularisation du laplacien consiste simplement à transformer une matrice semi-définie positive en une matrice strictement définie positive.

Deuxièmement, le noyau inter-treelets permet d'améliorer les performances obtenues par le noyau de treelets, ce qui permet de valider l'hypothèse faite sur la contribution de sous-structures similaires dans le calcul du noyau. Cependant, la combinaison de méthodes d'apprentissage à noyaux multiples et du noyau inter-treelets ne permet pas d'améliorer le résultat obtenu par le noyau de treelets. Cette observation peut-être expliquée par deux points. Premièrement, les sous-noyaux pondérés n'encodent pas exactement la comparaison du nombre d'occurrences de deux treelets. Selon la méthode utilisée, chaque sous-noyau encode également la similarité du nombre d'occurrences de chaque treelet ou chaque sous-noyau déduit la similarité d'un plongement empirique des graphes dont les limites ont été discutées dans la section 2.4.1. Deuxièmement, la considération de l'ensemble des paires de treelets induit un ajout de l'ordre de N^2 noyaux pour N treelets extraits. Cet ajout d'information, dont une grande partie ne semble pas *a priori* pertinente, induit un trop grand nombre de variables par rapport aux données à prédire.

On peut également noter que, dans un cadre autre que les méthodes QSAR/QSPR, la définition d'un noyau comparant des treelets non strictement isomorphes permet d'étendre l'utilisation du noyau de treelets à des problématiques impliquant des graphes bruités et incluant donc une grande variété de treelets. Dans le cadre de la reconnaissance de formes, les auteurs de [Bougleux et al. 12] ont défini une mesure de similarité basée sur des réécritures de treelets afin de définir un noyau robuste au bruit.

Conclusion générale

L'ensemble de cette thèse s'inscrit dans l'étude de méthodes QSAR/QSPR pour la prédiction de propriétés moléculaires. En considérant l'hypothèse que deux molécules similaires ont des propriétés similaires, la conception de la plupart des méthodes QSAR/QSPR consiste à définir une mesure de similarité ou de dissimilarité entre des graphes moléculaires représentant les structures des molécules. Dans nos travaux, nous avons privilégié l'utilisation de noyaux sur graphes qui permettent de définir une mesure de similarité entre graphes. Cette mesure de similarité peut être utilisée dans des algorithmes d'apprentissage automatique sans calculer explicitement une représentation vectorielle des graphes moléculaires. Le cadre des noyaux sur graphes permet donc de s'affranchir des limites imposées par des représentations vectorielles de taille limitée.

L'utilisation des noyaux sur graphes en chémoinformatique n'est pas une approche originale et de nombreuses méthodes utilisent cette approche pour définir un modèle de prédiction QSAR/QSPR. Le chapitre 2 présente un état de l'art des noyaux sur graphes définis pour résoudre des problèmes en chémoinformatique. Une grande partie de ces approches est basée sur une décomposition des graphes en un ensemble de sous-parties correspondant à un sac de sous-structures. La similarité entre les graphes moléculaires est alors déduite de la similarité entre les sacs de sous-structures. Les différents noyaux basés sur des sacs de sous-structures utilisent différents ensembles de sous-structures possédant une expressivité ou une complexité d'énumération différentes. L'étude de ces approches montre qu'il est nécessaire de faire un compromis entre le nombre, l'expressivité des sous-structures énumérées et la complexité requise pour calculer le noyau associé au sac de sous-structures. Cette étude nous a aussi permis de mettre en évidence que la complexité du calcul du noyau est fortement liée à la variété des structures énumérées. Toutefois, il a été expérimentalement observé que les sous-structures de plus de 6 nœuds ne permettent généralement pas d'améliorer de manière significative les résultats obtenus par un noyau basé sur des sacs de sous-structures.

Le chapitre 3 présente quelques méthodes de pondération de variables ainsi que leur utilisation dans le cadre des noyaux, et plus particulièrement dans le cadre des noyaux sur graphes basés sur des sacs de sous-structures. En associant chaque sous-structure à une variable du modèle de prédiction, la pondération de chaque sous-structure permet d'obtenir une amélioration significative des résultats de prédiction. De plus, la pondération calculée peut amener à l'identification de sous-structures chimiquement pertinentes (pharmacophores, fluorophores, chromophores, toxicophores, ...) pour une propriété particulière. Cette identification peut alors être mise en perspective avec les connaissances chimiques afin de comprendre un processus chimique particulier.

En considérant les conclusions du chapitre 2, nous avons défini dans le chapitre 4 un noyau basé sur un ensemble de sous-structures, appelés treelets. L'ensemble des treelets est composé de l'ensemble des sous-arbres étiquetés ayant au plus 6 nœuds. Cette limite sur la taille des sous-structures permet de définir un algorithme efficace d'énumération dans un graphe moléculaire. La similarité entre les graphes moléculaires est alors déduite de la comparaison du nombre d'occurrences de chaque sous-structure commune aux deux graphes comparés. Le cadre des noyaux sur graphes nous permet d'appliquer une étape de pondération de variables. Cette étape de pondération permet de sélectionner un ensemble de treelets pertinents ayant une forte influence sur la propriété à prédire. Cette étape de pondération peut être effectuée par l'utilisation d'algorithmes d'apprentissage à noyaux multiples qui permettent de calculer une pondération optimale pour un jeu d'apprentissage. Cette combinaison des noyaux basés sur des sacs de sous-structures et des méthodes d'apprentissage à noyaux multiples est une contribution originale dans le cadre de la chémoinformatique et de l'identification de sous-structures pertinentes. Toutefois, il est important de souligner que le noyau de treelets est basé sur un ensemble d'arbres qui ne permet pas d'encoder le système cyclique d'une molécule alors que celui-ci a une influence importante sur les propriétés des molécules.

Le chapitre 5 étend le noyau de treelets à la comparaison des systèmes cycliques des molécules. Cette extension est basée sur deux nouveaux noyaux sur graphes basés sur des représentations moléculaires où le système cyclique est encodé de manière explicite. La première représentation correspond au graphe de cycles pertinents. Le graphe de cycles pertinents permet d'encoder chaque cycle pertinent sous forme d'un nœud. L'ensemble des arêtes du graphe de cycles pertinents encode les relations d'adjacence entre ces cycles. Cette représentation permet d'encoder l'ensemble du système cyclique d'une molécule. Le noyau de treelets peut être appliqué directement sur cette représentation afin de définir une mesure de similarité des systèmes cycliques de molécules. Le cadre des noyaux permettant de combiner plusieurs noyaux, une mesure de similarité complète peut être définie en combinant le noyau de treelets sur le graphe moléculaire original et le noyau de treelets sur le graphe de cycles pertinents. Cette approche permet de séparer clairement la similarité cyclique des molécules de leur similarité acyclique. Toutefois, cette approche ne permet pas d'encoder les relations d'adjacence entre les cycles et les parties acycliques dans de la mesure de similarité.

Afin d'encoder les relations entre le système cyclique et l'ensemble des parties acycliques de la molécule, nous avons défini l'hypergraphe de cycles pertinents dans la section 5.4. Cette nouvelle représentation moléculaire sous forme d'un hypergraphe permet d'encoder les relations d'adjacence entre les cycles et les parties acycliques. L'hypergraphe de cycles pertinents permet alors de représenter l'ensemble de la molécule tout en encodant le système cyclique de manière explicite. Afin de pouvoir utiliser cette nouvelle représentation moléculaire pour la conception d'un modèle de prédiction QSAR/QSPR, nous avons proposé une adaptation du noyau de treelets à la comparaison d'hypergraphes de cycles pertinents. Cette comparaison est basée sur une transformation de l'hypergraphe de cycles pertinents en un graphe de cycles pertinents réduit. L'ensemble de treelets utilisé pour comparer deux molécules est alors défini par l'union de deux ensembles de treelets extraits de l'hypergraphe de cycles pertinents et du graphe de cycles pertinents réduits. Cet ensemble de treelets permet d'encoder les relations d'adjacence entre atomes acycliques, entre cycles et enfin entre un cycle ou un ensemble de cycles et une autre partie de la molécule. Une partie des treelets permet donc d'encoder les relations d'adjacence entre un cycle et ses substituants. Ce type de sous-structures est particulièrement intéressant en chémoinformatique étant donné qu'une grande partie des sous-structures pertinentes identifiées en chimie sont composées d'un cycle et d'un ou plusieurs substituants. Il est également important de souligner que les deux nouveaux noyaux définis dans le chapitre 5 peuvent aussi être utilisés avec des méthodes de pondération de variables permettant la sélection de sous-structures pertinentes.

Enfin, le chapitre 6 présente deux approches différentes visant à établir un lien entre la distance d'édition entre graphes et le cadre des noyaux sur graphes. La première approche permet de définir le noyau laplacien. Ce noyau est basé sur une formulation du noyau sous forme de l'inverse d'un opérateur de régularisation. En considérant un opérateur basé sur la distance d'édition entre graphes, cette approche nous permet de définir un noyau défini positif et basé sur la distance d'édition. À la différence du noyau de treelets, ce noyau définit une mesure de similarité globale qui peut être intéressante pour certaines applications. Toutefois, une mesure de similarité globale entre molécules ne semble pas être adaptée à la plupart des expérimentations effectuées. Cette déficience de bons résultats peut s'expliquer par la difficulté à identifier un ensemble de sous-structures pertinentes en utilisant une approche globale. Cependant, une mesure de similarité globale est plus pertinente s'il y a une grande diversité dans les graphes composant un jeu de données.

La deuxième approche consiste à étendre le noyau de treelets afin d'inclure la comparaison de treelets non isomorphes. Cette approche est basée sur l'hypothèse, similaire à celle faite sur les molécules, que deux sous-structures similaires ont une influence similaire sur les propriétés moléculaires. Par conséquent, le noyau inter-treelets défini dans la section 6.3 permet de comparer le nombre d'occurrences de paires de treelets similaires selon la distance d'édition entre graphes. Ce noyau est basé sur un nouvel algorithme de calcul d'une distance d'édition exacte entre graphes définis par un ensemble fini de structures. L'utilisation de cet algorithme sur l'ensemble de treelets permet de calculer efficacement une distance exacte entre treelets. Nous avons également étendu le noyau inter-treelets aux méthodes d'apprentissage à noyaux multiples ce qui permet de calculer la pondération de chaque paire de treelets de manière optimale. Toutefois, cette dernière approche se heurte aux contraintes qu'il est nécessaire de respecter afin de décomposer le noyau global en un ensemble de sous-noyaux définis positifs ainsi qu'au grand nombre de noyaux engendrés par la prise en compte de l'ensemble des paires de treelets.

Perspectives

Cette thèse définit donc plusieurs noyaux sur graphes basés sur l'ensemble des treelets permettant de prendre en compte une grande partie des caractéristiques chimiques des molécules. Les différentes expériences permettent de souligner la contribution de ces noyaux sur divers problèmes de prédiction de propriétés moléculaires. L'ensemble de ces travaux ouvre différentes perspectives :

Premièrement, il peut être intéressant d'encoder plus finement les relations d'adjacence entre les cycles et leurs substituants. En effet, l'ordre des substituants autour d'un cycle est une information chimiquement pertinente qu'il serait intéressant d'inclure dans le calcul d'une mesure de similarité. Comme spécifié dans le chapitre 5, le noyau sur hypergraphes de cycles pertinents ne permet pas d'encoder les relations d'adjacence entre des parties de cycles et des substituants. Nous avons proposé dans la section 5.5 de combiner le noyau sur hypergraphes de cycles pertinents avec le noyau de treelets afin d'encoder cette information. Cependant, cette combinaison induit une redondance d'information entre les treelets extraits du graphe moléculaire et ceux extraits de l'hypergraphe de cycles pertinents. La définition d'un ensemble de treelets indépendants encodant l'ensemble des informations cycliques et acycliques ouvre donc une perspective intéressante.

Deuxièmement, la combinaison du noyau inter-treelets et des méthodes d'apprentissage à noyaux multiples soulève le problème de la définition d'un sous-noyau défini positif. Les propositions faites dans nos travaux ne permettent pas d'encoder exactement la similarité voulue. Une nouvelle définition des sous-noyaux plus fidèle à la mesure de similarité que l'on cherche à encoder permettrait d'améliorer les résultats du noyau inter-treelets. De plus, la prise en compte de l'ensemble des paires de treelets induit un grand nombre de sous-noyaux à pondérer et un phénomène important de sur-apprentissage qui dégrade la qualité de prédiction. Il est donc intéressant d'étudier si une autre approche, plus parcimonieuse, pourrait permettre de résoudre ce problème afin de définir une mesure de similarité plus précise. Enfin, il serait également intéressant d'un point de vue chimique de comparer la pondération obtenue de manière optimale avec la pondération définie *a priori* à partir de la distance d'édition.

Troisièmement, la disposition des molécules dans l'espace n'est pas traitée dans cette thèse mais constitue une information essentielle pour certaines propriétés chimiques. D'une part, la prise en compte de la stéréoisomérie des molécules implique la définition d'un ordre sur le voisinage de chaque nœud afin d'encoder le positionnement relatif des atomes dans l'espace. D'autre part, la prise en compte des conformations 3D des molécules nécessite d'encoder les coordonnées de chaque atome dans une représentation moléculaire. Ceci implique de définir un étiquetage quantitatif des nœuds au lieu de l'étiquetage qualitatif défini par un graphe moléculaire. Ce nouvel étiquetage nécessite de redéfinir le noyau de treelets étant donné qu'une similarité basée sur le nombre d'occurrences des treelets n'est plus pertinente. Enfin, il peut être intéressant d'étendre le noyau de treelets à des problématiques autres que la chémoinformatique et impliquant des comparaisons de graphes.

Production scientifique

[Gaüzère et al. 13] B. GAÜZÈRE, L. BRUN, D. VILLEMIN : Relevant cycle hypergraph representation for molecules. *In* W. KROPATSCH, N. ARTNER, Y. HAXHIMUSA, X. JIANG, éditeurs : *Graph-Based Representations in Pattern Recognition*, volume 7877 de *Lecture Notes in Computer Science*, pages 111–120. Springer Berlin Heidelberg, 2013.

[Conte et al. 13] D. CONTE, J.-Y. RAMEL, N. SIDÈRE, M. LUQMAN, B. GAÜZÈRE, J. GIBERT, L. BRUN, M. VENTO : A comparison of explicit and implicit graph embedding methods for pattern recognition. *In* W. KROPATSCH, N. ARTNER, Y. HAXHIMUSA, X. JIANG, éditeurs : *Graph-Based Representations in Pattern Recognition*, volume 7877 de *Lecture Notes in Computer Science*, pages 81–90. Springer Berlin Heidelberg, 2013.

[Gaüzère et al. 13] B. GAÜZÈRE, L. BRUN, D. VILLEMIN : Noyau de treelets appliqué aux graphes étiquetés et aux graphes de cycles. *Revue d'Intelligence Artificielle*, 27(1):121–144, 2013.

[Gaüzère et al. 12] B. GAÜZÈRE, L. BRUN, D. VILLEMIN : Two new graphs kernels in chemoinformatics. *Pattern Recognition Letters*, 33(15):2038–2047, 2012.

[Gaüzère et al. 12] B. GAÜZÈRE, L. BRUN, D. VILLEMIN, M. BRUN : Graph kernels based on relevant patterns and cycle information for chemoinformatics. *In Proceedings of ICPR 2012*, volume 7626, pages 1775–1778. IAPR, IEEE, November 2012.

[Bougleux et al. 12] S. BOUGLEUX, F.-X. DUPÉ, L. BRUN, G. BENOIT, M. MOKHTARI : Shape similarity based on combinatorial maps and a tree pattern kernel. *In Proceedings of ICPR 2012*, volume 7626, pages 1602–1605. IAPR, IEEE, November 2012.

[Gaüzère et al. 12] B. GAÜZÈRE, L. BRUN, D. VILLEMIN : Graph kernels : Crossing information from different patterns using graph edit distance. *In* G. GIMEL'FARB, E. HANCOCK, A. IMIYA, A. KUIJPER, M. KUDO, S. OMACHI, T. WINDEATT, K. YAMADA, éditeurs : *Structural, Syntactic, and Statistical Pattern Recognition*, volume 7626 de *Lecture Notes in Computer Science*, pages 42–50. Springer Berlin Heidelberg, 2012.

[Gaüzère et al. 12] B. GAÜZÈRE, M. HASEGAWA, L. BRUN, S. TABBONE : Implicit and explicit graph embedding : Comparison of both approaches on chemoinformatics applications. *In* G. GIMEL'FARB, E. HANCOCK, A. IMIYA, A. KUIJPER, M. KUDO, S. OMACHI, T. WINDEATT, K. YAMADA, éditeurs : *Structural, Syntactic, and Statistical Pattern Recognition*, volume 7626 de *Lecture Notes in Computer Science*, pages 510–518. Springer Berlin Heidelberg, 2012.

[Brun et al. 12] L. BRUN, B. GAÜZÈRE, S. FOUREY : Relationships between Graph Edit Distance and Maximal Common Unlabeled Subgraph. Rapport technique, Groupe de Recherche en Informatique, Image, Automatique et Instrumentation de Caen - GREYC, juillet 2012.

[Gaüzère et al. 12] B. GAÜZÈRE, L. BRUN, D. VILLEMIN : Noyau de Treelets Appliqué aux Graphes Étiquetés. *In Actes de la conférence RFIA 2012*, pages 978–2–9539515–2–3, Lyon, France, janvier 2012. Session "Articles".

[Gaüzère et al. 11] B. GAÜZÈRE, L. BRUN, D. VILLEMIN : Deux nouveaux noyaux sur graphes et leurs applications en chimioinformatique. *In Atelier AGS : Apprentissage et Graphe pour les Systèmes Complexes*, May 2011.

[Gaüzère et al. 11] B. GAÜZÈRE, L. BRUN, D. VILLEMIN : Two new graph kernels and applications to chemoinformatics. *In* X. JIANG, M. FERRER, A. TORSELLO, éditeurs : *8th IAPR - TC-15 Workshop on Graph-based Representations in Pattern Recognition (GBR'11)*, volume 6658 de *Lecture Notes in Computer Science*, pages 112–121. Springer, May 2011.

Bibliographie

[Amaldi et Kann 98] E. AMALDI, V. KANN : On the approximability of minimizing nonzero variables or unsatisfied relations in linear systems. *Theoretical Computer Science*, 209(1):237–260, 1998.

[Aronszajn 50] N. ARONSZAJN : Theory of reproducing kernels. *Transactions of the American Mathematical Society*, 68(3):337–404, 1950.

[Berg et al. 84] C. BERG, J. CHRISTENSEN, P. RESSEL : *Harmonic Analysis on Semigroups : Theory of Positive Definite and Related Functions.* Applied Mathematical Sciences. Springer-Verlag, 1984.

[Berge 76] C. BERGE : *Graphs and hypergraphs*, volume 6. Elsevier, 1976.

[Borgwardt et Kriegel 05] K. BORGWARDT, H. KRIEGEL : Shortest-Path kernels on graphs. *Fifth IEEE International Conference on Data Mining (ICDM'05)*, pages 74–81, 2005.

[Boser et al. 92] B. BOSER, I. GUYON, V. VAPNIK : A training algorithm for optimal margin classifiers. *In Proceedings of the fifth annual workshop on Computational learning theory*, pages 144–152. ACM, 1992.

[Bougleux et al. 12] S. BOUGLEUX, F.-X. DUPÉ, L. BRUN, M. MOKHTARI : Shape similarity based on a treelet kernel with edition. *In* G. GIMEL'FARB, E. HANCOCK, A. IMIYA, A. KUIJPER, M. KUDO, S. OMACHI, T. WINDEATT, K. YAMADA, éditeurs : *Structural, Syntactic, and Statistical Pattern Recognition*, volume 7626 de *Lecture Notes in Computer Science*, pages 199–207. Springer Berlin Heidelberg, 2012.

[Brecher 06] J. BRECHER : Graphical representation of stereochemical configuration (iupac recommendations 2006). *Pure Appl. Chem.*, 78(10): 1897–1970, 2006.

[Brun et al. 12] L. BRUN, B. GAÜZÈRE, S. FOUREY : Relationships between Graph Edit Distance and Maximal Common Unlabeled Subgraph. Rapport technique, Groupe de Recherche en Informatique, Image, Automatique et Instrumentation de Caen - GREYC, juillet 2012.

[Bunke 97] H. BUNKE : On a relation between graph edit distance and maximum common subgraph. *Pattern Recognition Letters*, 18:689–694, 1997.

[Bunke 99] H. BUNKE : Error correcting graph matching : On the influence of the underlying cost function. *IEEE Transactions on Pattern Analysis and Machine Intelligence*, 21(9):917–922, 1999.

[Caelli et Kosinov 04] T. CAELLI, S. KOSINOV : An eigenspace projection clustering method for inexact graph matching. *IEEE Transactions on Pattern Analysis and Machine Intelligence*, 26:515–519, 2004.

[Cayley 75] A. CAYLEY : On the analytic forms called trees, with applications to the theory of chemical combinations. *Reports British Assoc. Adv. Sci.*, 9:427–460, 1875.

[Cherqaoui et al. 4a] D. CHERQAOUI, D. VILLEMIN, A. MESBAH, J. M. CENSE, V. KVASNICKA : Use of a Neural Network to Determine the Normal Boiling Points of Acyclic Ethers, Peroxides, Acetals and their Sulfur Analogues. *J. Chem. Soc. Faraday Trans.*, 90:2015–2019, 1994a.

[Cherqaoui et Villemin 94] D. CHERQAOUI, D. VILLEMIN : Use of a neural network to determine the boiling point of alkanes. *J. Chem. Soc. Faraday Trans.*, 90:97–102, 1994.

[Chung 97] F. CHUNG : *Spectral graph theory.* American Mathematical Society, 1997.

[Cortes et Vapnik 95] C. CORTES, V. VAPNIK : Support-vector networks. *Machine Learning*, 20(3):273–297, septembre 1995.

[Dattorro 05] J. DATTORRO : *Convex optimization & Euclidean distance geometry.* Meboo Publishing USA, 2005.

[Deo et al. 82] N. DEO, G. PRABHU, M. S. KRISHNAMOORTHY : Algorithms for generating fundamental cycles in a graph. *ACM Transactions on Mathematical Software (TOMS)*, 8(1):26–42, 1982.

[Deshpande et al. 03] M. DESHPANDE, M. KURAMOCHI, G. KARYPIS : Frequent sub-structure-based approaches for classifying chemical compounds. *In Proceedings of the Third IEEE International Conference on Data Mining*, ICDM '03, pages 35–, Washington, DC, USA, 2003. IEEE Computer Society.

[DiMasi et al. 03] J. A. DIMASI, R. W. HANSEN, H. G. GRABOWSKI : The price of innovation : new estimates of drug development costs. *Journal of Health Economics*, 22(2):151–185, March 2003.

[Downs et al. 89] G. M. DOWNS, V. J. GILLET, J. D. HOLLIDAY, M. F. LYNCH : Review of ring perception algorithms for chemical graphs. *Journal of chemical information and computer sciences*, 29(3):172–187, 1989.

[Drucker et al. 97] H. DRUCKER, C. J. BURGES, L. KAUFMAN, A. SMOLA, V. VAPNIK : Support vector regression machines. *Advances in neural information processing systems*, pages 155–161, 1997.

[Ducournau 12] A. DUCOURNAU : *Hypergraphes : clustering, réduction et marches aléatoires orientées pour la segmentation d'images et de vidéo.* Thèse de doctorat, École Nationale d'Ingénieurs de Saint-Étienne., 2012.

[Durant et al. 02] J. L. DURANT, B. A. LELAND, D. R. HENRY, J. G. NOURSE : Reoptimization of mdl keys for use in drug discovery. *Journal of Chemical Information and Computer Sciences*, pages 1273–1280, 2002.

[Faulon et al. 03] J.-L. FAULON, D. P. VISCO, R. S. POPHALE : The signature molecular descriptor. 1. Using extended valence sequences in QSAR and QSPR studies. *Journal of chemical information and computer sciences*, 43(3):707–20, 2003.

[Faulon et al. 04] J. L. FAULON, M. COLLINS, R. D. CARR : The signature molecular descriptor. 4. Canonizing molecules using extended valence sequences. *J. Chem. Inf. Comp. Sc.*, 44(2):427–36, 2004.

[Fligner et al. 02] M. A. FLIGNER, J. S. VERDUCCI, P. E. BLOWER : A modification of the jaccard–tanimoto similarity index for diverse selection of chemical compounds using binary strings. *Technometrics*, 44(2):110–119, 2002.

[Flower 98] D. R. FLOWER : On the properties of bit string-based measures of chemical similarity. *Journal of Chemical Information and Computer Sciences*, 38(3):379–386, 1998.

[Floyd 62] R. W. FLOYD : Algorithm 97 : Shortest path. *Commun. ACM*, 5(6):345–, juin 1962.

[Fröhlich et al. 05] H. FRÖHLICH, J. K. WEGNER, F. SIEKER, A. ZELL : Optimal assignment kernels for attributed molecular graphs. *In Proceedings of the 22nd international conference on Machine learning - ICML '05*, pages 225–232. ACM Press, 2005.

[Gärtner et al. 03] T. GÄRTNER, P. A. FLACH, S. WROBEL : On graph kernels : Hardness results and efficient alternatives. *In Proceedings of the 16th An-*

nual Conference on Computational Learning Theory and the 7th Kernel Workshop, 2003.

[Gasteiger 03] J. GASTEIGER, éditeur. *Handbook of Chemoinformatics.* Wiley-VCH, 1. édition, 2003.

[Gibbs 69] N. E. GIBBS : A cycle generation algorithm for finite undirected linear graphs. *Journal of the ACM (JACM)*, 16(4):564–568, 1969.

[Gibert et al. 12] J. GIBERT, E. VALVENY, H. BUNKE : Graph embedding in vector spaces by node attribute statistics. *Pattern Recognition*, 45(9):3072–3083, 2012.

[Gleiss 01] P. M. GLEISS : *Short cycles, minimum cycle bases of graphs from chemistry and biochemistry.* Thèse de doctorat, PhD thesis, Fakultät Für Naturwissenschaften und Mathematik der Universität Wien, 2001.

[Gönen et Alpaydın 11] M. GÖNEN, E. ALPAYDIN : Multiple kernel learning algorithms. *Journal of Machine Learning Research*, 12:2211–2268, 2011.

[Gonzalez et al. 08] M. P. GONZALEZ, C. TERAN, L. SAIZ-URRA, M. TEIJEIRA : Variable selection methods in qsar : an overview. *Current topics in medicinal chemistry*, 8(18):1606–1627, 2008.

[Goodarzi et al. 12] M. GOODARZI, B. DEJAEGHER, Y. V. HEYDEN : Feature selection methods in qsar studies. *Journal of AOAC International*, 95(3):636–651, 2012.

[Gould 57] R. GOULD : *The application of graph theory to the synthesis of contact networks : a thesis.* Thèse de doctorat, Harvard University, 1957.

[Gower 71] J. C. GOWER : A general coefficient of similarity and some of its properties. *Biometrics*, 27(4):857–871, 1971.

[Guyon et al. 02] I. GUYON, J. WESTON, S. BARNHILL, V. VAPNIK : Gene selection for cancer classification using support vector machines. *Machine learning*, 46(1-3):389–422, 2002.

[Guyon et Elisseeff 03] I. GUYON, A. ELISSEEFF : An introduction to variable and feature selection. *The Journal of Machine Learning Research*, 3:1157–1182, 2003.

[Haasdonk 05] B. HAASDONK : Feature space interpretation of SVMs with indefinite kernels. *Pattern Analysis and Machine Intelligence, IEEE Transactions on*, 27(4):482–492, 2005.

[Hanser et al. 96] T. HANSER, P. JAUFFRET, G. KAUFMANN : A new algorithm for exhaustive ring perception in a molecular graph. *Journal of Chemical Information and Computer Sciences*, 36(6): 1146–1152, 1996.

[Hart et al. 68] P. HART, N. NILSSON, B. RAPHAEL : A formal basis for the heuristic determination of minimum cost paths. *Systems Science and Cybernetics, IEEE Transactions on*, 4(2):100–107, 1968.

[Haury et al. 11] A.-C. HAURY, P. GESTRAUD, J.-P. VERT : The influence of feature selection methods on accuracy, stability and interpretability of molecular signatures. *PloS one*, 6(12):e28210, 2011.

[Haussler 99] D. HAUSSLER : Convolution kernels on discrete structures. Rapport technique, University of California at Santa Cruz, 1999.

[Hocking 76] R. HOCKING : A Biometrics Invited Paper. The Analysis and Selection of Variables in Linear Regression. *Biometrics*, 32(1):1–49, 1976.

[Hoerl et Kennard 70] A. E. HOERL, R. W. KENNARD : Ridge regression : Biased estimation for nonorthogonal problems. *Technometrics*, 12:55–67, 1970.

[Horton 87] J. D. HORTON : A polynomial-time algorithm to find the shortest cycle basis of a graph. *SIAM Journal on Computing*, 16(2):358–366, 1987.

[Horváth 05] T. HORVÁTH : Cyclic pattern kernels revisited. *In* SPRINGER-VERLAG, éditeur :

Proceedings of the 9th Pacific-Asia Conference on Knowledge Discovery and Data Mining, volume 3518, pages 791 – 801, 2005.

[Horváth et al. 04] T. HORVÁTH, T. GÄRTNER, S. WROBEL : Cyclic pattern kernels for predictive graph mining. *In Proceedings of the 2004 ACM SIGKDD international conference on Knowledge discovery and data mining - KDD '04*, page 158. ACM Press, 2004.

[Ihlenfeldt et al. 94] W.-D. IHLENFELDT, Y. TAKAHASHI, H. ABE, S. ichi SASAKI : Computation and management of chemical properties in cactvs : An extensible networked approach toward modularity and compatibility. *Journal of Chemical Information and Computer Sciences*, 34(1): 109–116, 1994.

[James et al. 04] C. JAMES, D. WEININGER, J. DELANY : Daylight theory manual. website, 2004. Available at `http://www.daylight.com/dayhtml/doc/theory/theory.toc.html`.

[Johnson et Maggiora 90] M. A. JOHNSON, G. M. MAGGIORA, éditeurs. *Concepts and Applications of Molecular Similarity*. Wiley, 1990.

[Jouili et Tabbone 10] S. JOUILI, S. TABBONE : Graph embedding using constant shift embedding. *In Proceedings of the 20th International conference on Recognizing patterns in signals, speech, images, and videos*, ICPR'10, pages 83–92, Berlin, Heidelberg, 2010. Springer-Verlag.

[Kashima et al. 03] H. KASHIMA, K. TSUDA, A. INOKUCHI : Marginalized Kernels Between Labeled Graphs. *Machine Learning*, 2003.

[Kirchhoff 47] G. KIRCHHOFF : Ueber die auflösung der gleichungen, auf welche man bei der untersuchung der linearen vertheilung galvanischer ströme geführt wird. *Annalen der Physik*, 148(12):497–508, 1847.

[Koch 01] I. KOCH : Enumerating all connected maximal common subgraphs in two graphs. *Theoretical Computer Science*, 250(1):1–30, 2001.

[Kriege et Mutzel 12] N. KRIEGE, P. MUTZEL : Subgraph matching kernels for attributed graphs. *In* J. LANGFORD, J. PINEAU, éditeurs : *Proceedings of the 29th International Conference on Machine Learning (ICML-12)*, ICML '12, pages 1015–1022, New York, NY, USA, July 2012. Omnipress.

[Kuramochi et Karypis 04] M. KURAMOCHI, G. KARYPIS : An efficient algorithm for discovering frequent subgraphs. *Knowledge and Data Engineering, IEEE Transactions on*, 16(9):1038–1051, 2004.

[Levi 73] G. LEVI : A note on the derivation of maximal common subgraphs of two directed or undirected graphs. *Calcolo*, 9(4):341–352, 1973.

[Lowis 97] D. R. LOWIS : Hqsar : A new, highly predictive qsar technique. *Notes, Tripos Technical*, 1(5): 1–17, 1997.

[Luo et al. 03] B. LUO, R. C. WILSON, E. R. HANCOCK : Spectral embedding of graphs. *Pattern Recognition*, 36(10):2213 – 2230, 2003.

[Luo et al. 06] B. LUO, R. C. WILSON, E. R. HANCOCK : A spectral approach to learning structural variations in graphs. *Pattern Recognition*, 39(6):1188–1198, 2006.

[Luqman et al. 13] M. M. LUQMAN, J.-Y. RAMEL, J. LLADÓS, T. BROUARD : Fuzzy multilevel graph embedding. *Pattern Recognition*, 46(2):551–565, 2013.

[Mahé et al. 04] P. MAHÉ, N. UEDA, T. AKUTSU, J.-L. PERRET, J.-P. VERT : Extensions of marginalized graph kernels. *In Twenty-first international conference on Machine learning - ICML '04*, page 70. ACM Press, 2004.

[Mahé et Vert 08] P. Mahé, J.-P. Vert : Graph kernels based on tree patterns for molecules. *Machine Learning*, 75(1):3–35, octobre 2008.

[Mahé et Vert 09] P. Mahé, J.-p. Vert : Graph kernels based on tree patterns for molecules. *Machine Learning*, 75(1)(September 2008):3–35, 2009.

[Morgan 65] H. L. Morgan : The generation of a unique machine description for chemical structures-a technique developed at chemical abstracts service. *J. of Chem. Doc.*, 5(2):107–113, 1965.

[Munkres 57] J. Munkres : Algorithms for the assignment and transportation problems. *Journal of the Society for Industrial and Applied Mathematics*, 5(1):32–38, 1957.

[Neuhaus et Bunke 07] M. Neuhaus, H. Bunke : *Bridging the gap between graph edit distance and kernel machines*, volume 68 de *Series in Machine Perception and Artificial Intelligence*. World Scientific Publishing, 2007.

[Ong et al. 04] C. S. Ong, X. Mary, S. Canu, A. J. Smola : Learning with non-positive kernels. *In Proceedings of the twenty-first international conference on Machine learning*, ICML '04, pages 81–, New York, NY, USA, 2004. ACM.

[Poezevara et al. 09] G. Poezevara, B. Cuissart, B. Crémilleux : Discovering emerging graph patterns from chemicals. *In Proceedings of the 18th International Symposium on Methodologies for Intelligent Systems (ISMIS 2009)*, pages 45–55, Prague, 2009. LNCS.

[Rakotomamonjy et al. 08] A. Rakotomamonjy, F. Bach, S. Canu, Y. Grandvalet : SimpleMKL. *Journal of Machine Learning Research*, 9:2491–2521, 2008.

[Ralaivola et al. 05] L. Ralaivola, S. J. Swamidass, H. Saigo, P. Baldi : Graph kernels for chemical informatics. *Neural networks : the official journal of the International Neural Network Society*, 18(8):1093–110, octobre 2005.

[Ramon et Gärtner 03] J. RAMON, T. GÄRTNER : Expressivity versus efficiency of graph kernels. *In First International Workshop on Mining Graphs, Trees and Sequences*, pages 65–74. Citeseer, 2003.

[Read 75] R. C. READ : Bound on backtrack algorithms for listing cycles, paths, and spanning trees. *Networks*, 5:237–252, 1975.

[Riesen 09] K. RIESEN : *Classification and Clustering of Vector Space Embedded Graphs.* Thèse de doctorat, Institut für Informatik und angewandte Mathematik Universität Bern, 2009.

[Riesen et al. 07] K. RIESEN, M. NEUHAUS, H. BUNKE : Graph embedding in vector spaces by means of prototype selection. *In* F. ESCOLANO, M. VENTO, éditeurs : *6th IAPR-TC15 International Workshop GbRPR 2007*, pages 383–393. IAPR TC15, Springer-Verlag, 2007.

[Riesen et Bunke 08] K. RIESEN, H. BUNKE : Iam graph database repository for graph based pattern recognition and machine learning. *In Proceedings of the 2008 Joint IAPR International Workshop on Structural, Syntactic, and Statistical Pattern Recognition*, SSPR & SPR '08, pages 287–297, Berlin, Heidelberg, 2008. Springer-Verlag.

[Riesen et Bunke 09a] K. RIESEN, H. BUNKE : Approximate graph edit distance computation by means of bipartite graph matching. *Image and Vision Computing*, 27(7):950–959, 2009.

[Riesen et Bunke 09b] K. RIESEN, H. BUNKE : Approximate graph edit distance computation by means of bipartite graph matching. *Image Vision Computing*, 27(7):950–959, 2009.

[Rogers et Hahn 10] D. ROGERS, M. HAHN : Extended-connectivity fingerprints. *Journal of Chemical Information and Modeling*, 50(5):742–54, mai 2010.

[Roy 69] B. ROY : *Algèbre moderne et théorie des graphes orientées vers les sciences économiques et sociales. Tome 1 : Notions et résultats fondamentaux.* Dunod, Paris, 1969. 518 pages.

[Roy 70] B. ROY : *Algèbre moderne et théorie des graphes orientées vers les sciences économiques et sociales. Tome 2 : Applications et problèmes spécifiques.* Dunod, Paris, 1970. 784 pages.

[Saeys et al. 07] Y. SAEYS, I. INZA, P. LARRAÑAGA : A review of feature selection techniques in bioinformatics. *bioinformatics*, 23(19):2507–2517, 2007.

[Shervashidze et al. 09] N. SHERVASHIDZE, T. PETRI, K. MEHLHORN, K. M. BORGWARDT, S. VISWANATHAN : Efficient graphlet kernels for large graph comparison. *In International Conference on Artificial Intelligence and Statistics*, pages 488–495, 2009.

[Shervashidze et Borgwardt 09] N. SHERVASHIDZE, K. BORGWARDT : Fast subtree kernels on graphs. *In* Y. BENGIO, D. SCHUURMANS, J. LAFFERTY, C. K. I. WILLIAMS, A. CULOTTA, éditeurs : *Advances in Neural Information Processing Systems 22*, pages 1660–1668. 2009.

[Shervaszide 12] N. SHERVASZIDE : *Scalable Graph Kernels.* Thèse de doctorat, Universität Tübingen, 2012.

[Shin et Kuboyama 08] K. SHIN, T. KUBOYAMA : A generalization of haussler's convolution kernel : mapping kernel. *In Proceedings of the 25th international conference on Machine learning*, pages 944–951. ACM, 2008.

[Sidere et al. 09] N. SIDERE, P. HÉROUX, J.-Y. RAMEL : Vector representation of graphs : Application to the classification of symbols and letters. *In ICDAR*, pages 681–685. IEEE Computer Society, 2009.

[Smola et Kondor 03] A. SMOLA, R. KONDOR : Kernels and regularization on graphs. *In* B. SCHÖLKOPF, M. WARMUTH, éditeurs : *Learning Theory and Kernel Machines*, volume 2777 de *Lecture Notes in Computer Science*, pages 144–158. Springer Berlin / Heidelberg, 2003.

[Steinke et Schölkopf 08] F. STEINKE, B. SCHÖLKOPF : Kernels, regularization and differential equations. *Pattern Recognition*, 41:3271–3286, November 2008.

[Tibshirani 96] R. TIBSHIRANI : Regression shrinkage and selection via the lasso. *Journal of the Royal Statistical Society. Series B (Methodological)*, pages 267–288, 1996.

[Todeschini et Consonni 09] R. TODESCHINI, V. CONSONNI : *Molecular Descriptors for Chemoinformatics*, volume 41. WILEY-VCH, Weinheim (Allemagne), 2009.

[Toivonen et al. 03] H. TOIVONEN, A. SRINIVASAN, R. D. KING, S. KRAMER, C. HELMA : Statistical evaluation of the predictive toxicology challenge 2000–2001. *Bioinformatics*, 19(10):1183–1193, 2003.

[Tutte 84] W. T. TUTTE : *Graph theory*. Cambridge University Press, Cambridge [Cambridgeshire] ; New York, NY, USA :, 1984.

[Vapnik 95] V. VAPNIK : *The Nature of Statistical Learning Theory*. Springer, 1995.

[Varma et Ray 07] M. VARMA, D. RAY : Learning the discriminative power-invariance trade-off. *In Computer Vision, 2007. ICCV 2007. IEEE 11th International Conference on*, pages 1–8. IEEE, 2007.

[Vert 08] J.-P. VERT : The optimal assignment kernel is not positive definite. *CoRR*, abs/0801.4061, 2008.

[Vishwanathan et al. 07] S. VISHWANATHAN, K. BORGWARDT, N. SCHRAUDOLPH : Fast computation of graph kernels. *Advances in Neural Information Processing Systems*, 19:1449, 2007.

[Vismara 95] P. VISMARA : *Reconnaissance et représentation d'éléments structuraux pour la description d'objets complexes. Application à l'élaboration de stratégies de synthèse en chimie organique.* Thèse de doctorat, Université Montpellier II, 1995.

[Vismara 97] P. VISMARA : Union of all the minimum cycle bases of a graph. *The Electronic Journal of Combinatorics*, 4(1):73–87, 1997.

[Voigt et al. 01] J. H. VOIGT, B. BIENFAIT, S. WANG, M. C. NICKLAUS : Comparison of the nci open database with seven large chemical structural databases. *Journal of Chemical Information and Computer Sciences*, 41(3):702–712, 2001.

[Wale et al. 08] N. WALE, I. WATSON, G. KARYPIS : Comparison of descriptor spaces for chemical compound retrieval and classification. *Knowledge and Information Systems*, 14(3):347–375, 2008.

[Wipke et Dyott 75] W. T. WIPKE, T. M. DYOTT : Use of ring assemblies in ring perception algorithm. *Journal of Chemical Information and Computer Sciences*, 15(3):140–147, 1975.

[Yan et Han 02] X. YAN, J. HAN : gspan : Graph-based substructure pattern mining. *In Proceedings of the 2002 IEEE International Conference on Data Mining*, ICDM '02, pages 721–, Washington, DC, USA, 2002. IEEE Computer Society.

[Yger et Rakotomamonjy 11] F. YGER, A. RAKOTOMAMONJY : Wavelet kernel learning. *Pattern Recognition*, 44(10): 2614–2629, 2011.

[Zhang et al. 92] K. ZHANG, R. STATMAN, D. SHASHA : On the editing distance between unordered labeled trees. *Information Processing Letters*, 42(3): 133 – 139, 1992.

Liste des figures

Liste des tableaux

Liste des algorithmes

Index

Modélisation et simulation numérique de structures avec interfaces

Les travaux de recherche présentés dans ce mémoire ont trait à la modélisation et la simulation de fissures en 3D, avec possible re-fermeture, tout en assurant l'indépendance de la propagation par rapport au maillage. L'objectif affiché est donc la prédiction de l'évolution de ce type de défaut à l'échelle macroscopique de la structure, sous chargements quasi-statiques non cycliques ou cycliques sous sollicitations répétées en fatigue. L'exposé adresse principalement la thématique « méthodes numériques » au service de la modélisation mécanique, même si on identifie clairement le besoin de validations expérimentales, par rapport aux choix numériques qui sont faits. Quatre grands thèmes sont proposés qui assurent la cohérence de la démarche scientifique poursuivie : la représentation des fissures et le calcul des grandeurs de mécanique de la rupture ou de la fatigue, leur propagation et la prise en compte des conditions d'interface. Enfin les développements numériques relatifs à ces travaux ont été conçus et capitalisés au sein de Code_Aster libre pour une diffusion rapide vers l'ingénierie d'EDF et ses partenaires industriels ou académiques.

Patrick Massin

Patrick Massin, PhD en Aerospace Engineering de l'Université du Michigan à Ann Arbor, ancien élève de l'Ecole Normale Supérieure de la Rue d'Ulm, Ingénieur Chercheur à EDF R&D depuis 1995, Directeur du Laboratoire de Mécanique des Structures Industrielles Durables, UMR EDF-CNRS-CEA 8193, depuis le 1er janvier 2008.

978-3-8381-8988-8

T

V

Résumé : Cette thèse s'intéresse à l'application des méthodes à noyaux sur graphes pour la prédiction de propriétés moléculaires. Dans ce manuscrit, nous présentons un état de l'art des méthodes à noyaux sur graphes définies dans le cadre de la chémoinformatique et plus particulièrement les noyaux sur graphes basés sur les sacs de motifs. Dans ce cadre, nous proposons un nouveau noyau sur graphes basé sur un ensemble explicite de sous-arbres, appelés treelets, permettant d'encoder une grande partie de l'information structurelle acyclique des graphes moléculaires. Nous proposons également de combiner ce noyau avec des méthodes d'apprentissage à noyaux multiples afin d'extraire un ensemble de motifs pertinents. Cette contribution est ensuite étendue en incluant l'information cyclique encodée par deux représentations moléculaires définies par le graphe de cycles pertinents et l'hypergraphe de cycles pertinents. Le graphe des cycles pertinents permet d'encoder le système cyclique d'une molécule. L'hypergraphe de cycles pertinents correspond à une nouvelle représentation moléculaire permettant d'encoder à la fois le système cyclique d'une molécule ainsi que les relations d'adjacence entre les cycles et les parties acycliques. Nous proposons également deux noyaux sur graphes utilisant ces représentations. Enfin, la dernière partie vise à définir des noyaux sur graphes pour la chémoinformatique basés sur la distance d'édition. Un premier noyau est basé sur un opérateur de régularisation utilisant la distance d'édition entre graphes moléculaires. Le second noyau introduit la comparaison de treelets dissimilaires basée sur un algorithme de calcul de la distance d'édition entre treelets.

Indexation RAMEAU : Noyau (analyse fonctionnelle), Chimie-informatique, Reconnaissance des formes (informatique), Apprentissage automatique.

Title : Graph kernels for the prediction of molecular properties

Abstract : This work deals with the application of graph kernel methods to the prediction of molecular properties. In this document, we first present a state of the art of graph kernels used in chemoinformatics and particularly those which are based on bags of patterns. Within this framework, we introduce the treelet kernel based on a set of trees which allows to encode most of the structural information encoded in molecular graphs. We also propose a combination of this kernel with multiple kernel learning methods in order to extract a subset of relevant patterns. This kernel is then extended by including cyclic information using two molecular representations defined by the relevant cycle graph and the relevant cycle hypergraph. Relevant cycle graph allows to encode the cyclic system of a molecule whereas the relevant cycle hypergraph allows to encode the cyclic system and its adjacency relationships with acyclic parts of the molecule. We also propose two kernels dealing with this two molecular representations. Finally, the last part aims to define two graph kernels based on graph edit distance. The first one is based on a regularisation operator using graph edit distance. The second one allows to compare non-isomorphic treelets thanks to an algorithm computing a treelet edit distance.

RAMEAU Index : Kernel functions, Cheminformatics, Pattern recognition systems, Machine learning.

Discipline : Informatique et applications.
Numéro d'identification : 2013 CAEN 20.

Université de Caen Basse-Normandie, ENSICAEN, CNRS

GREYC - équipe image

6 Bvd Maréchal Juin, 14050 Caen cedex, France

www.ingramcontent.com/pod-product-compliance
Lightning Source LLC
Chambersburg PA
CBHW021046210326
41598CB00016B/1112

* 9 7 8 3 8 3 8 1 7 6 1 4 7 *